基于社会性知识网络的大学生就业创业指导模式研究

周　琳　陈　旭◎编著

中国铁道出版社有限公司
CHINA RAILWAY PUBLISHING HOUSE CO., LTD.

内 容 简 介

本书通过梳理国内外已有大学生就业创业指导模式，针对我国就业创业教育现状及存在的问题，在职业生涯、联通主义学习、社会化学习、情境认知与学习等理论的基础上，通过社会化学习的研究视角来探索大学生就业创业指导新路径、新模式和新策略，提出全新的就业创业教育理论视角，构建社会性知识网络的大学生就业创业指导模式，试图将大学就业创业教育网络化、情境化、社会化，并通过实证研究、案例分析等科学的研究方法将网络化、情境化、社会化"三化"一体的就业创业指导模式由抽象过渡到具体。

全书共分 8 章，内容包括：研究背景与问题的提出、文献综述、研究设计、我国大学生就业指导现状与需求调研分析、基于社会性知识网络的大学生就业指导模式构建、基于社会性知识网络的大学生就业指导模式的设计性研究、基于社会性知识网络的大学生就业指导效果评价、总结与反思。

本书适合高等院校就业处、创业教育学院等负责学生就业创业的老师参考，也可作为大学毕业生就业创业的指导用书，以及创业人员的辅助读物。

图书在版编目（CIP）数据

基于社会性知识网络的大学生就业创业指导模式研究/周琳，陈旭编著. —北京:中国铁道出版社有限公司，2021.8
ISBN 978-7-113-27679-9

Ⅰ.①基… Ⅱ.①周… ②陈… Ⅲ.①大学生-职业选择-研究 Ⅳ.①G647.38

中国版本图书馆 CIP 数据核字（2021）第 115459 号

书　　名：基于社会性知识网络的大学生就业创业指导模式研究
作　　者：周　琳　陈　旭

策　　划：刘丽丽　　　　**编辑部电话：**（010）51873202
责任编辑：刘丽丽　彭立辉
封面设计：崔丽芳
封面制作：尚明龙
责任校对：孙　玫
责任印制：樊启鹏

出版发行：中国铁道出版社有限公司（100054，北京市西城区右安门西街 8 号）
网　　址：http://www.tdpress.com/51eds/
印　　刷：北京铭成印刷有限公司
版　　次：2021 年 8 月第 1 版　2021 年 8 月第 1 次印刷
开　　本：787 mm×1 092 mm　1/16　**印张：**12.25　**字数：**304 千
书　　号：ISBN 978-7-113-27679-9
定　　价：39.80 元

前　言

伴随着高等教育改革，入学率不断提高，毕业生人数逐年上升。而毕业生就业困难、岗位适应性差的问题愈发显著，这已成为政府、社会、家庭高度关注的焦点问题。面对“用人单位与毕业生双向选择”“以就业市场为导向”的就业制度，作为就业出口的直接接触者和把关者的高校，首当其冲地承担起了大学生就业创业指导的主要任务。多年来的高校就业创业指导工作与大学生的期望仍有较大差距。一方面大学生就业形势严峻，学校里的就业指导没有充分发挥实际作用；另一方面用人单位也是求贤若渴，许多用人单位难以如愿招聘到所需人才。用人单位与毕业生之间的职业信息不匹配、职业要求与个人能力不匹配、职业期望与职场现状不匹配。造成这些不匹配的关键原因之一是在校大学生与社会的互动不深入，职业社会关系不广泛，对职业的理解和体验不精准。高校就业指导如何能够让在校大学生准确体验未来职业情境，加深社会交往、互动机会，建立广泛的职业社会人际网络，最终实现人职匹配的最佳就业效果？研究者认为，大学生就业指导不能只是高校在唱独角戏，应该由社会、政府、高校、学生全方位参与，共同来演绎完成。就业指导网络化、情境化、社会化将成为学校对大学生进行就业教育的必然发展趋势。

本书尝试从社会性知识网络的角度提出构建大学生就业指导模式，试图将就业指导网络化、情境化、社会化以解决上述问题。由知识和人共同构成的网络即社会性知识网络，它是在人与知识交互中建立深度关系并互动的过程中构建起来的。社会性知识网络可以为学习者提供所需的物化资源，同时还能为其寻找到对应的人力资源。根据社会性知识网络联通性和互动性的特点，可以搭建丰富的人力资源网络，由全社会共同组建就业指导知识体系，创设职业情境，更新就业市场需求，进行职业分析。在这个网络下，每一个人力资源都可以被学生挖掘到，并且可以进行进一步的联通，即通过知识的连接，进一步展开人与人之间的互动，从而形成社会关系网络。

本书将网络化、情境化、社会化“三化”一体的就业指导模式由抽象过渡到具体。在职业生涯、联通主义学习、社会化学习、情境认知与学习等理论的基础上，通过社会化学习的研究视角来探索大学生就业指导新路径、新模式和新策略。本书共开展四方面的研究内容：①大学生就业指导现状与需求调研分析；②社会性知识网络的大学生就业指导模式构建；③以“大学生职业发展与就业指导”课程为例，基于设计的研究，不断完善和优化就业指导模式；④社会性知识网络的大学生就业指导模式效果验证。

本书依托支持社会性知识网络的学习元平台①进行，并且通过基于设计的研究方法和对比实验来不断修正和完善模式并验证其可操作性和有效性。设计性实验旨在对社会性知识网络的大学生就业指导模式进行修正与改进，以“大学生职业发展与就业指导”课程为例，以大二学生为研究对象，开展了三轮设计性实验，历时6个月，通过对学习内容单元、学习互动活动、角色参与、学习流程、社会性知识网络（环境），以及职业情境共同体的设计来促进就业指导效果。通过问卷调查、内容分析、在线观察、社会网络分析等方法，对学生的学习情况及社会人士的参与情况进行有效收集和分析。首轮实验建立基于社会性知识网络的大学生就业指导课程，以高校就业指导教师为主导，发动社会人员协同建设课程、批阅作业等，以学生为主体开展课程学习，初步验证模式的有效性、发现相关问题，旨在实现就业知识协同共建；第二轮实验主要构建以岗位群为基本方向的职业情境共同体，以就业指导教师为引导，发起职业类相关话题、活动，以社会职业人为主要贡献者展开主题分享、讨论，营造职业环境，学生通过观察、提问、参与讨论体验真实职业情境，并进一步改进模式，提高全员参与度，旨在创设职业情境；第三轮实验构建社会关系网络，根据求职目标设定学习任务，

①学习元平台（Learning Cell System，LCS，http://lcell.bnu.edu.cn/）是北京师范大学现代教育技术研究所开发的适合 Web 2.0 时代的知识创新社区，以联通主义学习理论、知识建构理论和生态学习理论为指导，以泛在学习资源组织模型“学习元”为核心而设计开发的学习平台。

以学习任务为驱动，以学生为主导进行自主学习，增加学习同伴、领域专家、职业群社区等智能推送服务，强化学生主动挖掘社会资源，帮助其完成学习任务的能力，逐步提高社会化学习的参与度、互动度、自发学习特征，旨在建立学生个人社会关系网。经过三轮迭代实验，逐步修正了社会性知识网络的就业指导模式的框架，完善了就业指导网络课程的实施策略，确立了三大网络的构建原则，制定了促进社会化参与的机制，丰富了社会关系网络的搭建平台。对比实验旨在通过实验组（社会性知识网络的就业指导课）和对照组（传统就业指导课）的比较分析，分别从学生就业能力（职业认知能力、求职能力、职业适应能力）、就业指导满意度、就业率和就业质量来验证社会性知识网络下的大学生就业指导的有效性。

本书创新点在于：①把社会性知识网络的社会化学习范式引入大学生就业指导，构建社会性知识网络下大学生就业指导模式。创建了该模式下的三大核心网络：生涯与就业知识网络、职业情境认知网络、求职社会关系网络，通过就业知识网络人与内容的“连接”构建职业情境认知网络和求职社会关系网，又通过人与人交互后的“创造”，使就业知识网络不断进化、更新和生成，从而形成大学生就业指导网络生态系统。该模式突破了传统就业指导的管理模式、指导模式和服务模式，为大学生就业指导模式创新提供了新的理论依据，为实现大学生就业指导网络化、情境化和社会化提供了新的思路和方向。②本书研究实现了“学生、高校、社会、政府”四方联动共同完成大学生就业指导，开发了基于社会化学习的“大学生职业发展与就业指导”新形态课程，解决了高校就业指导师资队伍匮乏、职业信息掌握有限、招聘经验不足的现状；搭建高校与社会人员共建就业指导内容的平台，解决了高校就业指导内容与社会脱节的问题；解决了大学生缺少职业认知、缺乏职业体验与社会关系的问题，为大学生搭建了入职前了解职业环境的平台。

针对本书存在的不足和局限，在后续的研究中还需要做到：继续拓展社会性知识网络的就业指导内容，如职业咨询、创业指导等，进一步验证该模式的可行性和有效性；制定社会专家常态参与机制，提高社会专家的就业指导参与度和活跃度；设计促进高校教师与社会职业人交互的活动和策略，提高就业知识的协同共建和职业情境构建的层次水平；尝试社会性知识网络的就业指导与传统就业指导混合就业指导模式，取长补短，提高就业指导效果。

本书得到北京师范大学未来教育高精尖创新中心、“移动学习”教育部—中国移动联合实验室的大力支持。项目基金来源主要来自中山职业技术学院高层次人才科研启动项目“高职院校‘三阶梯式’创业教育实践体系构建研究”，项目编号：KYG2002；吉林省“十三五”社科项目“基于联通主义学习理论下的大学生创新创业教育研究”，项目编号：JJKH20180838SK；吉林省“十三五”就业专项“情境式大学生创新创业实训教学平台的建设研究”，项目编号：JJKH20191077JY。

编　者

2020 年 11 月

目 录

第 1 章 研究背景与问题的提出 1
1.1 研究背景 1
1.2 问题的提出 2
1.3 研究的意义 4
1.3.1 理论意义 4
1.3.2 实践意义 4
第 2 章 文献综述 6
2.1 大学生就业指导概述 6
2.1.1 大学生就业指导内涵 6
2.1.2 大学生就业指导模式 7
2.1.3 国内外大学生就业指导社会化发展现状综述 10
2.1.4 国内外大学生情境化就业指导发展现状综述 11
2.1.5 国内外大学生就业指导网络化发展现状综述 13
2.2 社会化学习概述 14
2.2.1 社会化学习的发展历史 14
2.2.2 社会化学习的概念梳理 14
2.2.3 社会化学习的三种表现形态 15
2.2.4 基于社会性知识网络的社会化学习模型 18
2.3 总结与启示 20
第 3 章 研究设计 21
3.1 研究目标 21
3.2 研究内容 21
3.2.1 大学生就业指导现状与需求调研分析 22

3.2.2 基于社会性知识网络的大学生就业指导模式构建 22
3.2.3 基于社会性知识网络的就业指导课程设计 22
3.2.4 基于社会性知识网络的大学生就业指导效果评价 22
3.3 研究思路与过程 22
3.3.1 第一阶段 24
3.3.2 第二阶段 24
3.3.3 第三阶段 25
3.3.4 第四阶段 27
3.4 平台条件 27
第 4 章 我国大学生就业指导现状与需求调研分析 31
4.1 调研方法 31
4.1.1 调研工具 31
4.1.2 调查对象 32
4.1.3 步骤与程序 32
4.2 数据统计结果 32
4.2.1 调研对象基本信息情况 32
4.2.2 就业期望与就业需求 34
4.2.3 就业现状与形势 37
4.2.4 就业准备与就业能力 38
4.2.5 就业指导现状与需求 42
4.3 调查研究结论与启示 49
4.3.1 调查研究结论 49
4.3.2 启示 50
第 5 章 基于社会性知识网络的大学生就业指导模式构建 52
5.1 基于社会性知识网络的大学生就业指导模式的构建依据 52
5.1.1 职业生涯理论的启示 52
5.1.2 学习观的启示 54
5.1.3 Web 2.0 理念与技术的支持 56
5.2 基于社会性知识网络的大学生就业指导模式构建过程 58
5.2.1 基于社会性知识网络的大学生就业指导原则 58
5.2.2 基于社会性知识网络的大学生就业指导内容 59
5.2.3 基于社会性知识网络的大学生就业指导角色 64

5.2.4 基于社会性知识网络的大学生就业指导环境......64
5.3 基于社会性知识网络的大学生就业指导模式的提出......64
5.4 基于社会性知识网络的大学生就业指导模式的特征分析......65

第 6 章 基于社会性知识网络的大学生就业指导模式的设计性研究......67

6.1 设计研究的总体思路......67
6.2 基于社会性知识网络的“大学生职业发展与就业指导”课程设计......68
6.2.1 课程简介......68
6.2.2 课程内容建设......68
6.2.3 课程活动设计......69
6.2.4 社会角色设计......78
6.3 数据收集与分析......82
6.3.1 基于学习元平台的数据收集与分析......82
6.3.2 调查问卷......84
6.4 第一轮设计实验......85
6.4.1 实验对象......85
6.4.2 课程活动流程设计及策略......86
6.4.3 实验结果......88
6.4.4 讨论与分析......101
6.5 第二轮设计实验......106
6.5.1 实验对象......106
6.5.2 课程活动流程设计及策略......106
6.5.3 实验结果......109
6.5.4 讨论与分析......121
6.6 第三轮设计实验......126
6.6.1 实验对象......126
6.6.2 课程活动流程设计及策略......126
6.6.3 实验结果......129
6.6.4 问卷调查结果分析......143
6.7 三轮实验的小结与反思......146
6.7.1 三轮实验小结......146
6.7.2 总结与讨论......153

第 7 章　基于社会性知识网络的大学生就业指导效果评价 156

7.1　研究假设 156
7.2　实验设计 157
7.2.1　实验背景 157
7.2.2　实验流程 158
7.2.3　研究工具与评估 162
7.3　数据分析 164
7.3.1　实验组与对照组前后测可就业能力水平 164
7.3.2　实验组和对照组实际就业效果比较 168
7.3.3　实验组和对照组就业指导课满意度比较 170
7.4　结论 171

第 8 章　总结与反思 173

8.1　研究成果 173
8.1.1　构建基于社会性知识网络的大学生就业指导模式 173
8.1.2　开发基于社会性知识网络的“大学生职业发展与就业指导”新型在线课程 176
8.1.3　验证基于社会性知识网络的大学生就业指导效果 177
8.2　研究创新 177
8.3　研究不足和未来研究 177

参考文献 179

第1章 研究背景与问题的提出

伴随着高等教育改革，入学率不断提高，毕业生人数逐年上升。而毕业生就业困难、岗位适应性差的问题愈发显著，这已成为政府、社会、家庭高度关注的焦点问题。本章分析了3个上述问题关键因素：用人单位与毕业生之间的职业信息不匹配、职业要求与个人能力不匹配、职业期望与职场现状不匹配。如何解决上述的不匹配呢？作者提出了构建“社会化、情境化、网络化”三化并进的社会性知识网络大学生就业指导。

1.1 研究背景

自 1999 年开始，我国高等教育呈现出跨越式发展态势，伴随着高等教育改革，入学率不断提升，高校毕业人数持续增长。教育部权威数据显示，高校毕业生自 2001 年的 114 万增至 2018 年的 820 万[①]，如图 1-1 所示。高校大学生人数的井喷式增长，导致很多学校出现学生一毕业就失业的现象，这种情况无疑会给社会增加许多不稳定因素，人才资源、教育资源也产生了极大浪费。

图 1-1　2001—2018 年全国高校毕业生人数

毕业生就业困难、岗位适应性差的问题愈发显著，这已成为政府、社会、家庭高度关注的焦点问题。在新形势下，国内现今的大学生就业制度也开始从“统筹分配”向“用人单位与毕业生

①教育部大学生就业网 https://www.ncss.org.cn/。

双向选择”的制度过渡，高校开展就业指导教育也成为适应现实职场的必然需求。面对“用人单位与毕业生双向选择”、以就业市场为导向的就业制度，作为就业出口的直接接触者，高校首当其冲地承担起了学生就业教育的重要任务。国内高校就业指导早在 20 世纪初就在清华大学开始筹备，其职业指导委员会于 1923 年成立，至此我国大学生就业教育正式拉开序幕[①]。改革开放以来，我国的就业指导获得重视，以深圳大学为首，各高校相继建立就业指导中心。1989 年 3 月，国家教育部发布《关于改革高等学校毕业生分配制度的报告》。关于大学生就业指导课程，可追溯至 2007 年教育部颁布的《大学生职业发展与就业指导课程教学要求》，该文件的下发标志着课程正式纳入大学生课程体系。自从 2007 年教育部出台了一系列高校就业指导政策，各高校就业指导也如火如荼地开展起来，那么，十年来的指导效果如何呢？

2016 年，研究者对吉林省某大学的毕业生进行了调研，分别从就业指导形势、就业指导方式、就业指导内容、就业指导时间、就业指导队伍、就业指导总体满意度等方面进行了详细的调查与分析。在就业形势方面，学生普遍能够认识到就业形势严峻，在就业市场上缺乏足够的信息；从就业指导方式的现状与学生期望来看，排在第一位的都是就业指导课，排在第二的略有差别，目前现状是就业讲座，而学生普遍期望的形式是个别辅导，看来学生对个性化的就业指导需求较高；在就业指导内容方面，学生更期望涉及职业分析、求职案例分析、求职标准和需求信息等直接与学生就业密切相关的内容；在就业指导时间上，学生更期望能够贯穿大学生活，无课上课下、校内校外限制；在就业指导队伍方面，现状调查中竟有 40%的学生认为“没有人”给他们提供就业指导，24%的学生回答是就业指导教师，而学生期望给他们提供就业指导的是“人力资源（人事部门）主管”占 50%以上，其次是就业指导教师和生涯规划师，可见学生对目前高校内就业指导队伍不甚满意；学生对学校开设的就业指导相关课程的满意程度普遍较低。曹乐平学者在 2015 年对福建省八所高校进行了就业指导现状调查，也出现了学生普遍认为大学就业指导方式和内容缺乏系统性、高效性，教师队伍的专业性不被学生认可、大学生对就业指导总体评价不高的现状[②]。

一方面大学生就业形势严峻。大学生抱怨工作不好找，学校里的就业指导没有充分发挥实际作用；而另一方面用人单位也是求贤若渴。逢每年毕业季，用人单位绞尽脑汁选拔能够与其部门岗位需求适应的人才，人力资源部门渴望招聘到胜任乃至优秀的毕业生，然而事与愿违，能够满载而归的用人单位寥寥无几，其中缘由与高校就业指导教育和市场需求脱节有很大关联。

可以看出近十年来，虽然高校就业指导工作越来越受重视，但绝大多数高校的就业指导与市场对人才的培养要求相差甚远，很难满足毕业生在求职过程中的需要，实际指导效果并不明显，高校就业指导在一定程度上陷入了发展瓶颈。目前，各高校就业指导工作的主要任务聚焦在如何让大学生在校期间接受系统的就业指导，完成各种教育与职业的过渡，提高职业意识，培养职业兴趣，确定未来的职业角色，增强就业竞争能力，提高职业的适应性。

1.2 问题的提出

毕业生与就业市场的供需错位，主要表现在大学生职业期望脱离现实，毕业生职业信息失准，个人能力与职业要求不符合，这些都是阻挡在毕业生与用人部门之间的屏障。致使大学生在校期

①施梅.大学生就业指导研究综述[J].淮南师范学院学报,2010(2):101-103.

②曹乐平.高校大学生就业指导现状分析及对策研究[J].创新与创业教育,2015(10):28-34.

间职业认知能力弱，在求职过程中求职能力弱，在刚刚步入职场时工作适应能力差。造成这些不匹配与学生能力弱的关键原因之一是在校大学生与社会的互动不深入，职业社会关系不广泛，对职业的理解和体验不精准。高校就业指导如何能够让在校大学生准确体验未来职业情境，加深社会交往、互动机会，建立广泛的职业社会人际网络，从而提升大学生的职业认知能力、求职能力和工作适应能力，最终实现人职匹配的最佳就业效果？研究者认为，大学生就业指导不能再是高校自己唱独角戏，应该是社会、政府、高校、学生全方位参与，共同来演绎完成的。将就业指导社会化、情境化、网络化是大学生就业指导发展的必然趋势。

通过就业指导社会化，将政府部门的职能人员、社会各行各业的职业人、用人单位 HR（人事、人力资源）、专家教授、成功校友等社会人力资源不断引入大学生就业教育，更新就业市场需求，提供职业的有效信息，共建就业指导内容体系。一些社会资源专业水平较高的组织或个人无疑会提高大学生就业指导的水平和有效性，也会构建一个开放的社会关系网络。

通过就业指导情境化，由校友、社会职业人、人力资源主管等具备求职经历、职业经验、招聘经验的群体共同营造社会职业的真实场景，保证了职业情境的真实性，突破了就业指导教师的职业局限，实现多种职业的情境再现，有利于提高在校学生职业认知能力，建立符合就业市场的职业期望。

通过就业指导网络化，利用信息、网络现代化科学技术，为快速实现社会化、情境化的就业指导提供了条件和机遇。这首先体现在它为高校就业指导的全员参与的空间和时间限制准备了客观条件，为高校就业指导内容的实效性、职业的情境化等方面提供了先进方法和手段。其次，据统计，截至 2020 年 12 月，中国网民总数已达 6.88 亿，目前仍在不断增加。特别值得注意的是，学生占中国网民总数的 25.4%，是最大比例的一个上网群体。随着信息资源共建共享的逐渐成熟和网络化信息服务体系的逐步完善，就业指导网络化将成为可能。当前，利用网络等现代信息技术指导大学生就业是大势所趋。

为了达到以上“三化”一体的就业指导效果，本书从获取知识的视角，将社会性知识网络引入大学生就业指导中，试图在联通主义学习理论、情境认知与学习理论的基础上，通过社会化学习的研究视角来探索大学生就业指导的新路径、新模式和新策略，并且通过基于设计的研究方法和对比实验来建立这一网络模式和验证其可操作性及有效性。

社会性知识网络是由知识和人构成的网络，它是在人与知识的深层互动过程中构建起来的。通过社会性知识网络，学习者不仅可以获得所需的物质资源，还可以找到相应的人力资源。例如，通过特定的学习内容，可以快速找到这个内容领域中最权威的专家或合适的学习伙伴，以及从个人知识网络的形成到知识背后人际网络的建立[①]。研究者认为，构建大学生就业指导社会化，最先需要实现就业指导人员的社会化。根据社会性知识网络的特点，可以搭建起丰富的人力资源网络，比如把企事业单位的人力资源主管、社会成功职业人士、就业中心等最了解就业形势和政策的政府人员、就业指导教师、职业生涯规划师、辅导员、专业课教师、法律专家等专业人士全部作为就业指导队伍组织在社会性知识网络中，并且由他们共同组建就业指导内容知识体系，随时更新就业市场需求，进行职业分析。能够集高校、政府、社会所有有利资源为合力的就业指导队伍是传统就业指导模式很难实现的。在这个社会性知识网络中，每个角色都可以发挥自己的特长，

①余胜泉,杨现民.泛在学习环境中的学习资源设计与共享:“学习元”的理念与结构[J].开放教育研究,2009(1):47-53.

寻求自己的所需。学生可以阐述自己的职业发展诉求、未来职业发展潜质、了解社会行业发展特点和职业任职要求、感受真实职业情境等；职场与单位对毕业生的需求、学生在职业发展的问题和盲区都可以被教育者所获悉，据此进一步分析总结、提升改进教育模式及课程设置；招聘部门可以发布用人需求和标准，宣传企业用人理念，传播企业文化，与优秀人才无缝对接；就业管理部门也可以通过网络获取多方信息，为政策制定和完善提供有效依据。更重要的是，在这个网络下，指导队伍的每一个人力资源都可以被学生挖掘到，并且可以进行进一步的联通，即通过知识的连接，进一步开始人与人之间的互动，这种学生与社会的直接对话，将会成为改善大学生就业现状的最大突破。

因此，本书拟对就业指导的社会化、情境化、网络化研究提出具体的实现方案，以期通过社会性知识网络的就业指导模式来解决当前大学生缺乏对职业情境的体验、人际关系的匮乏等问题，从而探索出社会性知识网络下的大学生就业指导模式的可能性。

1.3 研究的意义

1.3.1 理论意义

从社会性知识网络的视角将大学生就业指导社会化、情景化、网络化，为探索就业指导新模式提供了一种新的研究思路。如果从获取知识的角度来研究大学生就业指导，那么就业指导即可视为社会化学习的过程。社会性知识网络整合了社会网络和知识网络，重新诠释了社会化学习过程中学习者与知识（学习内容）之间的关系，除了强调知识与知识的关联、人与人的关联，还有人与知识的深度交互，从而为学习者形成一个强大的社会人力资源网络，这个网络将为大学生提供最真实的职业情境环境，为学生过渡到职业人提供最有效的就业指导。我国大学生就业指导网络化、社会化、情境化研究缺少有实效意义的成果，能够结合学生实际就业问题的可操作性论著更为鲜见，可见对其进行深入、系统、实操的研究是较为必要的。

将联通主义学习理论、情境认知与学习理论引入大学生就业指导的研究之中，丰富了就业指导教育的理论体系。联通主义学习理论强调学习不仅使人们获得所需知识，还可以连接到知识背后的人力资源。学习就是将这些不同的资源集合连接起来，而这些连接带给人们比掌握内容更为重要的渠道。而情境认知与学习理论也强调学习者通过对专家行为、语言的观察，与同伴及专家的讨论、交流，构建学习情境，进行学习。本书的基础是联通主义理论、情境学习理论，将在校大学生作为研究对象，初步构建社会性知识网络下的大学生就业指导模式，并对其进行实践应用。这是理论与实践相结合的实际操作，研究得出的结论将为丰富和完善就业教育理论体系提供一定的参考价值。

1.3.2 实践意义

社会性知识网络视角下的大学生就业指导模式能够更加有效地实现就业指导社会化，整合优势资源服务学生，改进就业指导效果，对解决当前就业指导师资匮乏、专业性不强、内容脱离社会、形式单一等问题具有很大的现实意义。

将以知识为主的就业指导网络课程、教学平台与以社会交往为主的就业信息服务平台、求职社区网等合二为一，形成社会性知识网络的就业指导，既能进行职业生涯辅导、自我认知、职业认知等知识层面的指导，又能通过学习者与社会的互动增加对市场需求的了解、拓宽就业信息获取渠道，丰富了大学生就业指导网络化的内容与形式，对我国就业指导网络化的发展与实践具有重要意义。

第2章 文献综述

根据本书涉及的领域和问题，研究者分别以大学生就业指导模式、社会化、情境化、网络化、社会化学习、社会性知识网络等为关键词，进行了文献的检索和收集，并理清了几个相关概念，梳理出相关要点。

2.1 大学生就业指导概述

2.1.1 大学生就业指导内涵

对于就业指导相关概念，查阅资料显示，在国内外的研究文献中不同研究者的界定差别较大。弄清就业指导的科学含义，是后续研究首先要明确的问题。

就业指导在不同国家有不同的名称，中国的就业指导就是英国和美国的"职业指导"或"生计指导"，苏联称之为"职业定向教育"，而日本称其为"出路指导"①。在对大学生就业指导体系的研究中，邹维忠将就业指导分为狭义和广义。狭义的就业指导是向求职者传达就业信息，帮助他们择业和就业，帮他们与具体职业结合起来，并充当两者之间的中介。广义就业指导是以求职者的特点、意愿和社会职业要求相协调为前提，帮助和引导他们树立正确的就业意识，为他们的职业选择、就业做准备，以及在未来职业中不断进步与发展等提供技能和知识，组织就业推荐、用人招聘等社会综合服务活动②。随着广义概念的就业指导越来越受到高校的认可和践行，高校更加注重如何根据学生自身的特点选择适合的职业，如何根据社会需要做好求职准备，开始逐步引入"生涯辅导"，就业指导的实践从纯粹以就业安置为目的过渡到生涯辅导。生涯辅导是就业指导的进一步发展的结果，不仅是实现职业需要的手段，更要把人自身的发展作为目的，以此体现其内涵和外延。基于生涯发展观念的就业指导还包括：培养学生的职业规划和就业决策能力；帮助学生自我认知；引导学生合理选择适合自己的职业；发现并挖掘学生的独特潜力③。

本书所讨论的"就业指导"与"职业指导"、"就业辅导"、"生涯咨询"、"生涯教育"等并不

①曹敏.高校研究生全程化就业指导模式研究[D],武汉:华中师范大学,2008.

②邹维忠.大学生就业指导体系研究[D],北京:中国石油大学,2007.

③牟海萍.从职业指导到生涯辅导的历史嬗变[J],现代教育科学,2005(4).

作严格区分，具有相同的含义。它不仅是为促进就业而进行的就业指导，更是从促进人的全面发展的高度进行就业指导[①]。在内容上，着重培养和提高就业能力、素质、观念和竞争力。在形式上不包括社会上各类职业咨询和职业中介机构开展的职业指导活动，也不包括普通中学和职业学校的就业指导，仅指高等院校的就业指导。就业指导对象以全日制本科学生为主，以大专学生为辅，不包括研究生和留学生。

综上所述，大学生就业指导应以提高学生的能力和素质为前提，充分体现大学生的主体发展趋势，促进大学生提升能力和素质，使之转化为自身发展需要。因此，就业指导的最终目标是：在满足大学生就业需求的基础上，帮助大学生向更高层次发展。所以，研究者更倾向于将其称为就业指导教育，作为一项科学的教育活动，是高于就业“工作”、就业“指导”和就业“服务”的就业“教育”。其教育内容是根据学生的特点，即“以学生为本”，从大学生发展的实际情况出发，为学生提供广泛的职业生涯教育体系，以求职者的自身特点、意愿和社会职业需求相协调为前提，帮助和引导学生树立正确的就业价值观，为职业决策、求职准备、职业发展等提供支撑，帮助学生快速从学生角色过渡到职业角色，实现大学生社会化的转换。

2.1.2 大学生就业指导模式

1. 就业指导综合模式

张光辉等通过研究，对我国的大学生就业指导模式进行划分，主要有三种：一是管理取向模式；二是指导取向模式；三是服务取向模式。张光辉在分析比较了三种模式之后，根据职业生涯发展理论的主导思想及就业指导工作的基本运行机制，在 Watts 和 Van Esbroeck 建构的以学生为中心的整体就业指导模式[②]基础上，将三种模式加以整合，提出了大学生就业指导综合模式[③]。该模式的核心部分代表学生，以学生为中心的指导理念。根据指导人员的不同分为三个层次的指导，三个层次分别由不同的就业指导机构负责，如图 2-1 所示。指导对象和内容基本相同，突出各层优势，又各有侧重地进行就业指导和服务。就业指导的内容主要包括生涯辅导、就业指导、能力实训和咨询服务。

梅月云对上述综合模式又进行了补充和完善，增加了一个以政府就业部门为主的第四层次，如图 2-2 所示。在该创新模式中对与机构的设置遵循与大学生这一服务对象为核心，根据大学生生涯发展分为四个阶段，同时根据就业指导服务的四个不同层次，分为院系就业指导服务、高校就业指导中心、校企联合指导服务中心、政府就业指导辅助。在该模式中详细设定了就业指导进行与开展的具体程序，同时对专业的就业指导老师的配备与培训的政策和制度也进行相关规定。该模式还详细解释了所设定的就业指导服务工作的具体内容，以及指导方式的借鉴与选择问题[④]。

---

①曹敏.高校研究生全程化就业指导模式研究[D].武汉:华中师范大学,2008.

②WATTS A G, ESBROECK R V. New skills for new futures: a comparative review of higher[J]. International Journal for the Advancement of Counselling,2000(22): 173-187.

③张光辉，高耀明.高校就业指导模式[M]. 上海：学林出版社，2009.

④梅月云.现阶段大学生就业指导模式研究[D]. 福州：福建师范大学，2012.

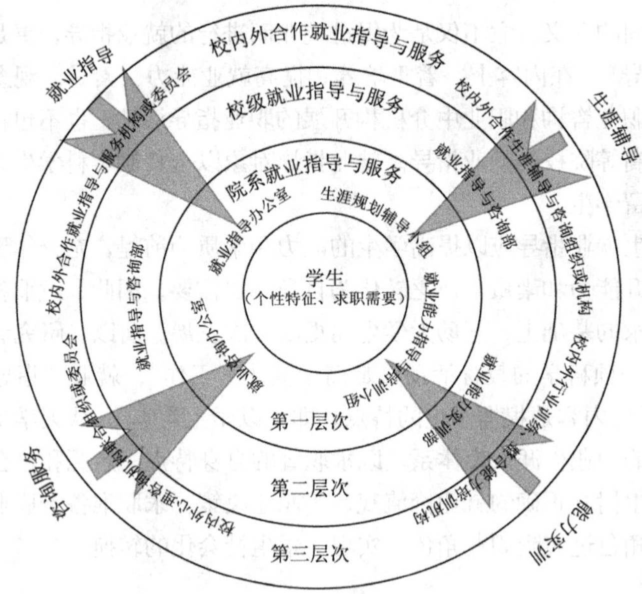

图 2-1　就业指导综合模式框架图示

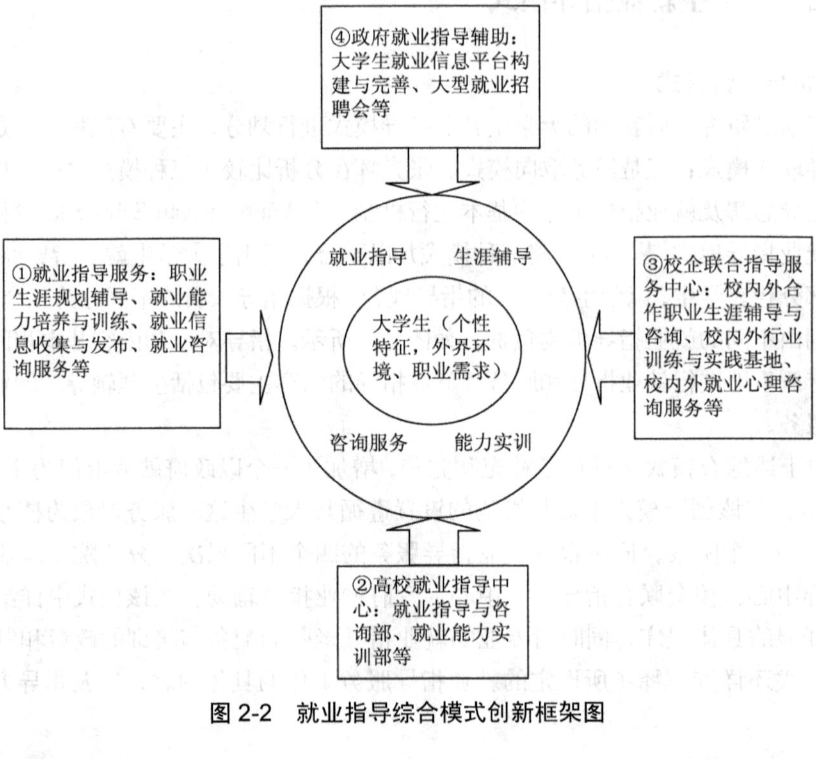

图 2-2　就业指导综合模式创新框架图

2．立体化就业指导模式

赵书杰从就业指导的目标、过程、内容三个维度，提出了立体化就业指导模型①，如图 2-3 所示。立体化就业指导模型是由大学生就业指导目标的全面性、内容的多维化、过程的全程化、形式的多样化、主体的专业化、对象的主体化等全方位、多角度地构建的立体化模型，是为了实

①赵书杰.高等院校就业指导存在的问题及立体化就业指导模型的构建[D]. 济南：山东师范大学，2009.

现大学生就业指导的各项环节、各项工作，大学教学和管理部门进行系统、科学、全面的安排和组织。该模式提出了多维的就业指导目标：初级目标是帮助学生实现就业，即使学生顺利转变为职业人，称为完结式就业；中级目标是帮助学生寻求“人—职”匹配度较高的职业，称为匹配式就业；最高目标是培养大学生自主职业发展的意识、理念及能力，以谋求其长远的职业发展，称为发展式就业。就业指导内容全面化，共划分为五个模块，除了职业规划教育、职业信息指导和求职技能训练，较综合模式增加了择业观教育和创业素质培养。就业指导过程全程化，遵循生涯发展阶段，按照不同年级给予更适合的就业指导。就业指导主体全员化，提倡校内构建学校领导、学校行政部门和人员、专业教师、德育课老师、学生会组织和学生社团等共同承担就业指导任务的机制，在校外，建立广泛的联系网络，形成各用人单位、专业学会、政府有关部门、各行各业的代表组织、社会研究专家及就业辅导理论学者等与高校共同协作、促进就业指导的局面。

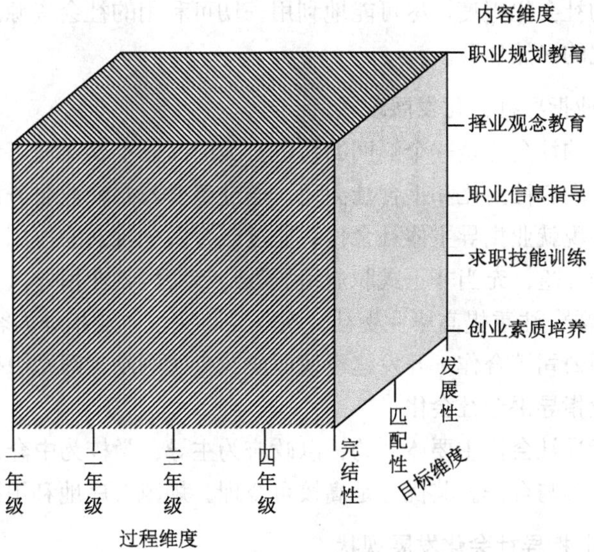

图 2-3 立体化就业指导模型图

通过对上述就业指导模式的综述发现：两种模式都是以职业生涯发展理论为基础。综合模式从“服务”的视角，以学生为中心，各机构人员为其提供不同层次的就业服务，该模式更强调“人”、服务人员对服务对象的服务层次；立体模式从“指导”的视角，首先确立三级就业指导目标，以目标出发构建指导内容、指导过程等，该模式更强调“事”，指导目标决定指导内容和指导过程，从而达到预期指导效果。综合模式主要从理念与决策、机构与人员、原则与程序、内容与方式八个要素进行模式构建；立体模式主要从目标、内容、过程、形式、队伍、对象六个要素进行构建。两种模式在指导过程和指导人员的建设上，都是按照年级不同分阶段进行不同内容的就业指导，就业指导人员都提出要构建一个学生、高校、社会、政府全员参与的就业指导，这和本书的思路一致。在指导形式上，两种模式都没有突破，这也是本书着力解决的问题。在内容的设计上，立体模型由于其提出的三级指导目标，使得指导内容更丰富深入一些，值得本书借鉴。综合就业指导模式和立体就业指导模式为本书构建社会性知识网络就业指导模式提供了参考依据。

2.1.3 国内外大学生就业指导社会化发展现状综述

1. 社会化概念

齐美尔 1894 年在德国社会学界提出了“社会化”这个社会学概念，指出“社会化”的概念是指个体在与社会互动中，逐渐发展独立人格和个性，成长为“社会人”，社会文化内化和角色知识的学习，逐步适应社会生活①。关于大学生社会化，杨延林认为大学生社会化是个体社会化过程中的一个重要阶段，以中学阶段社会化作为基础，依靠大学校园文化不断学习先进的文化科学知识、锻炼各种技能，学生逐渐融入社会，最终适应、服务社会的过程②。其内容主要包括社会技能社会化、社会角色社会化、价值观社会化。求职是大学生开始接触社会的一项活动，是大学生社会化的重要表现，从高校到社会，毕业生需要一个适应的过程，而大学生就业指导很大程度上就是通过正确引导学生逐步实现“社会化”的过程。高校作为大学生就业前的主要教育阵地③，需要不断加强就业指导的社会化程度，尽可能地利用一切可利用的社会资源。可见，就业指导社会化是培养大学生社会化的必然任务。

2. 国外大学生就业指导社会化发展现状

美国高校就业指导的社会化是一个鲜明的特色。美国高校主要实现了大学生就业指导的主体社会化、人员社会化、内容社会化和平台社会化。通过整合公共就业服务系统的资源，建立多元化公共就业服务系统实现就业指导主体社会化；通过充分发挥校友的作用，邀请校友共建就业指导课程体系、分享职场经验、充当非正式职业指导教师等实现就业指导人员社会化；通过以社会需求为导向开展就业指导，注重提高毕业生社会实践经验实现就业指导内容社会化；通过与政府、中介组织或者人力资源公司等合作，开发建设校园就业指导网站，网站中提供就业教育课程、相关信息资源等实现就业指导平台社会化④。

德国大学生就业指导社会化主要体现为：以政府为主导、学校为中介、企业积极配合、中介机构为补充的社会共同参与合作。其优势是高校可合理、规范有序地利用社会各种资源⑤。

3. 国内大学生就业指导社会化发展现状

近几年来，我国各高校也意识到就业指导社会化是解决目前大学生就业指导脱离市场需求等问题的必然趋势，也开始尝试着“走出去，请进来”，利用社会资源提高就业指导社会化程度。

在整合公共就业服务系统资源方面，虽然市场在不断建立公共就业服务系统，各类中介机构如人才咨询公司、人才市场、专业行业协会等专门从事人才招聘推荐和行业管理的机构如雨后春笋般涌现，努力搭建社会与高校毕业生的沟通平台。但是，大学坚守象牙塔式的管理模式，使得许多就业相关机构根本无法触及大学生，使得我国高校就业指导社会化主体仍在逐步完善。但是，已经有学者和高校开始意识到，要积极整合各方面的力量，提供就业指导服务。例如，肖进曾建议，高校就业指导部门应加强与人力资源公司和企业的合作与交流，有效传播社会发布的就业信息，拓展学生就业实习的途径，使学生尽快了解职业、熟悉就业、接触实业，提高社会认知能力

①齐美尔.社会是如何可能的:齐美尔社会文轩[D].桂林:广西师范大学出版社,2002(34).

②杨延林.大学生的社会化问题研究决策探索[J].决策探索,2005(7).

③白照坤.浅析“社会化”理论视域下“90 后”大学生就业指导课程及教育体系的建设[J].法制与社会,2016(5):227-231.

④肖进.美国高校就业指导的社会化对我国高等林业院校的启示[J].中国林业教育,2011(5):76-78.

⑤刘和忠.德国大学生就业服务体系及启示[J].外国教育研究,2001(10).

和职业适应性[①]。

在就业指导人员的社会化方面，许多高校也开始引进社会资源参与大学生就业指导。朱玉涛提出，学校职业指导师应聘请政府人社部门、社会就业相关部门、企业人资部门、优秀校友等作为补充，通过这些人士的专业知识，帮助高校学生充分认识市场就业形势、行业企业发展动向、实际岗位的具体要求以及获取工作的技巧[②]。王凯提出校友是建设就业导师队伍的重要师资来源，具备丰富相关职业经验的校友可以对学生提供有针对性、个性化的指导帮助，辅助提供基于课程体系建设的学习建议，讲解专业的方法和途径等[③]。

在就业指导内容的社会化方面，朱玉涛提出应注重与市场需求相结合，体现以学生为本的个性化发展教育理念[④]。肖进提出，通过专兼职教师的合作与交流，紧密围绕就业指导的内容、热点、重点问题进行集体公关，协同进行高校学生就业指导课程建设，帮助提高在校生就业指导效能。

在就业指导平台的社会化上，国内主要体现在信息化和网络化平台的搭建。肖进认为互动是就业指导网站的重要功能，通过网上互动学生能够高效地与指导专家、专兼职教师、企业人力部门、优秀校友等在就业发展问题上进行有效沟通，学生的职业服务能力也会得到相应提高[⑤]。

通过借鉴国外高校在就业指导社会化方面的成功经验，我国高校近几年来也尝试着整合社会资源，积极探索高校学生就业教育社会化的路径。由于我国就业指导社会化建设起步较晚，目前还未形成社会公共就业服务资源与高校合理对接的主体局面。根据我国国情，生搬硬套国外的经验，无法达到就业指导社会化的最佳效果。比如，优秀校友地域分布广泛，要求定期进行面对面就业辅导和座谈，并不现实；国内的企业家、人力资源主管教育回馈和教育责任意识并没有那么强烈，在不影响其正常工作时间，要求成为高校兼职就业指导教师，定期为在校大学生进行就业指导和经验分享，似乎也非易事。部分高校偶尔开展的一两次校外就业导师讲座，也达不到深度互动效果，更无法实现针对大学生个性化一对一的就业指导。

探索一条合理的、可行的，能够使社会资源打破空间、时间限制，最大限度地参与到高校大学生就业指导中来的路径和方案，是目前大学生就业指导社会化应该着重解决的问题。

2.1.4　国内外大学生情境化就业指导发展现状综述

1. 情境认知与学习的内容

学习理论与情境认知强调知识是由个体与社会环境交互建构而成，因此，参与社会情境的文化实践是个人知识形成的源泉；个人学习也不只是为了获得知识，学习者应该在与物理环境或社会环境的交叉作用下积极地参与和思考，这样才是真正意义上的学习[⑥]。情境学习理论将学校教育和实际生活联系起来，重视社群、情境、实践活动对认知学习的影响，不仅在教室中学习，而

①肖进,黄国华.美国高校就业指导的社会化对我国高等林业院校的启示[J].中国林业教育,2011(5):76-78.

②朱玉涛,王佳.大学生就业指导现状与社会化路径分析[J].河北农业大学学报,2013(6):20-37.

③王凯,刘文涛.基于社会化的就业指导相关课程问题及解决方案研究[J].前沿,2014(10):203-204.

④朱玉涛,王佳.大学生就业指导现状与社会化路径分析[J].河北农业大学学报,2013(6):20-37.

⑤肖进.黄国华.美国高校就业指导的社会化对我国高等林业院校的启示[J].中国林业教育,2011(5):76-78.

⑥卜湘玲.情境认知与学习理论评述[J].太原大学学报,2005(3):9-11.

且还在教室外的真实活动中学习，并充分利用互联网、多媒体等构建学习的情境[①]。网络等现代技术的飞速发展，不断丰富和拓展了情境学习教学的新方法。在我国，目前情境学习已被纳入素质教育体系，其独特的教学方法和教育效果备受瞩目，成了素质教育的典范，也自然得到了大学生就业指导课的推崇和应用。

2. 情境学习在大学生就业指导中的应用

自 2007 年以来，“大学生职业发展与就业指导”课程在各个高校陆续开设，特别是在促进大学生职业发展、提升职业能力、帮助顺利就业等方面起到了至关重要的作用。但是，随着社会的发展、职业的细化和对毕业生的职业素质要求的提高，对大学生就业指导课发挥指导学生认识自我、认知职场、成功就业这一功能提出了更高的要求。由于“大学生职业发展与就业指导”课程列入素质教育系列，传统的讲授法已不能适应课程和学生的要求。王晓辉认为，就业教育作为一种沟通教育与工作之间桥梁的教育，重要的目的是使学生通过亲身体验职业环境提升职业能力，故应该注重“真实”的情境创设[②]。郝美玲提出，大学生就业指导课特点可以概括为实践性、养成性、参与性、体验性、探究性，适合在课程教学中引入情境教学，激发学生的情感，创造和谐的学习氛围，让学生能够在与学习内容密切相关的情境中愉悦地进行学习[③]。何洁根据自身的教学实践，则提出了职业情境应强化学生对未来职业岗位群的认识，尽量创造和设计与真实就业岗位一致的情境，将有利于培养学生的职业意识、帮助学生养成规范的职业行为[④]。

许多高校和学者已经意识到创设职业情景对于大学生就业指导的重要性。那么，目前国内高校都如何实施呢？张迎设计了五种情境运用到就业指导课程中，包括：想象情境，如生涯幻游；案例情境，如历届毕业生求职案例；模拟情境，如召开模拟招聘会；游戏情境，如报数；问题情境[⑤]。林榕斌提出通过企业专访，学生尽早接触未来可能从事的工作，提前做好心理资本与专业能力的准备[⑥]。何洁对于就业指导课程中进行职业情境的创设提出了有效方法，并提出学校必须要注重与企业合作，要与当前的就业趋势相适应，这就要求创设情境要真实，具备较高的技术含量[⑦]。

由此可见，一些高校和就业指导教师已经开始尝试通过创设职业情境来开展大学生就业指导，带给学生更真实的职业体验，从而达到准确的职业认知。目前，在创设职业情境的运用上，还主要停留在就业指导课堂中，职业情境的创设者也主要是高校就业指导教师。那么，职业情境的真实性有多少？就业指导教师能否准确再现每个职业情境？在就业指导课堂上能否满足每一个学生对不同职业情境的需求？这些是目前情境学习理论运用到大学生就业指导中需要思考和解决的问题。

①陈秋怡.情境学习理论文献综述[J].基础教育研究,2016(19):38-41.

②王晓辉.加强职业情境创设,提高学生职业指导实效性研究[J].理论探索,2008(1):18-19.

③郝美玲,黄新亮.情境教学法在职业生涯规划课堂中的应用[J].科技信息,2009(9):401-412.

④何洁,吴育飞.试探高职院校职业指导课程教学中的职业情境的创设[J].教育导刊,2012(3):62-64.

⑤张迎,易萍.情境教学在就业指导课程中的运用[J].中国成人教育,2010(16):148-149.

⑥林榕斌.营造职业情境,培养中职学生职业精神[J].科技风,2016(6):2015-2016.

⑦何洁,吴育飞.试探高职院校职业指导课程教学中的职业情境的创设[J].教育导刊,2012(3):62-64.

2.1.5　国内外大学生就业指导网络化发展现状综述

1．就业指导网络化的含义

高校就业指导网络化不仅包括就业指导、职业规划、综合素质测评、学生心理健康教育和职前教育等在线课程，还包括学生与用人单位通过网络平台进行的深度互动、充分了解和双向选择。刘治军认为，高校应通过建设丰富的信息网络系统和信息网络管理平台，建立完善的信息网络处理系统、整合网络资源、实现信息共享来创造高质量的网络系统，以实现就业指导网络化[①]。迟涛认为，网络化就业指导模式能够更有效、快捷地通过网络了解学生的思想动态，开展更为实效的高校学生就业指导相关工作[②]。

2．国外大学生就业指导网络化的现状

美国政府主要通过互联网发布就业政策和就业趋势预测，为大学生择业求职提供专业权威信息；加拿大高等院校就业指导中心拥有从事网络技术与开发的专业人员，为本校毕业生提供自主开发的信息服务，并与政府和职业服务机构设计专业网站链接，利用网络为学生提供便捷的就业指导服务[③]。学生可以获得各种就业相关信息，包括招聘信息、各职业对学历专业要求和薪酬标准的统计数据、各行各业的社会需求量，以及社会职业从业人员对本人职业的客观评价等；德国大学的主要做法是通过在互联网上提供课程或专业书籍，为学生提供各种就业类培训；日本大学有自己的求职网站，并能实现和其他相关的网站链接、个性心理测试、就业综合测试、就职讲座、就业咨询和企业用人信息（按地区、行业、年份排序）等，在日本有相当大比例的毕业生是通过网上求职成功的。

3．国内大学生就业指导网络化的现状

我国就业指导目前还处于网络化、信息化的初级阶段，主要呈现两种形式：以高校为主开发的网络课程、网络教学平台、校园就业信息网站、就业论坛和以政府、企业、中介组织开发的就业服务、求职招聘信息平台、求职社区网站。肖建彬针对我国利用网络进行就业指导现状进行了调查发现大多数就业网站内容局限于企业用工需求、求职信息、就业政策、法律法规等；就业指导网站栏目内容陈旧、互动性差、缺乏吸引力[④]。高校就业网站还有许多功能尚未开发，没有充分发挥就业网站在就业指导和服务方面的功能。

狄鑫通过调查发现，虽然学校是学生获取就业信息最直接有效的渠道，但在最终确定就业援助渠道时，学生普遍认为社会网络是获取招聘信息最有效、最便捷的途径[⑤]。事实上，高校就业指导在网络化的建设上，应该着重考虑拓宽学生的社会关系网络，使学生在校期间就可以和用人单位、社会职业人进行交流、互通资料。在毕业生择业的过程中长期互动的社会关系网络，更加有效地提高了毕业生就业成功率和就业质量。

---

①刘治军.积极探索高校网络化就业指导模式[J].中国大学生就业,2005(12).

②迟涛.探索高校网络化就业指导模式[J].中国大学生就业,2006(4).

③余蓝.大学生就业指导工作的信息化路径分析[J].现代教育技术,2010(1):140-142.

④肖建彬,杨帆.关于我国高校利用网络进行就业指导的调查研究[J].高教探索,2005(5):86.

⑤狄鑫.谈大学生就业工作的网络化[J].北方文学,2012(8).

2.2 社会化学习概述

2.2.1 社会化学习的发展历史

社会化学习（Social Learning）并不是一个新的概念，每个人从出生开始便处于社会化的环境中，伴随着成长不断地在社会化环境中发展、学习，孔子曰："三人行，必有我师焉"，社会化学习的具体方式有许多，如人们平常所参与的集体活动、群体学习、师徒带教等。社会化学习于20世纪60年代在班杜拉提出的社会学习理论中[①]被提出来。这种早期的社会学习强调个人认知和外界环境相互作用的影响，但是未能探讨学习者群体与社会环境的交互关系。而本书所提到的社会化学习并不是班杜拉的社会学习理论，事实上应该叫作"New"，就是社会化学习，为什么要称之为"New"呢？是因为社会学习理论本身就存在，它是发生在每个人的学习、工作、生活之中的，如工作中的询问领导问题、同学间的相互探讨、亲朋间的交流。直到Web 2.0时代的到来，改变了这个社会学习理论，"环境的影响作用"被当代计算机网络技术的广泛引用所主导，除了现实社会，学习群体紧密地联系在一个更加宽广的互联网社会里，时间、空间等不再成为社会化学习的障碍。结合原有社会化学习的理论成果，加上信息技术的社会条件和学习者的群体效应共同作用，新社会化学习应运而生[②]。

2.2.2 社会化学习的概念梳理

为了深入理解社会化学习的内涵，本书尝试通过对社会化学习概念的梳理对社会化学习进行了范围界定。Isow 和 Watson 认为社会化学习是一种社会互动，是学习者参与社会学习、体验社会活动、分享社会化知识，通过参与实践共同体构建意义的过程[③]。Fernandez-Gimenez 将社会化学习定义为一种有目的的行为，通过不同参与者之间的互动和对话进行集体反思[④]。章昌平认为，社会化学习将学习看作是一个社会过程，社会交往在学习与社会的融合中发挥着重要作用，在社会过程中更加注重知识的获取。知识是不断建构的，在实践探索的过程中不断从相关的活动和情境中汲取新的意义[⑤]。王根顺等认为，社会化学习是一个自发组织的学习社区，以共同感兴趣的内容聚合在一起，这样的学习方式形式、内容开放[⑥]。王龙等认为，社会化学习是人们对事物意义的理解，通过与他人的对话、基于问题或活动的深入互动以及社会建构的方式形成，关注的焦点不是学到了什么，而是如何进行学习[⑦]。毛新勇认为，在Web 2.0技术的广泛应用下，社会化学

①班杜拉.社会学习理论[M].陈新银,李伯黍,译.沈阳:辽宁人民出版社,1989.

②惠震.高校教育生态转型之社会化学习[J].陕西学前师范学院学报,2017(2):110-114.

③ISON,R.,ROLING N.WATSON D.Challenges to science and society in the sustainable management and use of water:investigating the role of social learning[J]. Environmental Science &Policy,2007(10):499-511.

④GIMENEZ F,BALIARD HL,STURTEVANT VE,et al.Adaptive management and social learning in collaborative and community based monitoring: a study of five community-based forestry organizations in the western USA[J]. Ecology and Society,2008(2):38-39.

⑤章昌平,黄梅芳,陈洁.社会化学习背景下的研究生个人终身学习体系构建[J].高教论坛,2010(10):105-107.

⑥王根顺,吴长城.网络学习社区的自组织研究[J].电化教育研究,2011(10):35-39.

⑦王龙,BROWN J S,ADLER R P.点燃思维之火:开放教育,长尾理论和学习 2.0[J].现代远程教育研究,2009(5):54-60.

习是学习者在追求学习目标和解决问题活动中可以使用的各种工具和信息资源，他们相互配合、相互支持[①]。王帆用描述性定义方法对社会化学习的概念进行了界定，他认为社会化学习应该具备三个属性:学习在个体层面上经历了认知变化；超越个体维度成为社会交际网络的一员，学习发生在成员之间的社会互动中；成员之间的互动可以是直接的，也可以是间接的，目前最具特色的是由 Web 2.0 应用程序构建的学习环境[②]。

在综合分析各专家观点后，研究者对社会化学习的目的、方式、途径、环境、结果进行了整合。社会化学习的目的：获得更大的视野，为了感兴趣的主题、快速接收信息，增加多元观点、优化决策、追求学习目标和问题解决方案。社会化学习采用的方式：参与、体验、互动、交流、对话、共享、支持、合作、反思。社会化学习的实现路径：设计活动、创设情景、基于问题。社会化学习的环境：社会化工具（Web 2.0 应用程序）。社会化学习产生的结果：理解他人角色和能力、个体发生认知变化、超越个人维度，成为群体一员，产生新关系、知识协同共建、学习共同体建立。通过以上对社会化学习的概念整合，将有利于本书建立针对大学生就业指导的社会化学习的指导思想。

2.2.3 社会化学习的三种表现形态

当人们遇到问题时，通常会有两种解决途径：其一，“谁会？”努力找到他发布的相关文字资料，作为行动参考；其二“我认识的人里谁会？”努力找到这样的人，和他直接交流。以上两种途径就是目前社会化学习最常见的两种网络形态。前者是以“知识论坛”为代表的形态，侧重知识网络的视角，由于知识的滞后性和普遍性，以及个体对知识的认知差异，这种方式可能无法解决人们遇到的特性问题，或者说指导效果不佳。后者是以“虚拟社区”为代表的形态，侧重社会网络的视角，由于人的不稳定性，不同人拥有的知识水平不同，如果恰巧找到的人正好是这个领域的专家，那指导效果最佳；如果找到的人也是学徒级，可能还会导致指导偏差，甚至误导。我们更希望将二者结合来解决问题，通过查阅某位专家的文章、言论等，进而找到这位专家，直接与他交流，得到最新的知识动态和有针对性的解决问题方案。这种建立在知识网络上的社会网络，就是社会化学习的第三种形态，以学习元平台为代表，侧重社会性知识网络的视角。

1. 侧重知识网络的社会化学习

从知识网络的视角出发，人们更加关注学习共同体的知识。从知识网络的社会化学习视角看，承载知识的渠道不仅是学习者的个体，而且还有他人和群体。在知识网络中，话题将变得非常重要。基于话题的学习者聚合是最典型的交互模式。学习者可以通过“人”的渠道找到更多的知识，解决“谁拥有什么”的问题。这说明知识网络关注的是人与人之间的知识流动。可以说，早期的社会化学习大多是以知识共同体的形式进行的。在知识传递和知识建构的学习范式下，学习基本上是一种教师主导的组织形式，成员被分配在一个固定的社区中，通过固定的小组讨论，协作完成相关的小组学习任务。这个虚拟社区有一个清晰的框架，社区活动在这一明确的“框架”内，人们在这样的社区中通过明确的主题进行互动。

①毛新勇.建构主义学习环境的设计[J].外国教育资料,1999(1):59-62.

②王帆.微时代社会化学习新解[J].中国电化教育,2013(10):14-18.

北京大学的未名、清华大学的水木清华、南京大学的小百合等高校就业指导和求职论坛的在线教学平台，都是从知识网络的视角进行社会化的学习形式。在就业指导教师的指导下，由教师设计学习内容和活动，发起就业话题，发布就业趋势。大学生可以通过论坛了解社会最新的就业动态，通过教学平台获取自己关心的就业知识，表达对知识和动态的看法。教学平台更注重知识的传递，学习者看到的都是相同的知识和内容，其知识更新方面存在着天然的滞后。以知识网络视角开发的就业指导网络教学平台与就业论坛的相似性、信息传递的滞后性和对人的个性需求的忽视，注定要逐步被淘汰。

2. 侧重社会网络的社会化学习

社会网络关注社会关系，社会关系越多获得知识的渠道就越多。在社会网络中，学习者可以自由表达想法，具有相同兴趣的人可以聚集在一起，形成一个自主学习的空间。社会网络强调社会关系和个体表达，学习群体通过不断的社会互动和协作来建构社会网络，并从中获取知识。也就是说，从社会网络的视角进行社会学习，重点在于解决“谁认识谁”的问题。典型代表社会网络的有虚拟社区、社交网站、QQ 群、微信朋友圈等。这个学习社区没有明确的界限，学习者之间的交互无须专人专题指导。相反，是以开放的方式建立关系链，如“好友”“标签”功能。“好友”是基于人际关系的认同，而“标签”是基于内容的联系。社区是由这些“纽带”或“链”形成的，这些错综复杂的关系线条即代表纷繁的人际关系网络。随着关系链的不断发展，学习网络也在动态发展和变化。

国内如天际网、优士网，国外如被 TechCrunch 誉为 Facebook 和 Math.com 的混合体的世友网络，还有全球最大的企业社交网络 Linkedin，它们都将职业求职和社会网络紧密地联系在一起。尤其是 Linkedin 几乎汇集了全球 500 强企业的员工，他们都将 Linkedin 作为一个职业拓展和交流的必选平台。中国相应的优士网则在正式上线不到一年的时间内，把中国 500 强企业中大约有一半的企业员工注册成为优士网用户。这种以人为中心的社会性学习软件，弱化了教师与学生的界限，每个人在对话与交流中都可以任意地转换角色，知识也在人与人的互动中碎片化式地产生。其优点在于知识的更新、进化快；学习者自由度更大，更容易发挥个人的创造性。其缺点是知识过于碎片化，不成体系，对于学科理论性较高、专业知识体系较复杂的学习不完全适用。

3. 整合社会性知识网络的社会化学习

整合社会化学习的相关研究表明，以学习型社区和知识论坛为代表的知识网络视角关注的是内容（知识）与内容（知识）之间的联系、群体间内容（知识）的流动、构建和创造，并将人作为学习的内容（知识），最早的在线社会化学习主要就是以知识网络为视角的；而把人作为重要的学习资源和渠道，重视人与人之间的联系，是以 QQ 群和社交网站为代表的社会网络视角关注的重点，目前很多新开发的社会学习软件多是以社会网络为视角的。根据联通主义理论，学习不仅发生在内容中，与此内容相关的人也是学习的重要资源，也就是说，在学习过程中，知识网络和社会网络是同等重要的①。因此，学界提出了一种整合的研究视角，即以知识网络为基础构建社会性知识网络，这种网络可视化整合了知识之间、知识与人、人与人之间的三种关系，为知识的调用、整合与创生，以及将物化资源与人的资源统一提供了保证。社会性知识网络是在联通主

①余胜泉,程罡,董京峰.e-learning 新解:网络教学范式的转换[J].远程教育杂志 2009(3):3-15.

义学习理论的指导下应运而生的①。

这种既强调知识获取又关注人际关系的社会性知识网络，主要是在人与知识的深层互动过程中构建起来的。学习者既能获取需要的知识资源，又能直接找到知识背后的人力资源。例如，通过一个具体的学习内容，学习者就能快速找到与该领域最权威的人士或者学习相同内容的学习伙伴。在这种整合网络视角下，知识以社会性的形式存在，通过社会性共享、社会性学习和社会性创造来传播和创造知识。其核心是通过“人”与“内容”的连接，获取更多的社会资本和知识资源。在社会性知识网络中，“人”和“内容”不仅是知识网络的节点和内容，也是连接其他网络节点的渠道和媒介。随着“人”与“内容”的不断交互，逐渐形成一个具有相同学习兴趣、爱好和交往频繁的社会性知识网络②，如图 2-4 所示。

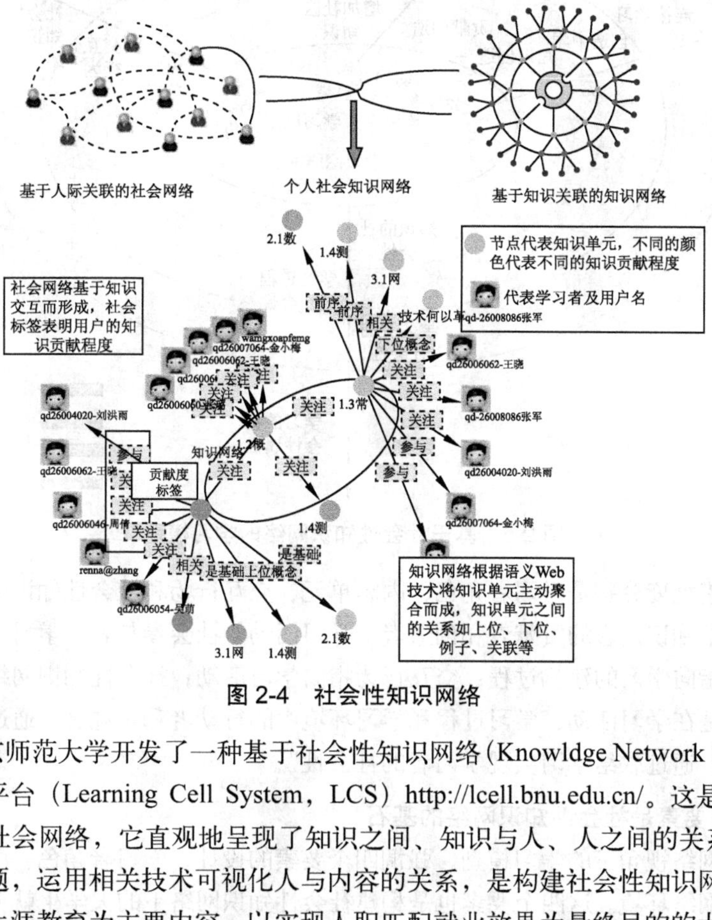

图 2-4　社会性知识网络

2009 年，北京师范大学开发了一种基于社会性知识网络（Knowldge Network Service for Social, KNS）的学习元平台（Learning Cell System，LCS）http://lcell.bnu.edu.cn/。这是一种基于知识网络构建的可视化社会网络，它直观地呈现了知识之间、知识与人、人之间的关系③。学习元平台以知识创造为主题，运用相关技术可视化人与内容的关系，是构建社会性知识网络的关键步骤。

对于以职业生涯教育为主要内容，以实现人职匹配就业效果为最终目的的大学生就业指导，既要强调其知识的重要性，又要重视社会关系以促进大学生科学合理就业，社会性知识网络将为大学生就业指导模式提供一种新的研究视角。

①段金菊,基于社会性知识网络的学习模型研究[D].北京:北京师范大学,2015.

②余胜泉,杨现民,程罡.泛在学习环境中的学习资源设计与共享“学习元”的理念与结构[J].开放教育研究,2009(1):47-53.

③段金菊,余胜泉,吴鹏飞.社会化学习的研究视角及其演化趋势:基于开放知识社区的分析[J].远程教育杂志,2016(3):51-62.

2.2.4 基于社会性知识网络的社会化学习模型

2015 年，段金菊博士依托学习元平台，构建了社会性知识网络的社会化学习模型，并采用对比实验验证了社会性知识网络学习能够提升学习者社会化学习的广度和深度。段金菊博士提出的社会性知识网络学习模型以学习者为中心，以自下而上构建个人学习网络为主线，包括三个层面四个维度的内容，如图 2-5 所示。

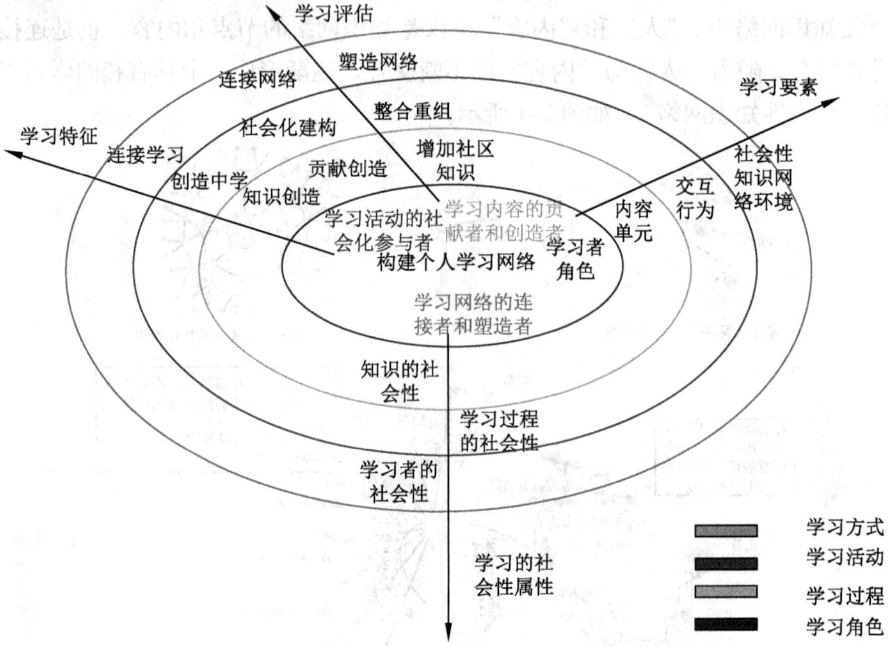

图 2-5 基于社会性知识网络的学习模型

其中学习要素维度分别是学习者角色、内容单元、交互行为和社会性知识网络环境。学习者是核心和源泉，是知识内容的贡献者和创造者、学习活动的社会参与者、学习网络的连接者和塑造者；内容单元指向学习的建构过程；交互行为指向学习活动；社会性知识网络环境指向学习环境。学习者角色是在学习活动、学习过程和学习环境中的行动者和实施者，通过知识创造实现学习内容的社会性，通过联结学习实现学习者的社会性[①]。

1. 四个学习要素是社会性知识网络的基石

社会性知识网络视角下的学习模型，强调四个要素的设计，学习者角色、内容单元、交互行为和社会性知识网络环境。这四个要素也是构建社会性知识网络下的大学生就业指导模式应该着重考虑的。

① 学习者角色的定位。段金菊博士提出在社会性知识网络中，教师不再是传统模式中课堂的控制者而是组织者，是课程的促进者、影响者和学习网络的塑造者，教师要实时地帮助学习者进行学习网络的塑造。学生是学习网络的连接者和塑造者、学习活动的社会化参与者，以及学习内容的贡献者和创造者，学习者通过分享成果、发布提问等形式与教师或专家联通达到学习效果，

①段金菊.基于社会性知识网络的学习模型研究[D].北京:北京师范大学,2015.

学习者的角色将变得多元化[①]。借鉴上述观点，就业指导教师就是社会性知识网络中的基础节点，学生就是社会性知识网络中的核心节点。但是，在社会性知识网络下的大学生就业指导，角色更加丰富和多元，除了教师和学生，还有社会与政府角色将是网络中的重要节点。如何促进各角色的功能最大化，做好各角色定位是构建基于社会性知识网络的大学生就业指导模式的关键。

② 内容单元的设计。在社会性知识网络中，内容单元是知识网络最基本的单位，是由教师开发、学习者协同共建。随着学习者个体与群体的深入参与，知识单元不断进化和再生。网络中的知识是共建共享的，初始阶段的内容是知识发展的土壤，学习者在课程学习、资源共享和活动参与的过程中达到知识网络的生态发展。这一观点符合就业指导内容需要不断更新丰富完善、与时俱进的要求。就业指导教育内容涵盖面广、多、杂，更新变化快，内容单元的开发绝不是单靠就业指导教师一己之力可以完成的，需要全员共建共享，不断更新完善，保持就业信息的前沿性和准确性。

③ 交互行为的发生。在社会性知识网络中，学习者可以进行多方面的互动，包括基于知识单元的交互和基于人的社会化交流。其中，基于知识单元的学习者交互是以内容为中心的学习者之间的联通与互动，知识单元是连接的媒介，人是学习的内容。基于人的社会化交流是通过联通学习伙伴获取其背后的知识节点，人是知识的管道和媒介。动态的知识网络是由话题、主题或讨论聚合在一起的交互行为生成的；社会网络是由人、各种关系聚合在一起的交互行为生成的。保证和促进角色与内容单元之间交互行为的产生是构建大学生就业指导社会性知识网络的源泉。

④ 社会性知识网络环境的形成。基于社会性知识网络是一个以联结知识节点和用户节点为主要方式，通过知识贡献和创造来塑造新的网络节点的生态学习环境。这种网络环境应用到大学生就业指导中，从学生角度有利于建立起大学生的社会关系链和个人职业生涯发展圈，从高校角度有利于促进就业知识的动态生成和职业情境共同体的建立。

2．“联结”和“创造”是社会性知识网络的发动机

社会性知识网络是以构建个人学习网络开始，进而形成群体的社会网络。该模型强调联结与创造。在该网络中每一个知识单元、每一个人都是一个网络节点，学习者的“人—知识—人”及“人—人—知识”的交互行为，就是联结，联结是形成网络的基础。创造是在学习过程中产生新的网络节点（如一个新的内容单元），以便产生更多的联结。可以说，没有联结就没有网络，没有创造就没有可联结的中介。

要构建一个大学生就业指导网络，指导人员、指导对象、指导内容就是网络节点，它们之间发生的交互就是网络中的线，当各个网络节点之间都布满了错综交替的线时，就形成了就业指导的社会知识网络环境。而“联结”和“创造”保证了网络环境的不断扩大，创造使得更多的网络节点生成，联结让更多的网络节点交织在一起。与此同时，随着网络环境的扩大，每一个角色的个人网络也在形成并不断扩大，每一个内容单元聚合的知识网络也在形成并不断共建和生成。这就是构建大学生就业指导的社会性知识网络动态发展的过程。

①段金菊,余胜泉.基于社会性知识网络的学习模型构建[J].现代远程教育研究,2016(4).

2.3 总结与启示

综上所述，研究者得到以下三点结论和启示：

首先，我国大学生就业指导社会化还处于探索阶段，学者们大多提出的也是方向性的引导，并无实质性、可行性的策略和方案。在社会性知识网络中，知识是以社会性的形式存在，其核心是通过连接“人”与“内容”获取更多的社会资本和知识资源。本书通过利用互联网技术，从社会性知识网络视角出发，将在线社会化学习范式引入大学生就业指导，希望探索出实现大学生就业指导社会化的具体路径。

其次，在就业指导职业情境的设置中，如果依然还是高校就业指导教师创设，势必还是闭门造车。而社会性知识网络中，每一个人都是知识的生产者、创造者，每一位社会职业人都是自己职业情境的原型，都是职业情境的创设者，更加真实可靠。学习者在与职业人的互动、观察中，体验职业，认知职业，理解职业。

最后，在大学生就业指导网络化建设上，本书试图将目前两大类主流平台，即以知识为主的大学生就业指导网络课程、教学平台和以人力资源为主的大学生就业指导信息服务网、人才招聘网进行融合，形成基于社会性知识网络的大学生就业指导，让除了就业指导教师外，就业工作人员、人力资源管理人员、职业成功人员、政府机关人员、行业专家等成为就业指导知识内容的共建者，使单纯的就业动向、招聘信息、企业信息等成为就业指导教学内容的案例和素材，寓用于学，寓教于用。同时，在知识生成、传播、转换、进化的过程中，提炼出更重要的具有知识背景的人际网络，从而实现每个学生强大的社会职业关系网。

第3章 研究设计

本书试图从社会性知识网络的视角，重新构建大学生就业指导模式，以解决上述问题。本章对于社会性知识网络视角的大学生就业指导进行了研究设计，主要包括研究目标、研究内容、研究思路和研究条件，目的是确保本书的科学性及可行性。

3.1 研究目标

针对目前大学生就业面临的困境——缺乏与社会的互动、缺少职业社会关系、缺乏对职业的理解和体验等诸多问题，试图探索一种有效的大学生就业指导模式来解决以上学生就业困惑。本书拟提出社会性知识网络的研究视角，依托学习元平台，以构建大学生就业指导模式为目标。通过对学生、教师、就业相关工作人员、社会职业人、人力资源专业人士等多角度的调研与分析，确定就业指导内容体系；以基于学习元平台的社会性知识网络的线上指导方式，实现无时间、无空间界限的“社会化”就业服务指导；以岗位群为基本方向创设“职业情境”，通过“学校、政府、社会”三方协同合作，搭建社会性网络下的就业指导队伍，营造职业情境，共建职业信息；通过社会性知识网络的特点：交互与连接，实现学生求职过程与网络背后的人力资源深度交互。本书以“大学生职业发展与就业指导”课程为例，通过设计性研究实验，开展三轮迭代实验，不断修正和完善模式，进一步提炼该模式的具体设计流程和策略，归纳基本原则和规律。最后通过对比实验，进行就业指导效果验证，主要包括毕业生对就业指导满意度评价、毕业生就业能力提升测试、就业率统计、就业质量评价等方面。期望通过构建的新模式，在满足大学生就业需求的基础上，帮助大学生向更高层次发展，做一个全面发展的人，实现人生价值。

3.2 研究内容

为了实现上述研究目标，需要构建社会性知识网络视角的大学生就业指导模式，分析社会性知识网络视角的学习模型，并对社会性知识网络下的就业指导效果进行验证。

3.2.1 大学生就业指导现状与需求调研分析

针对学生、高校、社会、政府等多角度进行就业能力现状、就业指导现状、就业指导需求以及就业指导参与与贡献度的调研。通过收集调研数据，分析社会各层面对大学生就业指导的需求、贡献及参与情况，为确立大学生就业指导内容体系和建立大学生就业指导社会性知识网络需求性和可行性提供依据和支撑。

3.2.2 基于社会性知识网络的大学生就业指导模式构建

以解决目前大学生缺乏职业体验、缺少社会互动、缺乏社会关系为目的，以社会化学习理论、情境认知与学习理论、联通主义学习理论为理论基础，以现有大学生就业指导模式，结合社会化学习的一般学习模型，以学习元平台为环境条件，初步构建基于社会性知识网络的大学生就业指导模式，主要针对一个平台、三大网络、四类角色进行模式设计。通过角色、内容单元、交互活动，以及社会性知识网络四个要素的内容设计来完善大学生就业指导的线上指导模式。

3.2.3 基于社会性知识网络的就业指导课程设计

针对之前理论演绎的社会性知识网络的大学生就业指导模式进行设计性实验。以“大学生职业发展与就业指导”课程为例开展社会化学习，通过内容单元的划分、交互活动的设计、角色参与的分配、学习流程及策略的制定来实现线上就业指导的就业知识网、职业情境网和社会关系网。并通过三轮迭代实验，围绕就业知识网、职业情境网络共同体、社会关系网络的构建情况逐步完善基于社会性知识网络的大学生就业指导模式框架。

3.2.4 基于社会性知识网络的大学生就业指导效果评价

在设计研究的基础之上，进一步探究该模式的就业指导效果。基于比较的视角，对传统就业指导和社会性知识网络的就业指导的实际效果进行分析。通过对参与指导前后的大学生就业能力的测试，两种就业指导模式下的毕业生对就业指导满意度的对比，两种模式下的毕业生的就业率统计对比，两种模式下模拟招聘录取率的对比，社会性知识网络环境下学生的交互强度与就业质量相关性的分析，进一步对社会性知识网络的就业指导进行验证，并对该模式的有效性做出判断。

3.3 研究思路与过程

本书通过文献分析法和调研法进行需求和可行性分析；采用理论演绎的研究方法，设计社会性知识网络视角的大学生就业指导模式；运用基于设计的研究方法，以“大学生职业发展与就业指导”为例搭建社会性知识网络，进行三轮迭代的实验设计，不断发现问题，改进设计模式；最后通过对比实验法，对社会性知识网络视角下的大学生就业指导进行效果验证。研究思路如图 3-1 所示，整体研究框架如图 3-2 所示。

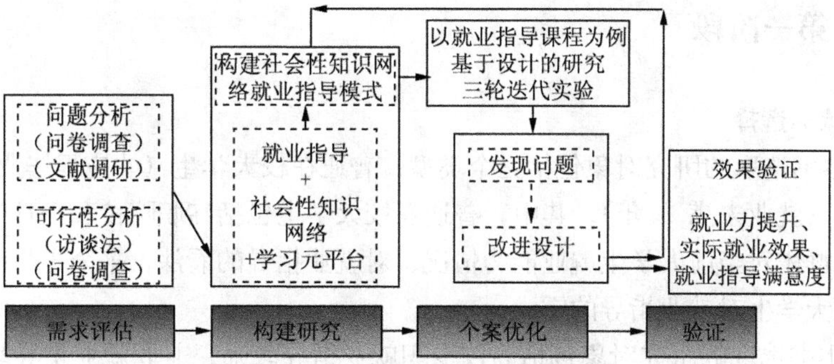

图 3-1 研究思路

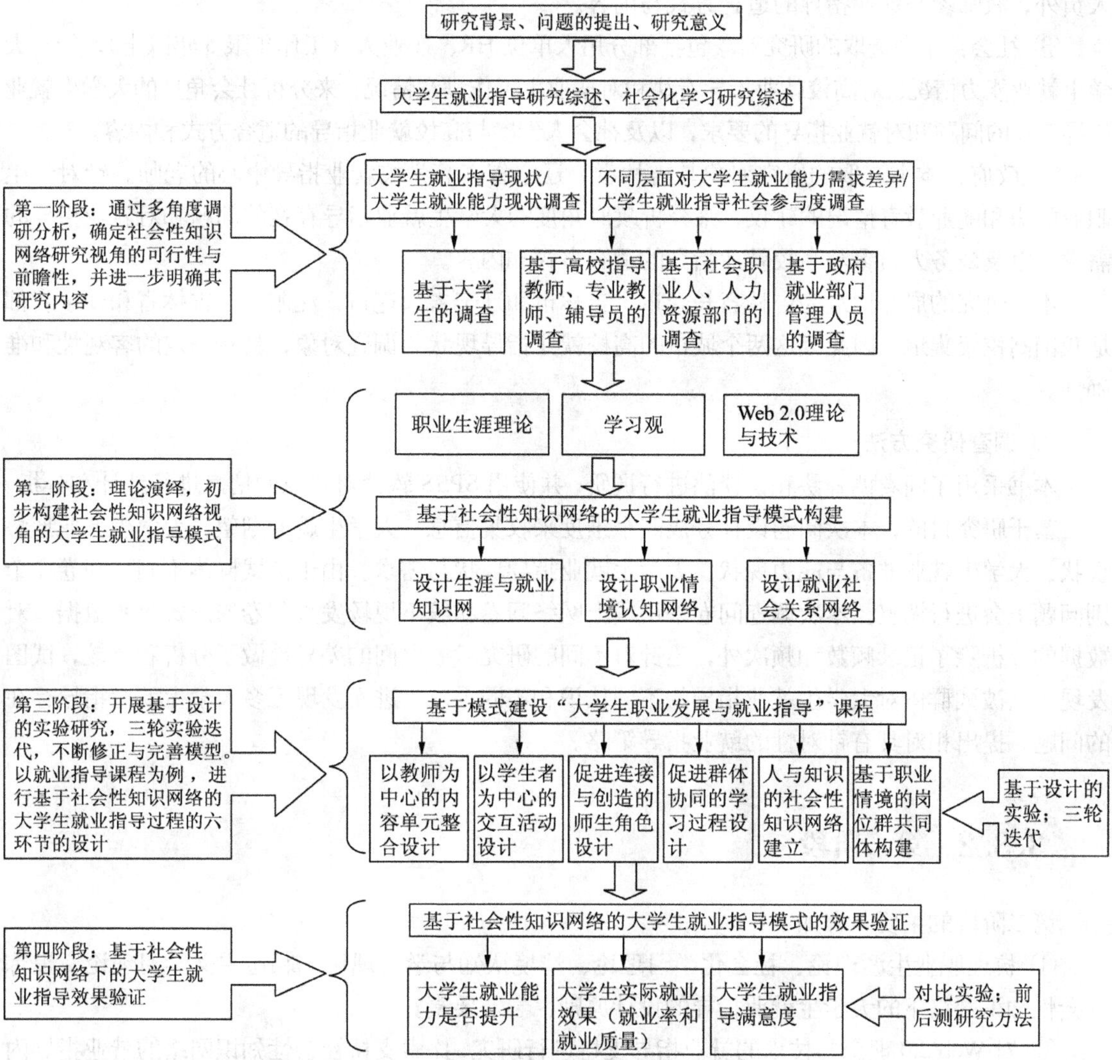

图 3-2 整体研究框架

3.3.1 第一阶段

1. 调查对象的选择

① 学生：本书选取的研究对象包括三个类型：普通在校大学生（非应届毕业生）、应届毕业生、已就业人员（就业未满 3 年）。其中，普通在校大学生包括高职院校和全日制本科院校。本书将针对这三类群体对当前大学生就业能力情况、对就业指导的看法，来分析当前大学生就业指导存在的问题和大学生对就业指导的需求。

② 高校：本书选取的研究对象包括高校专职就业指导教师、兼职就业指导教师、就业处管理人员、辅导员、专业教师（教龄 10 年以上）。本次调研将通过对大学生就业能力情况、对就业指导看法，来分析高校角度的大学生就业指导存在的问题和对就业指导的要求，以及除就业相关人员外，教师参与就业指导的适合方式与内容。

③ 社会：本书选取的研究对象包括部分用人单位 HR、职业人（工作年限 5 年以上)，针对大学生就业能力情况、对高校就业指导看法和对毕业生工作满意情况，来分析社会角度的大学生就业指导存在的问题和对就业指导的要求，以及社会人士参与高校就业指导的适合方式和内容。

④ 政府：本书选取的研究对象是吉林省、辽宁省高等学校就业指导中心的老师。针对学生职业能力和就业教育情况的建议，来分析政府角度的大学生就业指导存在的问题和对就业指导的需求，以及公务人员参与高校就业指导的适合方式和内容。

本书研究的展开地点为吉林省长春市、吉林市和辽宁省大连市、沈阳市。吉林省和辽宁省都是我国高校聚集地，因此以这两个城市的高校就业指导现状为调查对象，具有一定的客观性和准确性。

2. 调查研究方法

本书采用了问卷调查法和访谈法进行调研，并使用 SPSS 软件对获取的信息进行统计和分析。

基于研究目的，本次问卷设计分成四个维度来收集信息：大学生就业期望、大学生就业形势现状、大学生就业准备与能力现状、大学生就业指导现状与需求。由于被试群体不同，问卷在个别问题上会进行调整。本次调查问卷采用线上网络问卷和线下现场发放问卷的形式收集数据。对数据的分析除了记录频数和频次外，还针对不同的研究对象之间的差异性做了分析和比较，试图发现不同被试群体对大学生就业指导的不同认识和不同需求，进而发现更多大学生就业指导存在的问题，提出相对具有针对性的就业指导策略。

3.3.2 第二阶段

第二阶段的主要内容如下：

① 梳理职业生涯理论、社会化学习理论、情境认知与学习理论、联通主义学习理论，提炼社会性知识网络下的大学生就业指导的设计原则、学习要素。

② 对 Web 2.0 理念与技术的就业指导支持进行研究，探索支持社会性知识网络的就业指导内容和就业指导方式。

③ 根据第一阶段问卷调研的就业指导需求确定就业指导功能、结构、内容划分，结合学习元平台能够提供的学习方式、学习过程支持与学习活动，初步构建基于社会性知识网络的大学生

就业指导模式。保证其在促进大学生就业指导方面的有效性及适用性。

④ 本阶段采用理论演绎的研究方法，设计社会性知识网络视角的大学生就业指导模式。

第二阶段研究流程如图 3-3 所示。

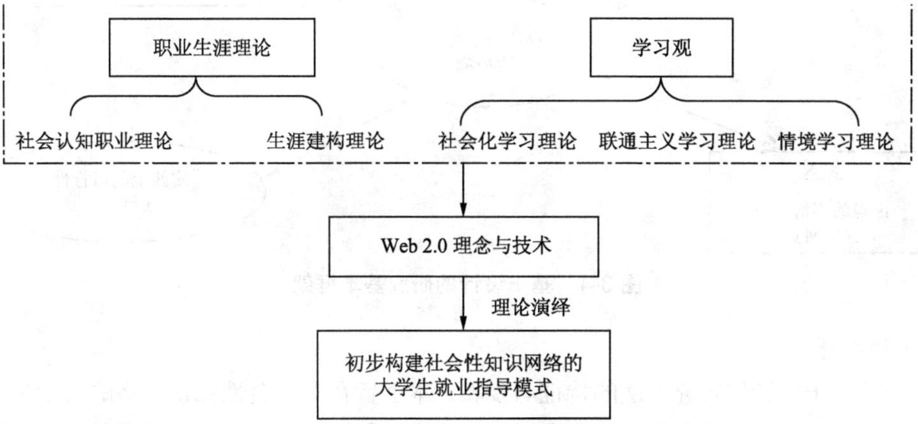

图 3-3　第二阶段研究流程

3.3.3　第三阶段

本阶段主要采用基于设计的研究方法，依托学习元平台提供的社会性知识网络环境，在问卷调研与理论演绎出来的社会性知识网络的大学生就业指导模式基础上，以“大学生职业发展与就业指导”为例，搭建起大学生就业指导的社会性知识网络。通过三轮迭代实验，不断地进行修正与完善，并根据实施过程中的就业指导效果，总结设计思路与框架，提炼建构原则。

1. 基于设计的研究范式

基于设计的研究（Design-Based Research，DBR），又称设计研究或设计实验，是一种用来实施形成性研究、检验和提炼建立在先前研究所获得的原理基础上的教育设计方法[①]。Wang & Hannafin 认为，设计研究是基于研究者和实践者在现实情境下的互动，通过迭代分析、设计、开发和运用，可以产生基于情景的设计原则和理论，其目的是促进教育实践，是一种系统而灵活的方法论[②]。国内学者梁文鑫、余胜泉认为，设计研究旨在把最初的设计付诸实践，测试其效果，采用“逐步改进”的设计方法，并根据反馈不断改进设计,直到所有的缺陷都消除，以便形成一个更加可靠和有效的设计[③]。Ann Brown 用图 3-4 勾勒了“基于设计的研究”的基本框架。根据以上表述，基于设计的研究方法基本特征有设计、情境、迭代、检验。基于设计的研究过程可归纳为四个步骤：设计一个教育干预—应用到一个具体的教学情境—评价干预的影响—修正、完善设计干预。不断循环该过程，直至提炼出具有可行性的理论模型。

①解素敏.基于设计的研究范式在教育游戏研究中的应用[J].信息技术环境构建与教学应用,2009(6):98-103.

②WNAG F,HANNAFIN M J.Design-based Research and technology-enhanced Learing environments [J]. Educational Technology Research & Development,2005(4):5-23.

③梁文鑫,余胜泉.基于设计的研究的过程与特征[J].电化教育研究,2006(7):19-21.

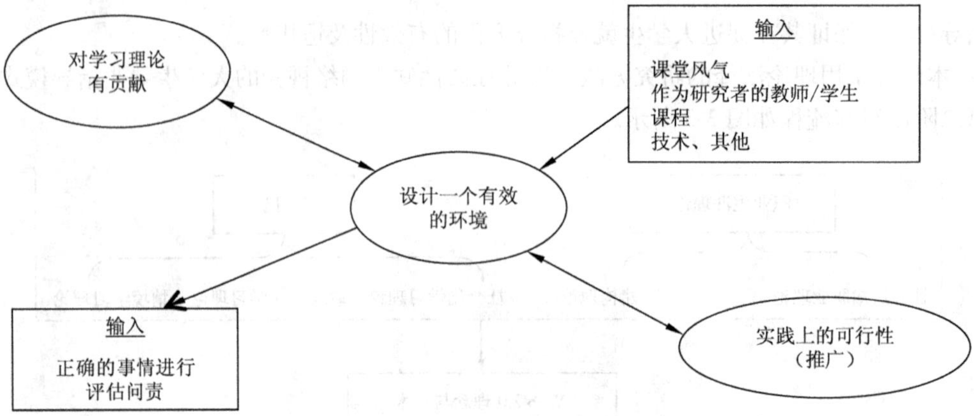

图 3-4　基于设计的研究基本框架①

2. 实验设计

根据上述基于设计的研究方法的特征与步骤，本书旨在对社会性知识网络的大学生就业指导模式进行设计性研究，以“大学生职业发展与就业指导”课程为例，进入真实教学实践情境，以大三学生为研究对象，开展三轮设计性实验，通过对学习内容单元、互动活动、流程设计、社会性知识网络（环境）等环节的设计来干预就业指导课程教学效果。通过问卷调查，内容分析法、社会网络分析法、在线观察等收集和分析每一轮学生的学习情况和社会人员的参与情况，发现问题，改进设计，不断修正与完善。具体设计性实验流程如图 3-5 所示。

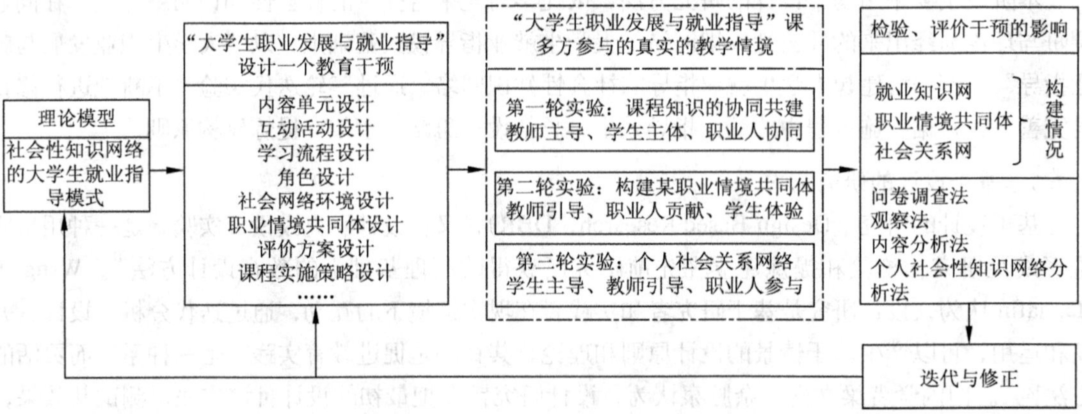

图 3-5　基于设计的研究实验流程

第一轮实验：搭建起基于社会性知识网络的大学生就业指导课程。以就业指导教师为主导，学生为主体开展课程学习，同伴互助完成活动，发动社会人员协同共建课程、批阅作业等。初步验证模式的有效性、发现相关问题、改进和完善模式。一轮实验旨在实现就业知识的协同共建。

第二轮实验：构建以岗位群为基本方向的职业情境共同体。以就业指导教师为主导，发起职业相关主题、活动（如我的求职经历、我的职场发展历程等），以社会人员为主体进行主题分享，鼓励学生参与提问、讨论、交流，创建职业共同体。通过两轮实验，学习角色的转变，观察各角

① BROWN A.Design experiments:Theoretical and methodological challenges in creating complex interventions in classroom settings[J].Journal of the Learnings Sciences,1992(2):141-178.

色参与度的变化，进一步改进模式，提高互动广度和深度。二轮实验旨在创设职业情境。

第三轮实验：学生建立个人社会性知识网络。根据求职目标设定学习任务，以学习任务为驱动，以学生为主体开展课程学习。弱化就业指导教师主导作用，增加学习同伴、领域专家、职业群社区等智能推送服务，强化学生主动挖掘社会资源帮助其完成学习任务的能力，最终实现社会化学习内涵：自发学习，个人认知变化、超越个体维度，成为网络一员，人与人之间的互动与交流。三轮实验旨在建立学生个人社会关系网络。

3.3.4　第四阶段

比较分析基于社会性知识网络的大学生就业指导模式的效果，选择社会性知识网络的就业指导课和传统课堂形式的就业指导课，从三个层面进行效果验证：大学生就业能力（职业认知能力、求职能力）、大学生实际就业效果（包括就业率和就业质量），以及大学生对就业指导的满意度和职业适应度。

① 实验设计。选择实验样本，随机分组，进行传统就业指导和社会性知识网络就业指导的对比试验，实验时间为一个月。

② 分析实验结果。比较传统就业指导课与基于社会性知识网络的就业指导课的指导效果（前后测、简历评比、模拟面试等）差异、就业率差异、就业质量差异、就业指导满意度差异。

3.4　平台条件

学习元平台是适合 Web 2.0 时代的知识创新社区，以泛在学习资源组织模型“学习元”为核心而设计开发的学习平台①。具有以下五方面特点：

1. 环境

该平台的课程、资源组织形式、学习方式、用户群体均为开放的，实现了自组织的非正式学习和知识创造②。

学习元平台以联通主义学习理论为基础，构建了基于知识网络的社会网络（KNS）。一方面，平台为学习者提供了一个在线的知识学习环境。另一方面，根据针对同一知识单元的学习活动和相关操作，将多种角色融入进来，包括创建者、学习者、协作者、订阅者、专家组等。通过学习元中人与资源的连接，开展小组协作与讨论，开展大规模学习与分享，形成互助共享的社会网络环境。环境有三个基本功能：第一，学习者可以创造和维持社会关系；第二，上传下载共享内容信息；第三，与其他学习者浏览、共享和分享内容信息。这种环境使学习交流互动更加紧密，合作学习更加有效，如图 3-6 所示。

---

①杨现民,程罡,余胜泉.学习元平台的设计及其应用场景分析[J].电化教育研究,2013(3):55-61.

②段金菊.基于社会性知识网络的学习模型研究[D].北京:北京师范大学,2015.

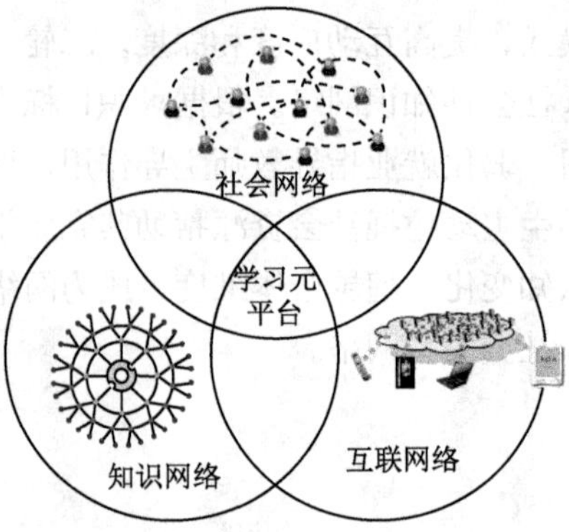

图 3-6 学习元平台环境示意图

2．资源

学习元数据是一种微型化、智能化的数字学习资源，具有可重用的特点，支持学习过程中的信息收集和学习认知网络共享，实现自我进化和发展。

学习元平台中的资源存在形式多样，可以是文本、图像、视频、音频、链接，最小存储单位是内容单元（学习元），具有相关关系的学习元又组成知识群。每一个内容单元都是开放的，支持用户的编辑、引入、评论、批注、推荐和创作。并且，内容单元的所有相关性操作信息都会被系统记录下来，可视化地展现了知识进化和演变的全过程。这样，学习元的内容和资源就可以不断地得到补充、改进和创造，如图 3-7 所示。

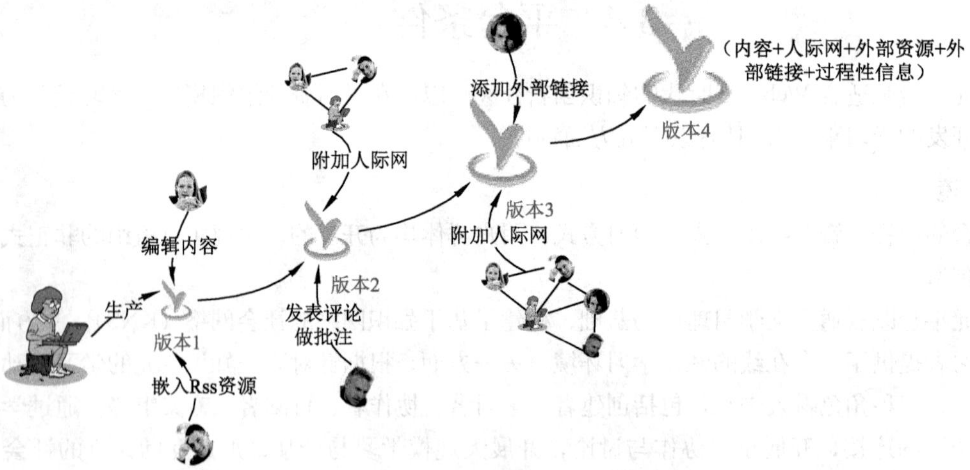

图 3-7 学习元的资源内容进化过程

3．活动

学习元不仅是一个资源平台，而且提供了丰富的学习活动库和各种学习工具。通过学习共同体的聚集，促进成员之间的协作交流。

学习元平台提出了九个学习维度，通过接受中学、做中学、联系中学、重构中学、反思中学、交流中学、教中学、创造中学和比较中学，激发学习者的社会参与主动性。在学习方法上，课程形式主要采用接受中学、交流中学、创造中学。可以说，通过丰富的学习活动，将学习内容与学习形式相融合，可以有效地提高学习者的参与度，促进有意义的学习，如图 3-8 所示。

图 3-8　基于学习元平台的多种活动

4．评价

学习元平台设计了 28 种评价模块，教师可自主选择和设置，也可自定义创建评价模块，如图 3-9 所示。评价主体多元化，除了评价方案是教师对学生学习活动的评价外，教师还可邀请专家进行专家批阅、点评，学习者也可通过投票、点评、信任度等自发进行评价。评价的客体也更多元，包括对人的评价，也包括对资源的评价，评价形式多样，既有单方点评，也有互动交流。

评价方案　　查看学习者列表　修改方案　返回学习元

合格分:60.0

评价模块	模块权重	评价项目	
学习时间	10.0%	累计学习时间不少于30分钟	100.0%
讨论交流	10.0%	面试常见问题	100.0%
在线交流	10.0%	面试常见问题	100.0%
发布作品	20.0%	面试自我介绍	100.0%
同伴互评	10.0%	同伴互评一下我的自我介绍	100.0%
在线批注	10.0%	对学习元进行批注	100.0%
编辑内容	10.0%	对学习元段落进行编辑并通过审核	100.0%
下载资源	5.0%	全面的自我介绍 全面的自我介绍 全面的自我介绍	33.0% 33.0% 34.0%
上传资源	5.0%	上传与学习内容相关的资源	100.0%
发表评论	5.0%	对学习元进行评论	100.0%
资源评分	3.0%	对学习元内容评分	100.0%
信任度投票	2.0%	对学习元信任度进行投票	100.0%

图 3-9　基于学习元平台的评价方案

5．基于学习元平台的社会性知识网络环境

知识网络在社会性知识网络中是动态变化的，是通过群体交互不断进化和再生的。社会性知识网络是由知识网络进一步衍生的，学习者在连接当前内容单元时捕获到了与此内容单元相关的所有人力资源，并可进一步与个体直接连接，形成个体之间直接对话的社会网络。学习者只要不断地关注动态发展的知识网络，即可不断地扩大社会网络；随着社会网络群体的交互，又促进着知识网络的演化。图 3-10 所示为基于学习元平台的社会性知识网络。社会性知识网络生态的形成大致要经历三个阶段：基于当前内容单元的网络形成；基于多个内容单元聚合而形成的网络；基于知识网络形成的社会性知识网络[①]。学习者通过聚合知识节点，并与知识节点的内容甚至与该内容有关的人进行不断的连接，形成个人社会性知识网络，从而促进群体社会性知识网络的生成。

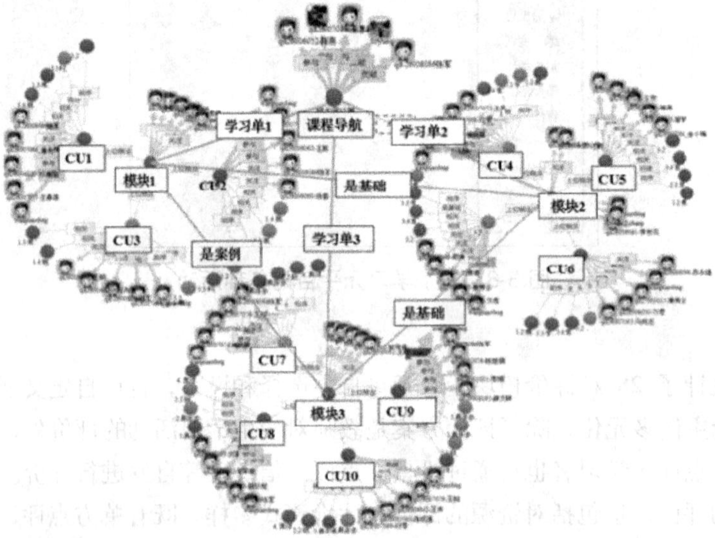

图 3-10　群体视角的社会性知识网络

本书采用学习元平台作为网络教学的主要工具；其资源和活动提供了知识协同共建和社会交互的可能性；其评价系统充分满足了社会职业人参与批阅和点评以及学习同伴互评、合作的要求；其社会性知识网络为本书创设了社会各界全方位参与大学生就业指导的社会网络环境。

①杨现民,余胜泉.泛在学习环境下的学习资源进化模型构建[J].中国电化教育,2011(9):80-86.

第4章 我国大学生就业指导现状与需求调研分析

大学生就业指导应是全社会共同参与、共同建设和各取所需的过程。通过社会不同层面、不同视角对就业指导现状、评价、需求进行调研分析，试图发现不同被试群体对大学生就业的不同认识和不同需求，进而发现更多就业指导存在的问题，提出具有针对性的就业指导策略。本章从大学生就业指导的直接实施者（高校）和直接接受者（大学生），以及间接接触者（企事业单位人力资源、社会职业人、省市级就业部门、人才市场等工作人员）三方面进行了全面的实证调查和比较分析，为构建科学、专业、系统、实用的基于社会性知识网络的大学生就业指导模式提供参考。

4.1 调研方法

4.1.1 调研工具

采用自行编制的3套问卷：《大学生就业指导调查问卷（学生版）》（简称“学生版”）、《大学生就业指导调查问卷（高校版）》（简称高校版）和《大学生就业指导调查问卷（社会版）》（简称“社会版”）。

“学生版”问卷共29个题目，主要分为四个维度：一是调研对象的基本信息情况（T1～T3）包括年级、性别、专业；二是调研对象的就业期望及就业形势认知（T4～T13）；三是调研对象的就业准备及就业能力现状（T14～T21）；四是当前大学生就业指导现状、评价和需求（T22～T29）。

“高校版”问卷共20个题目，主要分为四个维度：一是调研对象的基本信息情况（T1～T5）包括性别、工作年限、学校办学层次、工作岗位；二是对目前就业形势认知和对大学生就业期望认知（T6～T10）；三是对大学生就业准备和就业能力评价（T11～T13）；四是对高校就业指导现状评价、建议及参与度情况（T14～T20）。

“社会版”问卷共21个题目，主要分为四个维度：一是调研对象的基本信息情况（T1～T4）包括工作单位性质、工作岗位、单位规模、单位所在地；二是就业趋势与形势（T5～T11）；三是对毕业生就业能力评价及需求（T12～T15）；四是对高校就业指导的满意度和参与度情况（T16～T21）。

4.1.2 调查对象

“学生版”问卷的调查对象主要来自吉林省五所高校：吉林医药学院、吉林大学、长春师范学院、长春理工大学、吉林铁道职业技术学院。含部属高校、省属高校、高职高专院校；包括综合性大学和师范类、医学类、理工类专业性大学，所涵盖的专业广泛，具有一定的典型性和代表性。“学生版”问卷调研对象的选取上主要是本科生和专科生，包括三个类型：普通在校大学生（非应届毕业生）、应届毕业生、已就业人员（就业未满 3 年）。

“高校版”问卷的调查对象主要有高校专职就业指导教师、从事就业工作的老师、从事学生管理工作的老师、行政管理人员、公共课和专业课教师、辅导员，调研对象来自部属本科高校、省属本科高校、高职高专和民办院校。70%以上具有 10 年以上的从教经历，对大学生情况掌握比较准确。

“社会版”问卷的调查对象主要来自事业单位、政府机关、国有企业、民营企业、三资企业和股份制企业，有科研人员、公务员、人事经理以及各行各业的工作者（工作 5 年以上）。

4.1.3 步骤与程序

1. 调查过程

问卷设计后首先经 30 人参与测试，修正了“表述有偏差”的几个问题，如将“专业对口职业”修订为“专业有关联职业”、将“入职薪资”解释为“不包含试用期，不包括奖金或提成”等。“学生版”问卷的调查于 2017 年 3～4 月进行，并分别在吉林医药学院和长春师范学院进行了测试。“社会版”问卷的调查于 2017 年 5～6 月进行，并在吉林省大学生就业指导中心进行了测试。“高校版”问卷的调查于 2017 年 7～8 月进行，并在吉林医药学院进行了测试。

调查问卷以“问卷星”线上发放为主，辅以线下现场填写问卷的形式收集数据。

2. 数据处理

“学生版”问卷、“高校版”问卷和“社会版”问卷的数据处理采用网络自动生成和人工输入的方法。记录频数和频次，针对不同的调研对象之间进行差异性分析，计算与统计工作采用统计软件 SPSS10.0。

4.2 数据统计结果

4.2.1 调研对象基本信息情况

“学生版”问卷回收有效问卷共计 8 116 份，其样本特征如表 4-1 所示。

表 4-1　“学生版”问卷样本特征

纸质问卷有效回收：859 份		“问卷星” 有效回收：7 257 份	总计：8 116 份		
性别	男	27.9%	年级	大一（专科）	1.12%
	女	72.1%		大二（专科）	3.33%
专业类型	文史类	4.81%		大一（本科）	9.75%
	理学类	20.00%		大二（本科）	52.59%
	工学类	6.67%		大三（本科）	18.52%
	医学类	67.90%		大四（本科）	8.52%
	管理学类	0.62%		毕业未满三年	6.17%

“高校版”问卷回收有效问卷共计 721 份，其样本特征如表 4-2 所示。

表 4-2　“高校版”问卷样本特征

纸质问卷有效回收：285 份		“问卷星”有效回收：436	总计：721 份		
岗位	就业指导教师	7.36%	性别	男	40.85%
	就业工作者	5.88%		女	59.15%
	专业课教师	52.94%			
	行政管理	17.64%			
	辅导员	16.18%	工作年限	1～5 年	8.83%
学校层次	部属本科	8.82%		6～10 年	22.06%
	省属本科	76.74%		11～15 年	32.35%
	高职高专	7.35%		16～30 年	32.35%
	民办院校	7.09%		30 年 以上	4.41%

“社会版”问卷回收有效问卷共计 970 份，其样本特征如表 4-3 所示。

表 4-3　“社会版”问卷样本特征

纸质版有效回收：328 份		“问卷星”有效回收：642	总计：970 份		
职业	公务员	5.15%	单位规模	大型	31.96%
	研究员	23.71%		中型	40.21%
	人事经理	36.08%		小型	27.83%
	其他工作者	35.06%	单位所在地	大城市	41.24%
单位性质	党政机关	5.16%		中等城市	36.08%
	事业单位	23.71%		小城市	21.65%
	国有集体企业	9.28%		乡镇	1.03%
	私营或民营企业	36.08%			
	三资企业	7.22%			
	股份制企业	18.55			

4.2.2 就业期望与就业需求

1. 来自学生版“就业期望”调查

问卷分别从就业专业相关、就业单位性质、就业地域、薪酬待遇、工作单位能提供的条件五方面进行调研。

所学专业匹配度上，74.32%的学生希望找到与本专业相关的工作。

选择什么样的单位就业上，40.74%的学生选择国有企业，23.46%的学生选择事业单位，仅有5.43%学生愿意选择民营企业，如表 4-4 所示。

表 4-4 关于学生和高校对大学生选择单位性质的双向反馈

内　容		来自学生的选择	来自高校的选择
国有企业	百分比	40.74%	72.06%
	排名	1	3
事业单位	百分比	23.46%	73.53%
	排名	2	2
外资企业	百分比	10.12%	47.06%
	排名	3	4
政府部门	百分比	9.01%	79.41%
	排名	4	1
民营企业	百分比	5.43%	2.94%
	排名	5	6
自主创业	百分比	5.43%	2.94%
	排名	5	6
合资企业	百分比	2.96%	7.53%
	排名	7	5

注：由于高校版问卷此题设计为多选题，所以百分比之和不为 100%。

就业地区的选择上，63.04%的学生选择去一线城市、发达地区，30%的学生选择留在家乡。

毕业后入职薪资（指过了试用期，转正后的薪资）要求上，40%学生期望过高，达到 5 000 元以上，如表 4-5 所示。

表 4-5 学生薪酬期望值

学　历	1 000～2 000	2 001～3 000	3 001～4 000	4 001～5 000	5 000 以上
专科	2.78%	5.56%	27.78%	25%	38.89%
本科	0.47%	5.03%	22.94%	28.87%	40.85%

在选择用人单位时优先考虑的几点因素，排名前三的是行业未来发展潜力（50.25%）、薪酬待遇（40.12%）和是否与自己专业对口（34.07%），如表 4-6 所示。

工作后，希望用人单位为其提供的待遇，排名前三的是良好的薪酬福利、学习培训机会和工作环境。

表 4-6　关于学生和高校对大学生初次择业考虑因素的双向反馈

内　容		来自学生的选择	来自高校的选择
行业前景	百分比	50.52%	41.18%
	排名	1	3
薪酬水平	百分比	40.12%	79.41%
	排名	2	1
专业对口	百分比	34.07%	32.35%
	排名	3	4
地理位置	百分比	30.12%	48.53%
	排名	4	2
学习发展机会	百分比	20.49%	19.12%
	排名	5	6
单位知名度	百分比	7.78%	25.00%
	排名	6	5
父母或师长建议	百分比	24%	16.18%
	排名	7	7

注：此题设计为多选题，所以百分比之和不为 100%。

2. 来自高校版“就业期望”调查

问卷分别从专业对口、就业单位性质、择业考虑因素三方面进行调研。

关于高校教师如何看待专业和工作性质的问题，67.65%的老师认为学生在选择职业时，应该选择与专业有关联的工作；17.65%的老师认为学生可以根据自己的兴趣喜好选择工作，无须被专业限制。

高校教师眼中的大学生喜欢选择的单位性质，排名第一的是政府部门、排名第二的是事业单位、排名第三的是国有企业，而民营企业和自主创业排名最后。高校也意识到学生对单位性质选择上还处于“国”字号单位一边倒现象，参见表 4-4。

大学生初次择业的首要考虑因素，高校教师排名第一的是薪酬水平（79.41%）、第二的是地理位置（48.53%）、第三的是行业前景（41.18%）。老师认为学生择业时比较忽略父母师长的建议（16.18%），参见表 4-6。

3. 来自社会版“就业需求”调查

问卷分别从学历需求、专业需求、薪酬待遇三方面来调研。

关于用人单位对学生学历的需求，如表 4-7 所示，纵向来看，本科生的需求量还是较高的，其次是硕士生，高职高专总体需求量较低。横向来看党政机关处于饱和状态，毕业生需求量较低，事业单位、国有企业以及三资企业主要需求在硕士和博士毕业生上，私营或民营企业的主要需求是本科生和高职高专生。

表 4-7　用人单位对学历需求

单位性质	高职高专	本　科	硕　士	博　士
党政机关	0.00%	6.17%	5.77%	0.00%
事业单位	7.69%	16.05%	30.77%	26.09%

续表

单位性质	高职高专	本　科	硕　士	博　士
国有集体企业	7.69%	7.88%	9.62%	17.40%
私营或民营企业	61.54%	43.98%	25.00%	21.74%
三资企业	0.00%	8.64%	11.54%	13.04%
股份制企业	23.08%	17.28%	17.31%	21.74%
总体需求率	7.69%	47.92%	30.77%	13.61%

用人单位对专业需求，排名前三的是理科类、工科类和管理类，文史类、外文类和医学类排名较低。

为大学毕业生转正后提供月薪标准，多数用人单位会提供专科生 2 000～3 000 元的薪资，本科毕业生 3 000～4 000 元的薪资（注：由于本次调研样本所在地域 70%集中在吉林省，所以本题只能作为吉林省应届毕业生初入职薪资水平的参考），如表 4-8 所示。

表 4-8　用人单位为毕业生提供的薪酬水平

学　历	1 000～2 000	2 001～3 000	3 001～4 000	4 001～5 000	5 000 以上
高职高专	0%	53.85%	30.77%	7.69%	0%
本科	0%	28.4%	37.04%	14.81%	17.28%
硕士	0%	19.23%	40.38%	17.31%	19.23%

4．比较分析

从三方调研数据的反馈发现，首先学生和用人单位之间，学生对就业期望的反馈与实际市场需求表现出明显的差异。主要表现为三方面：第一需求矛盾，大多数学生期望到国有企业和事业单位就业与实际市场上私营或民营企业对毕业生需求量最大形成了极大的矛盾；第二专业对口反差，市场专业的需求集中在理工类和管理类，直接影响需求较低专业的对口就业，与大多数学生还是期望对口专业就业形成了强烈的反差；第三入职薪资差距，本科生对薪资的期望也与用人单位能够提供的薪资水平相差甚远。

其次，学生和高校之间也存在一些认知误差。在择业单位的选择上，学生排名前三的是国有企业、事业单位和外资企业，而高校方面认为学生更倾向政府部门、事业单位和国有企业。千军万马报考公务员的局势现在已经有所扭转，学生也已经意识到政府机关的需求饱和，把目标放在了薪资较高的外企上。在考虑择业单位因素方面，学生首选行业的发展前景，其次是薪酬水平和专业对口，而高校方面则认为学生会优先考虑薪酬水平，其次是地理位置和行业发展前景。可见，地理位置已不是学生的重要择业因素，曾经学生非北上广不去、非大城市不去的择业标准，已悄然发生着变化，学生已经意识到大城市的压力，把重点放在了行业的发展前景上。一方面学生的择业观、择业标准在发生着变化，高校教师还在用陈旧眼光去看学生，陈旧思想去指导学生；另一方面新出现的问题，比如学生对用人需求较大的民营企业和国家支持的大众创业的大好局势熟视无睹、学生抱着专业不放、一定要对口专业、不懂变通的择业态度是当前高校应该着重引导的方向。

4.2.3　就业现状与形势

1. 来自学生版“就业现状与形势”的调查

问卷分别从大学生眼中的就业形势、就业观念、就业难原因三方面来调研。

未来几年大学生就业趋势，93%的学生认为形势不乐观，就业难；仅有 3.95%的学生有信心找到工作；还有 3.58%的学生对就业形势不甚了解，不关心，不上心。

对于当前的就业现状，53.09%的学生选择“先就业再择业或者撞大运”的就业观念，没有明确的就业目标，35.19%的学生直接选择继续深造考研。

导致目前就业状况难的原因，排名前三的分别是：就业人数多、竞争激烈，应届毕业生缺乏工作经验和职业技巧，用人单位要求过高，如表 4-9 所示。

表 4-9　关于导致大学生就业难的原因的三方调研反馈

内　容		学生的调研	高校的调研	用人单位调研
就业人数多，竞争激烈	百分比	57.04%	60.29%	50.52%
	排名	1	1	1
应届毕业生缺乏工作经验与职业技巧	百分比	31.48%	60.09%	43.3%
	排名	2	2	3
用人单位要求过高	百分比	25.68%	5.88%	7.22%
	排名	3	8	9
高校与人才市场信息不通畅	百分比	13.33%	29.41%	20.66%
	排名	4	5	5
学生专业水平低，不适应社会要求	百分比	11.48%	45.59%	29.9%
	排名	5	3	4
学生动手操作能力较弱	百分比	11.22%	25.00%	20.66%
	排名	6	6	5
毕业生期望值过高，工作不稳定	百分比	10.12%	33.28%	48.45%
	排名	7	4	2
金融危机带来的经济发展缓慢	百分比	3.29%	5.88%	12.37%
	排名	8	8	8
政府促进就业举措不到位	百分比	2.99%	8.82%	14.43%
	排名	9	7	7

2. 来自高校版“就业现状与形势”的调查

问卷分别从高校教师眼中的就业形势和大学生就业难原因分析两方面来调研。

当前就业形势，45.59%的高校教师认为形势正常，就业情况良好；39.71%的老师认为形势非常严峻，就业困难。

导致大学生就业难的原因分析中，排名前四的分别是：就业人数多、竞争激烈，学生缺乏社会工作经验与职业技巧，学生专业水平低、不适应社会要求，毕业生期望值过高、工作不稳定，参见表 4-9。

3. 来自社会版“就业现状与形式”的调查

问卷分别从用人单位对未来毕业生需求趋势、就业难原因两方面进行调研。

关于未来几年对大学毕业生的需求趋势，47.42%用人单位表示是呈增长趋势，37.11%单位表示基本持平。

导致目前大学生就业难的原因，排名前三的分别是：就业人数多，竞争激烈、毕业生期望值过高，工作不稳定；缺乏社会工作与职业技巧，参见表 4-9。

4. 比较分析

通过三方调研数据的反馈发现，对于目前我国大环境的就业需求趋势是呈上升趋势的，在这点上认知高校与用人单位是一致的，大学生对于就业表现出信心不足。

针对大学生这个群体，就业难还是社会各方普遍认同的，在分析导致大学生就业困难的原因上，学生、高校和用人单位一致认为“就业人数多，竞争激烈”，这是目前大学生就业难的主要原因。另外，“应届毕业生缺乏工作经验与职业技巧”这一点上，学生、高校和用人单位的观点也基本一致。由此可见，在校期间加强学生的社会实践，提前进入职业角色是就业指导应该主要考虑和改革的。除此之外，三方观点出现了差异，用人单位认为“学生期望值过高，工作不稳定”也是大学生就业难的重要原因之一，而学生的看法却截然相反，他们认为是“用人单位要求过高”，高校则认为是因为“学生的专业水平低，不适应社会需求”。一方面大学生认为用人单位招聘标准过高，性别要求、高学历要求的限制太多，另一方面用人单位又认为大学生好高骛远，没有长进，应届毕业生越来越不作为他们的招聘首选，而高校方还在一味地自我检讨，认为大学生就业难是因为专业水平不过硬，要不断加强专业课学习。这在大学生、用人单位和高校之间产生了一道鸿沟，另一个潜在矛盾正在浮出水面，那就是高校、学生、用人单位之间的就业信息不通畅和不对称，各自在做着各自的解决方案，而没有坐在一起共同解决问题。

4.2.4 就业准备与就业能力

1. 来自学生版“就业准备与能力”的调查

问卷分别从职业规划认识、大学生求职的不利因素和自身优势、求职前应具备的知识和能力、认为招聘时用人单位最看重哪些条件四方面来调研。

是否有明确的职业规划，51.6%的学生表示没有。在提到是否了解自己适合的工作时，仅有6.59%的大学生“很了解”，41.36%的大学生“了解”，39.09%的“说不清楚”，11.59%的“不了解”将来自己能够从事什么职业，还有 1.37%的大学生“很不了解”自己将来从事的职业。

在大学生就业不利因素的分析中发现，大学生最担心的是缺乏工作经验（59.98%）、不了解目标岗位的工作要求和工作内容（43.72%）、不知道自己适合什么职业（33.87%）、没有人际关系（33.25%），如表 4-10 所示。在面对未来职场时，大学生认为最大的优势是自己能尽快适应职场。

表 4-10 关于“大学生就业不利因素”学生和高校双方的调研反馈

内　　容		来自学生的调研	来自高校的调研
缺乏工作经验、社会经验	百分比	59.98%	52.94%
	排名	1	3

续表

内　　容		来自学生的调研	来自高校的调研
缺乏职业了解，没有职业目标和规划	百分比	43.72%	67.65%
	排名	2	2
缺乏自我了解，不知道适合什么工作	百分比	33.87%	75%
	排名	3	1
缺乏人际关系、社会人脉资源	百分比	33.25%	17.65%
	排名	4	6
就业信息获取不通畅	百分比	19.58%	17.65%
	排名	5	6
欠缺求职方法技巧	百分比	18.47%	5.88%
	排名	6	8
个人职业能力不足	百分比	10.96%	23.53%
	排名	7	5
专业水平不过硬	百分比	8.99%	26.47%
	排名	8	4
用人单位选拔不公正	百分比	6.53%	2.94%
	排名	9	9

在求职前，大学生应具备的知识和能力，40%的学生认为学好专业知识和技能对于求职成功十分重要；其次应该了解自己的应聘岗位，学会如何面试。

用人单位最看重毕业生哪些条件，大学生认为排名前三的是：社会实践经验、学历层次、学校专业背景，稳定和忠诚度、政治面貌排在了最后，如表4-11所示。

表4-11　关于“用人单位更看重毕业生的哪些条件”来自学生的反馈

内　　容	百分比/排名
社会实践经验	46.31%/1
学历层次	42.24%/2
学校专业背景	40.15%/3
学校名气	36.58%/4
人际交往能力	26.35%/5
学习能力	25.99%/6
敬业精神	17.12%/7
团队精神	13.05%/8
创新能力	13.05%/8
学习成绩	10.59%/10
稳定性和忠诚度	2.22%/11
政治面貌	0.62%/12

2. 来自高校版“就业能力”的调研

问卷分别从大学生求职不利因素、招聘方更注重毕业生哪些方面和大学毕业生工作后存在问题三方面来调研。

大学生就业不利因素的分析中，高校教师认为“大学生缺乏自我了解，不知道自己适合什么工作”是最不利因素；缺乏职业了解，没有明确的职业目标和职业规划；同时，工作经验不足也是大学生求职时的壁垒，参见表4-10。

用人单位更看重毕业生哪些方面，来自高校不同的岗位，观点相差较大，如表4-12所示。从事大学生就业指导与就业工作的教师依次认为“社会实践经历”、“稳定和忠诚”、“专业相关”、“人际交往能力”和“敬业精神”是用人单位比较看重的；而专业课教师把“社会实践经历”、“专业相关”、“学习能力”、“学校名气”和“学历层次”排在了前五；从事高校行政管理人员则认为毕业生的“社会实践经历”、“学校名气”、“人际交往能力”、“专业相关”和“学历层次”是用人单位比较看重的。在提升学生“社会实践经验”的重要性上，大家保持了一致。差异较大的是就业指导教师认为的“稳定和忠诚度”、“人际交往能力”和“敬业精神”，在专业教师和管理人员中却都排序靠后。而专业教师认为较重要的“学校名气”和“学历层次”，在就业指导教师眼中却并没有那么重要。由此可见，同是高校系统，教师的视角和观点却不尽相同，就业指导教师更看重培养大学生的通用能力和职业素养，专业教师更关注大学生的学历提升和专业学习。

表4-12　关于“用人单位更看重毕业生哪些条件”来自高校的反馈

内　　容	专兼职就业指导教师 (百分比/排名)	专业课教师 (百分比/排名)	行政管理者 (百分比/排名)
社会实践经历	75.6%/1	55.2%/1	66.7%/1
稳定和忠诚度	57.6%/2	28.9%/10	33.3%.7
专业相关	45.5%/3	50.0%/2	45.3%/4
人际交往能力	39.4%/4	30.5%/8	50.0%/3
敬业精神	39.4%/5	31.5%/7	41.7%/5
学校名气	36.4%/6	39.4%/4	58.3%/2
学历层次	30.3%/7	39.4%/4	41.7%/5
学习能力	27.3%/8	44.7%/3	8.3%/9
团队精神	24.2%/9	36.8%/6	25.0%/8
创新能力	15.2%/10	29.5%/9	8.3%/10
学习成绩	9.0%/11	15.7%/11	0.0%/11
政治面貌	0.0%/12	5.2%/12	0.0%/12

大学生毕业工作后存在的问题，高校教师认为排名前四的是：实践动手能力较弱，主动性、积极性差，职场适应力较弱和专业基础知识不够扎实，如表4-13所示。

表4-13　关于“大学生工作后存在的问题”来自高校和用人单位的反馈

内　　容	来自高校教师的反馈 (百分比/排名)	来自用人单位的反馈 (百分比/排名)
实践动手能力较弱	64.79%/1	42.27%/1
主动性、积极性较差	52.11%/2	35.05%/2
职场适应力较弱	47.89%/3	25.77%/3
专业基础知识不够扎实	42.25%/4	25.77%/3
工作不够踏实，不稳定	39.44%/5	22.68%/6
期望值过高	38.03%/6	21.65%/7

续表

内　　容	来自高校教师的反馈（百分比/排名）	来自用人单位的反馈（百分比/排名）
执行力较弱	35.21%/7	24.74%/5
忠诚度不高，责任心不强	33.80%/8	15.46%/10
沟通能力较弱	22.54%/9	16.49%/9
缺乏敬业精神	19.72%/10	19.59%/8
缺乏职场礼仪	5.63%/11	7.22%/11

3．来自社会版“就业能力”的调查

问卷分别从用人单位招聘时对毕业生的条件要求、面试时考核内容、对已毕业工作学生的评价三方面来调研。

招聘毕业生更看重哪些条件，不同性质的单位截然不同，其中党政机关、国有企业和事业单位比较相似，都看重学校知名度、专业相关、学历层次、政治面貌和社会实践经历。而私营或民营企业和三资企业对毕业生的关注点却截然不同，他们更看重毕业生的通用能力，如人际交往能力，创新、学习能力，敬业精神，团队精神等，其中民营企业排名第一的是毕业生的稳定性和忠诚度，如表4-14所示。

表4-14　关于“毕业生求职时哪些条件更重要”来自用人单位的反馈

内　　容	党政机关（排名）	事业单位（排名）	国有企业（排名）	私营或民营企业（排名）	三资企业（排名）
学校、专业背景	3	1	2		4
学历层次		2			
学习成绩			4		
政治面貌	2		3		
社会实践经历	1	3	1	2	2
人际交往能力				3	1
创新、学习能力	5	5		4	3
团队精神			5	5	
敬业精神	4	4			5
稳定和忠诚度				1	

求职面试时，用人单位主要考核学生的内容，排名前四的是专业素养、语言表达能力、应变能力和人际沟通能力。

用人单位对近几年来毕业生工作存在的问题，排名前四的是实践动手能力弱、主动性积极性差、职场适应力较弱和专业基础知识不够扎实，参见表4-13。

4．比较分析

通过调研发现，学生没有明确的职业目标和职业规划，其原因是不了解自己，更不清楚想要从事什么工作，从而没有岗位目标，导致对未来工作要求和工作内容无法了解，更无法有针对性地做好职前准备和社会实践。这一点上高校和大学生自己都已意识到，这也正是高校就业指导课很重要的内容模块“自我认知”和“岗位认知”，可见，目前就业指导课效果一般，并没有帮助

学生解开困惑。

通过三方的反馈发现，各个层面在对大学生就业时知识、能力的准备上是存在认知差异的。例如，在“大学生就业不利因素”认知上，虽然排在前三的“缺乏工作经验”、“缺乏职业了解，没有职业目标和规划”、“缺乏自我了解，不清楚自己能做什么”三点学生和高校达成了一致，但是大学生认为不利因素排在第四位和第五位的是“缺乏人际关系”和“就业信息获取不通畅”，而高校认为的不利因素列为第四和第五的是“专业水平不过硬”和“个人职业能力不足”，由此可见高校和学生上演了一场美丽的“误会”，一方面学生对于就业感到无助，虽然自己很努力地学习、提升能力，却没有得到校方、社会的支持和帮助，而另一方面高校对于大学生感到无奈，全心全意为学生奔波联系工作，可学生还是不争气，不认真学习专业课，不努力提升职业能力。“误会”需要“沟通”，学生和高校教师需要一个能够平等沟通、互相了解的平台。

同时，通过调研发现，即使是一个高校系统内，不同岗位群体的认知也存在差异。通过数据分析，就业指导教师和专业教师在学生的就业教育培养目标上观点是不同的，就业指导教师认为学生求职时通用能力和个性品质会更重要，专业教师则认为学历水平和专业学习会更重要。所谓“公说公有理，婆说婆有理”，高校的各个视角，应该有一个关于就业教育的探讨平台，发挥各自的能量，碰撞出更合理、更全面的、更有效的就业指导路径。

而学生的“自以为是”和用人单位的要求也是有一定差距的。例如，学生自认为“能够尽快适应未来职场”是自己最大的优势，却是用人单位认为近年来毕业生工作后最大的弱点：职场适应力弱。学生自认为用人单位在招聘时最看重的是毕业生的学校名气、专业对口和学历层次，其实除了事业单位和国有企业之外，这些因素并不是民企和外企的主要关注点，高校在这个问题的理解上也与用人单位存在一定的偏差。各方就业信息的不对称严重阻碍了大学生做出准确的就业准备，使得真正到求职面试时处处碰壁，信心丧失，恶性循环。试问，高校与用人单位的就业信息不一致，怎么能指导出符合岗位标准的毕业生？高校不了解学生的真正需求和喜好，学生不理解高校的良苦用心，又怎么能得到学生的信任、认可与接受？学生与用人单位不沟通，不了解市场行情，就业期望值过高，导致工作后的消极怠工和频繁跳槽，久而久之，用人单位就会把应届毕业生列入黑名单。因此，消除各方的认知差异，让就业信息传递一致，是目前就业指导应该着重解决的问题。

4.2.5 就业指导现状与需求

1．来自学生版的“就业指导现状与需求”调查问卷

问卷分别从学生对就业指导的总体评价、对当前就业指导内容和方式的使用率和满意率、学生感兴趣的就业指导内容和方式、学生就业指导师资队伍四个方面调研。

（1）学生对就业指导的总体评价

34.36%的学生认为非常有用，45.69%的学生认为作用一般，11.45%的学生认为没有作用，还有 7.27%的学生说不清楚学校提供的就业指导给自己在就业方面到底带来了什么有价值的东西。学生对目前的高校就业指导总体满意度不高，如图 4-1 所示。

（2）对当前就业指导内容的使用率和满意率

就业政策解释、就业信息的发布和职业规划咨询被学生列为使用率和满意率前三位；但对指

导内容的需求率却与使用率和满意率差异较大，排名前三的是：职业规划咨询、就业信息发布、求职技巧训练，使用率和满意率排名第一的“就业政策解释”，在需求率上只排名第八，使用率较低的“探索职业世界”和“就业心理辅导”在需求率都有所提高。可见学生对个性化的职业规划指导、职业心理辅导和职业认知需求较高，如表4-15所示。

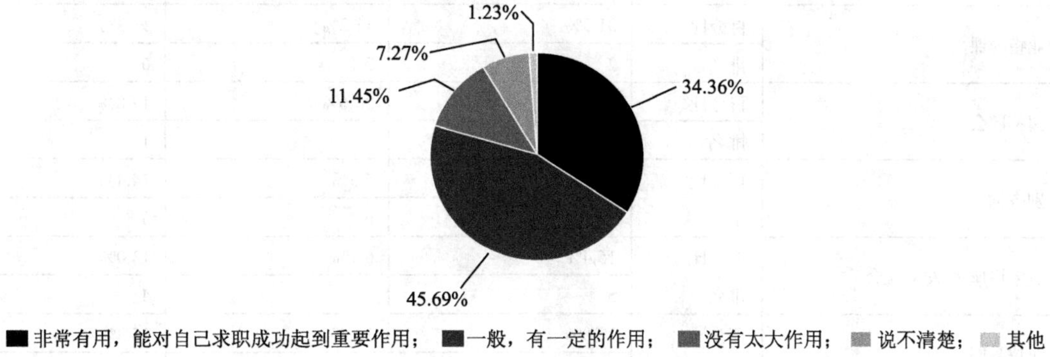

图4-1　大学生对就业指导的评价

表4-15　学生对高校现有就业指导内容的评价

内　容		学生的使用率	学生的满意率	学生的需求率
就业政策的解释	百分比	25.4%	20.8%	10.5%
	排名	1	1	8
就业信息的发布	百分比	21.2%	16.3%	23.0%
	排名	2	2	2
职业规划咨询	百分比	15.5%	9.4%	24.1%
	排名	3	3	1
自我认知与定位	百分比	8.1%	6.2%	14.0%
	排名	5	5	5
职业价值观指导	百分比	2.7%	3.6%	8.3%
	排名	10	8	10
探索职业世界	百分比	6.6%	5.6%	14.2%
	排名	7	6	4
职业能力培养	百分比	7.1%	5.1%	10.6%
	排名	6	7	7
求职技巧训练	百分比	10.7%	8.8%	18.6%
	排名	4	4	3
就业心理辅导	百分比	3.5%	1.7%	11.5%
	排名	9	10	6
创业指导	百分比	5.4%	2.6%	10.3%
	排名	8	9	9

（3）学生感兴趣的就业指导内容和方式

校园招聘会、就业指导课和就业指导信息网是目前学生最常接触的就业指导方式；而在就业指导方式需求率方面整体较低，对校园招聘会的需求率最高，也仅为17.8%，就业信息网和个别咨询的需求率分列为第二和第三[①]。使用率较高的就业指导课，需求率却排名第六，学生对外请专家讲座和校友交流会及企业参观的需求率都排在就业指导课之前，如表4-16所示。

表4-16 学生对高校现有就业指导方式的评价

内　容		学生的使用率	学生的满意率	学生的需求率
就业指导课	百分比	31.5%	13.2%	11.3%
	排名	2	2	6
校园招聘会	百分比	43.3%	23.6%	17.8%
	排名	1	1	1
个别咨询	百分比	8.4%	5.3%	14.4%
	排名	6	6	3
企业家讲座/校友交流会	百分比	15.4%	6.7%	13.0%
	排名	5	5	4
就业信息网	百分比	28.0%	12.2%	15.3%
	排名	3	3	2
团体辅导	百分比	3.6%	2.6%	4.3%
	排名	8	8	10
职业资料图书馆	百分比	2.8%	0.9%	4.9%
	排名	10	10	9
企业参观	百分比	8.0%	4.8%	12.5%
	排名	7	7	5
职业规划、简历面试大赛	百分比	27.6%	11.3%	10.6%
	排名	4	4	7
职业测评	百分比	3.3%	1.4%	10.7%
	排名	9	9	8

（4）学生就业指导师资队伍

学生希望什么人为其提供就业指导？排名前三的是：生涯发展与就业指导专业教师（50.25%），从事就业工作的就业处老师（42.24%），人力资源经理（41.13%）。而目前高校绝大多数为学生提供就业指导的院系书记和辅导员仅有10.59%的学生选择，如图4-12所示。

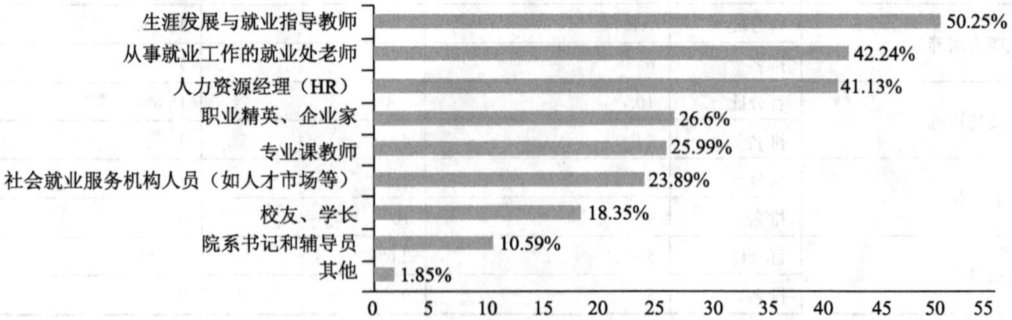

图4-2 学生期望的就业指导师资队伍组成

①金蕾莅.北京高校及大学生关于就业指导的评价[J].清华大学教育研究,2002(5):102-106.

2. 来自高校版“就业指导现状与需求”的调查问卷

问卷分别从对就业指导的评价、内容、方式、师资、专业教师和管理者对参与就业指导的意向和方式五方面进行调研。

对目前就业指导的评价，45.07%的教师表示对大学生就业有帮助，36.62%的教师表示很有帮助，16.9%的教师表示一般，没有老师选择没有帮助和不清楚，如图 4-3 所示。可见，就业指导在高校的渗透力和影响力还是很大的，也得到了高校各层面的认可。

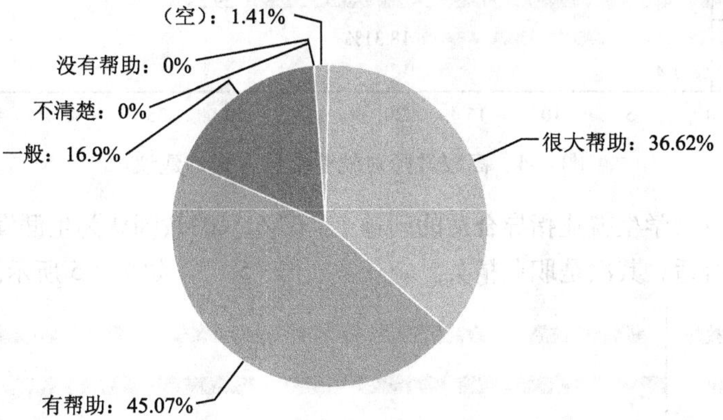

图 4-3 高校教师对就业指导的评价

高校教师认为就业指导应提供大学生哪些指导和帮助？61.97%的教师认为应搭建学生与用人单位的信息沟通平台；52.11%认为应帮助学生了解未来职业内容和岗位需求；45.07%教师认为应提供职业情境体验机会，如表 4-17 所示。

表 4-17 关于“高校就业指导内容的建议”来自高校与用人单位的双向反馈

就业指导内容建议	高校教师的反馈（百分比/排名）	用人单位的反馈（百分比/排名）
搭建学生与用人单位沟通平台	63.01%/1	51.55%/1
帮助学生了解未来职业内容、标准	52.05%/2	45.36%/2
提供职业情境体验机会	43.84%/3	44.89%/3
就业观、择业观的教育	43.84%/3	30.93%/5
收集和发布职业招聘信息	41.1%/5	35.05%/4
组织校内招聘会和其他招聘活动	39.73%/6	26.8%/6
学生职场适应能力的提高	31.51%/7	16.49%/8
职业生涯规划指导	27.4%/8	15.46%/9
学生通用能力的培养	24.66%/9	11.34%/11
就业期望值的调整	16.44%/10	24.74%/7
就业政策、制度、法规咨询	16.44%/10	3.09%/14
学生求职技巧的提高	16.44%/10	14.43%/10
对学生进行就业心理辅导	9.59%/13	9.28%/12
学生职场礼仪的培训	9.59%/14	5.15%/13

高校教师认为最有效的就业指导方式，52.11%的教师选择了就业指导课；52.11%的教师选择了校友交流会；49.3%教师选择了职业规划、简历制作、模拟面试大赛，如图 4-4 所示。

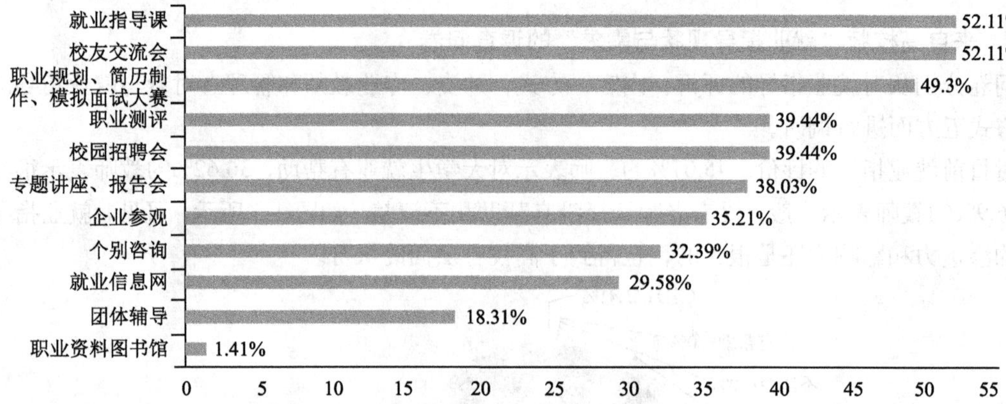

图 4-4 高校教师对就业指导方式的建议

关于由谁来提供大学生就业指导合适的问题上，67.61%的教师认为生涯发展与就业指导教师和人力资源经理最合适，其次是职业精英、企业家（59.15%），如图 4-5 所示。

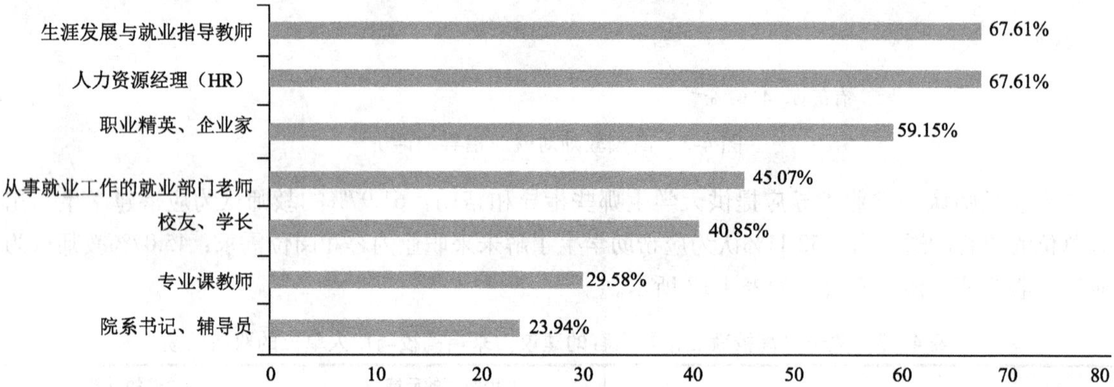

图 4-5 高校教师对就业指导队伍的建议

关于专业教师和管理人员参与大学生就业指导的意向和方式问题，88.14%的教师愿意参与大学生就业指导，共同帮助大学生有效就业；能够参与就业指导的方式，56.45%的教师可以座谈交流，54.84%的教师可以上就业指导课，53.23%的教师可以做专题讲座，41.94%的教师可以做线上咨询，如图 4-6 所示；参与就业指导希望的回报，35.48%的教师希望获得一定的课时费，27.42%的教师表示愿意无偿参与，如图 4-7 所示。

3. 来自社会版“就业指导现状与需求”的调查问卷

问卷分别从对高校就业指导工作满意度、大学生就业指导内容、大学生就业指导师资队伍、参与大学生就业指导的意向与方式四方面来调研。

对高校就业指导的满意度，15.46%的单位表示很满意，31.96%的单位表示比较满意，28.87%表示尚可，5.15%和 3.10%的单位表示不太满意和不清楚，如图 4-8 所示。可见，高校就业指导在社会上具有一定的作用和意义。

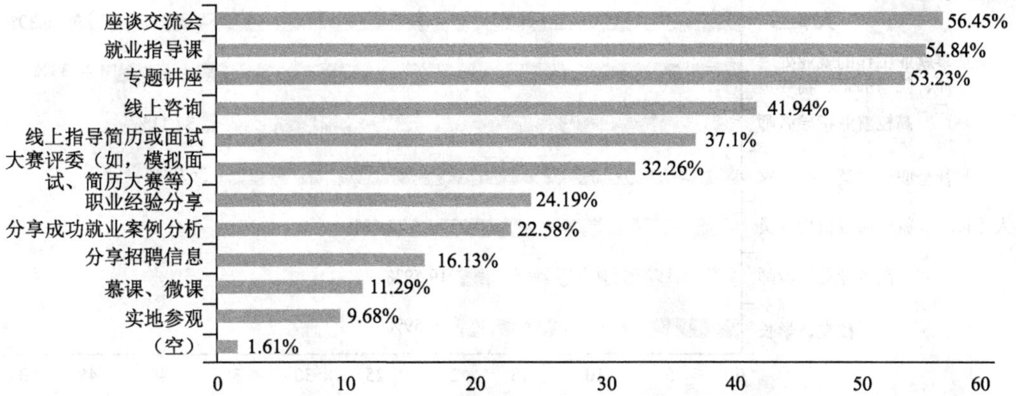

图 4-6　高校教师对参与就业指导的方式

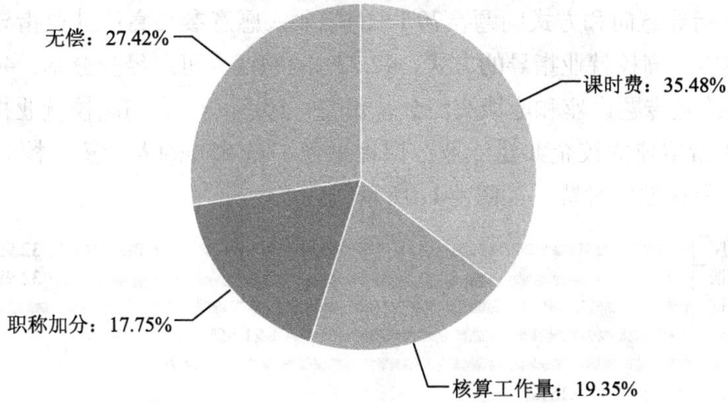

图 4-7　高校教师参与就业指导的回报要求

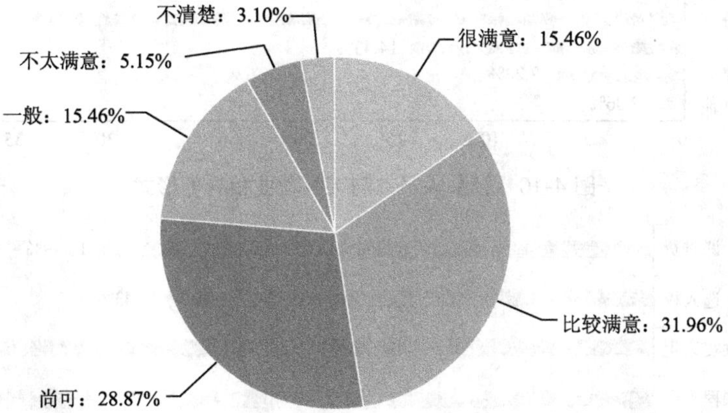

图 4-8　用人单位对高校就业指导的满意度

对大学生就业指导内容的建议，用人单位中有 51.55%认为应搭建学生与用人单位的信息沟通平台；45.36%认为应帮助学生了解未来职业内容和岗位需求；44.89%认为应为大学生提供职业情境体验的机会，参见表 4-17。

由谁来提供大学生就业指导合适的问题，46.39%的用人单位认为从事人力资源的人事经理最合适，其次是从事一线就业工作的人员（44.33%），高校专业生涯规划与就业指导教师（37.11%）、具有工作经验的社会职业精英或企业家（36.08%），如图 4-9 所示。

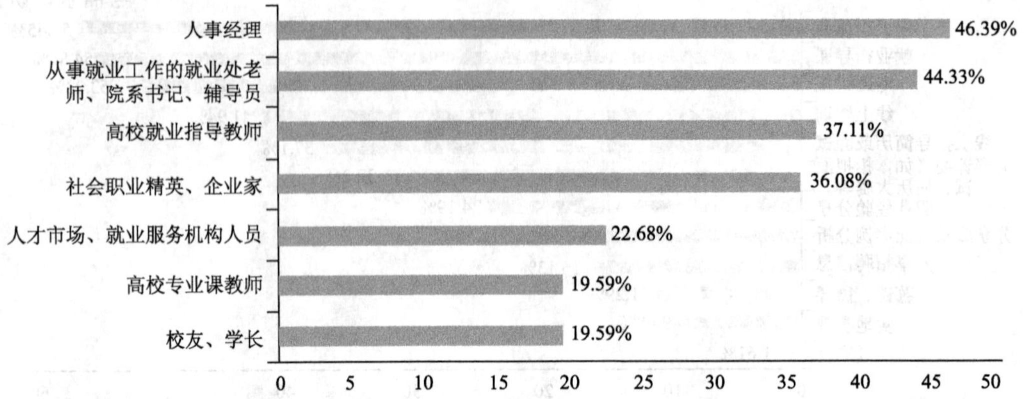

图 4-9 用人单位对高校提供就业指导人员的建议

参与高校就业指导意向和方式问题，70.1%的职业人愿意参与高校就业指导，共同帮助大学生有效就业；能够参与高校就业指导的方式，42.27%的职业人可以经验分享、40.21%的职业人可以做线上咨询，其次是专题讲座和座谈交流会，如图 4-10 所示；参与高校就业指导工作希望的回报上，22.68%的人希望建立校企共建专业、课程平台，21.65%的人希望高校为其提供实习生，16.49%的人希望获得标准课时费，如图 4-11 所示。

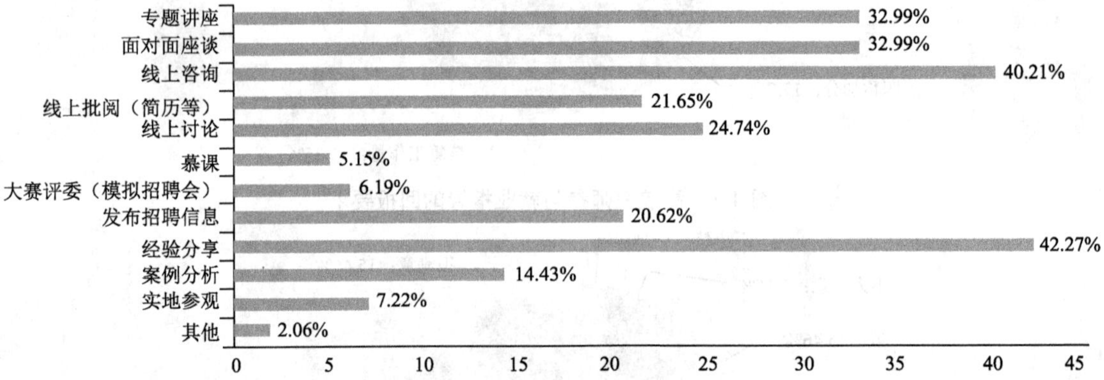

图 4-10 社会人员参与高校就业指导的形式

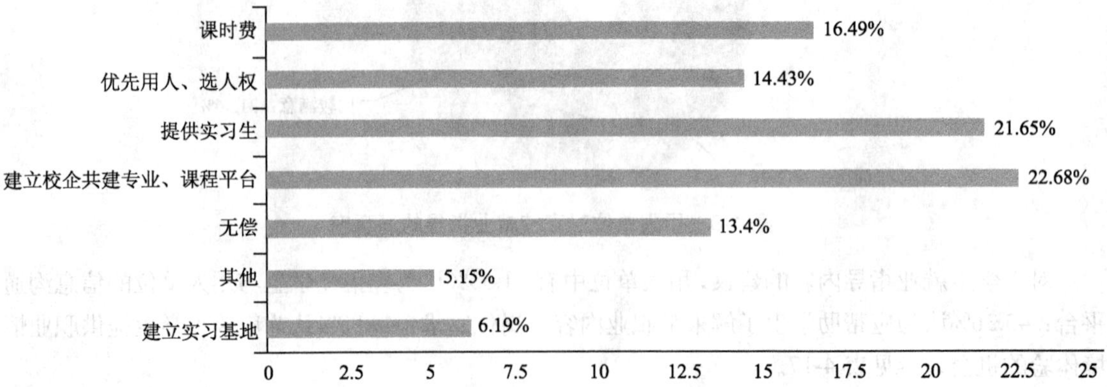

图 4-11 社会人员参与高校就业指导的回报

4. 比较分析

关于对大学生就业指导的整体评价，学生、高校、社会三方表现出比较认可的态度，并且明确表示了在解决大学生就业问题上就业指导的作用十分重要，只是目前效果不佳，需要进一步探索更加有效的就业指导模式。

关于就业指导内容的建议，高校教师和用人单位观点表现出高度一致，他们普遍认为目前的就业指导内容脱离社会实际，缺乏时效性和真实性，处于“纸上谈兵”阶段。建议就业指导内容应该做到搭建高校、学生与用人单位沟通的平台，帮助学生了解未来职业内容、入职标准和提供职业情境体验机会。这些就业指导内容的建议与学生在就业困惑和需求表现出的“缺乏工作经验”、“缺乏职业了解和自我了解”和“缺乏人际关系、社会人脉资源”等方面遥相呼应。由此可见，就业指导内容实现高校、学生、社会共建；职业探索再现真实职业情境；建立社会职业关系圈将是未来就业指导内容的建设方向。

关于就业指导方法的建议，从学生对各种指导方法需求率的百分比排名来看，越来越偏向于网络信息传输和个性化咨询的需求。同时，学生想要了解职业世界的需求逐渐高涨，传统的“就业指导课”已无法满足学生要求，学生更愿意通过与用人单位直接接触或通过“企业家讲座/校友交流会”和“企业参观”等方式获得更详细的第一手信息。可以看出，网络化、个性化和情境化的就业指导是未来就业指导需要改进的方向。

关于大学生就业指导队伍的建设，学生、高校、社会三方一致认为应当由具备一定专业理论背景的生涯发展与就业指导教师、从事就业工作与招聘工作的公职人员和人事经理，以及具有工作经验的社会精英来组成大学生就业指导师资队伍。经调研，其他岗位人员愿意参与高校就业指导，参与度达到 70%以上，参与方式为讲座、咨询、分享经验等，限制因素大多是时间忙、距离远等。在互联网时代，时间、空间已不是问题，完善就业指导师资队伍指日可待。

4.3 调查研究结论与启示

4.3.1 调查研究结论

通过本次调研结果分析来看，我国高校就业指导的不足主要体现在以下三方面。

1. 大学生就业指导知识有广度，缺深度

通过调研发现，大学生就业指导已经达到普及化，学生从大一到大四、高校从一线教师到后勤管理、社会从人力资源到普通职业人，都接触过就业指导或听说过就业指导，并把高校的就业指导作为大学生就业过程中很重要的一个环节。学校的就业指导课、校园招聘会、各种就业类赛事等关系到每一位在校大学生，每一位在校大学生在校期间也都接受着各式各样的就业指导。大学生就业指导已经达到了一定的广度。但是，通过调研发现，在接受了各种各样的就业指导后，大学生依旧对各自的就业前景十分茫然，依旧面对未来的就业不知所措，对自己将来能够从事什么工作并没有一个清醒的认知。或者说，当面对茫茫人海的劳动力市场时，大学生依然不知道自己在当今社会中能够做什么，自己都不清楚自己适合做什么，又怎么能够让用人单位委以重任？同时也反映了大学生就业的一个心理状态，即“麻木状态”，在人才市场上“随波逐流”、“碰”

用人单位、“碰”就业岗位。大学生就业指导的意义在于帮助在校大学生明确就业目标和确定职业道路，但是为什么接受了就业指导的大学生依然不了解自己，不知道自己适合做什么、不了解未来职业，没有明确的职业目标和职业规划呢？目前高校就业指导只是开设了就业指导课或让他们参与一些职业生涯规划测试，提供一些就业信息、就业政策、就业方向等方面的参考信息，以及培养大学生的求职面试技巧。既没有针对不同大学生的兴趣爱好和个人特点进行有针对性的就业指导，也缺少有效的就业指导信息去引导大学生进行自我指导。这就指出了目前大学生就业指导缺少个性化的深度指导。

2．大学生就业指导以理论为主，缺乏职业情境实践

目前，大学生就业指导的最主要方式是就业指导课，这种方式都属于注重理论指导的单向传授型指导方式，大学生只能被动地接受关于就业指导的各种理论知识，没有实践的支持，很难对大学生自身的求职就业起到指导作用。从调研结果来看，当代大学生更希望接受与就业指导理论相结合的实践指导，如邀请有职业经验的成功人士进行案例式就业指导或者创建职业情境体验、模拟就业环境，让学生更真实地了解未来的职业内容和在模拟过程中掌握求职就业的各项技巧。随着信息时代的到来，大学生更习惯以自己喜欢的方式获得信息，传统的理论传授型就业指导方式已经不能满足当代大学生的需求，与实践相结合，让每一位大学生积极主动参与到就业指导实践活动中才是大学生最希望得到的就业指导。

3．大学生就业指导孤军奋战，缺乏社会互动支持

目前，大学生就业指导的实施团队主要是由高校的就业指导教师、就业工作者、学生管理者、院系书记和辅导员组成，他们既要帮助大学生树立正确的就业观、择业观、确立职业目标和职业规划，又要培养大学生的职业素养和职业道德，还要训练大学生的职业能力、求职技巧和职业礼仪，同时还要传递准确的就业信息、就业政策和动向，联络用人单位，组织招聘会，统计就业数据、派遣等工作。仅凭一所高校的力量这些是很难完成的，比如，就业观、职业素养、职业目标的形成是很漫长的，是需要慢慢渗透、日日熏陶的，而大学生在校期间接触的不只是就业指导教师，他们更多的是接触专业教师。在专业权威上，他们更信服自己的专业教师，专业教师的职业观、价值观会影响学生们就业观、择业观。如果此时就业指导教师所要引导的大学生就业观恰巧与专业教师不一致，就会起到事倍功半的效果。再如，最后检验学生的，是用人单位是否招聘录用，他们的用人标准直接引导高校就业指导的指导方向，如果就业指导教师不了解情况，势必会造成指导效果不佳。所以，研究者认为大学生就业指导不能只是少数人在孤军奋战，而是需要社会各方位的力量参与。根据调研发现，无论是学生、高校还是社会职业人也都认为就业指导队伍应该由教师、就业工作者、人力资源、职业精英等共同组成。

4.3.2 启示

信息时代的到来，使信息的传递方式发生了巨大变化，也为我国就业指导工作模式创新提供了技术支持。针对高校就业指导现状和大学生对就业指导的需求，本书提出了一种构建基于社会性知识网络的大学生就业指导平台的应对策略，希望借鉴国外的高校就业指导模式，设计符合我国国情的大学生就业指导模式，将职业社交网络特征和网络学习平台优势结合起来，依托学习元平台，构建基于社会性知识网络的大学生就业指导模式。将社会性知识网络用于就业指导的优势有以下三点：

① 基于社会性知识网络的大学生就业指导让每一位大学生个性化设计职业生涯规划与求职路线，在保证广度指导下，加大深度指导。基于大学生就业指导的社会性知识网络为大学生提供了自由表达、抒发情感、展示自我的平台，他们可以根据自己的需求和感兴趣的内容个性化选择要了解的生涯知识和职业信息，从自我认知—职业目标确立—职业认知—职业生涯规划制定—求职准备之个人简历—求职准备之自我介绍等一系列的过程完全实现全程指导、个性指导、实时指导、精准指导。

② 基于社会性知识网络的大学生就业指导让信息不再脱离实际，让指导不再“纸上谈兵”。社会性知识网络具有信息共享、共建、再生的特点，并且传递速度快、广。无论是求职招聘信息、政策法规信息，还是就业形势和行业需求、职业标准、岗位要求等信息都可以发布，就业指导教师、专业老师、辅导员、用人单位、企业家、校友、职业人都可以参与信息的共享、共建和再生，使得就业信息能够保持有效性、实时性和一致性。

③ 基于社会性知识网络的大学生就业指导让大学生就业不再孤军奋战。社会性知识网络把具有相同职业目标、兴趣志向的大学生群体会形成朋友圈，分享和传递感兴趣的话题和信息，互相勉励，互相督促，完成职业规划大计。基于社会性知识网络的大学生就业指导为大学生与社会就业人员建立联系、保持联系、交流信息、分享资料和协同完成任务提供了一种新的方式。通过邀请校友、学长、老师、人事经理等社会职业人审阅自己的岗位说明书、简历或自我介绍，建立起社会化学习关系；通过实时交互，邀请他人为自己的职业困惑答疑解惑，还能获得他们的最新动态信息，从而建立起一种广泛的、跨出校园的社会人脉关系，而且这种关注和人际关系的发展是持续性的。

社会性知识网络的信息共享共建和传递速度特征能够保证就业指导信息及时准确地推送给学生；社会性知识网络的信息包容性可以让大学生自主地选择感兴趣的就业指导内容；社会性知识网络的实时交互性能够保证大学生迅速得到反馈信息，满足了大学生实时、双向、快捷、有针对性的交流和沟通需求。大学生通过使用高校就业指导的社会性知识网络，能够在获取知识的过程中，明确自己的职业性格特征，并在平台的引导下，规划自己的职业生涯和提高自身的专业素养。因此，基于社会性知识网络的大学生就业指导是一种值得期待的就业指导教育方式创新。

第5章 基于社会性知识网络的大学生就业指导模式构建

本章以"社会化学习"视角，用社会性知识网络来构建大学生就业指导新模式，更强调关系和联通。以职业生涯理论、社会化学习理论、联通主义学习理论和情境学习理论为理论依据，结合对第2章已有就业指导模式和社会性知识网络的社会化学习模型的分析和第4章多角度、多维度的就业指导调研的需求分析，初步从就业指导的原则、内容、角色、环境四个要素进行模式构建。

5.1 基于社会性知识网络的大学生就业指导模式的构建依据

5.1.1 职业生涯理论的启示

职业生涯教育起源于西方，在我国高校多以"就业指导"的名称出现。职业生涯理论中，根据不同的时间阶段和发展取向，大致可以分为四大类：特质与类型取向的选择理论、发展取向的生涯发展理论、社会学习与社会认知取向的社会学习与决策理论，以及后现代取向的建构主义理论等①，各类理论中都有其代表性的理论和观点，如表5-1所示。根据本书的研究视角将着重介绍具有指导意义的两种职业生涯理论：社会认知职业理论和生涯建构理论。

表5-1 职业生涯各类理论主要观点

分类	代表
结构取向	特质—因素论 霍兰德类型论 亲子关系与职业选择论 明尼苏达工作适应论

①严怡.大学生职业发展与就业指导课教学设计研究[D].重庆：西南大学,2015.

续表

分　类	代　表
过程取向	生涯发展理论 生涯发展自我概念理论 终身职业生涯理论
认知取向	社会认知职业理论 认知加工信息理论
后现代取向	生涯建构理论 教练技术 叙事

1．社会认知职业理论

社会认知职业理论（Social Cognitive Career Theory，SCCT）是 20 世纪 80 年代美国心理学家伦特（Lent）、布朗（Brown）和哈克特（Hackett）基于班杜拉（Bandura）的一般社会认知理论提出的一种职业理论。SCCT 理论认为，个性心理特征、社会环境因素会影响个人的职业自我效能、结果期待和职业目标，最终影响职业选择行为[①]。

启示：SCCT 理论认为，职业生涯发展是一个持续的过程，受到内部和外部因素的影响，如教育水平、经验、人格、特质、社会资源和各种机会。个体当前的行为及未来的期望将决定其职业生涯将如何发展。让这些职业选择的决定因素发挥积极作用是大学生职业指导和教育的一项挑战性任务。

基于社会认知职业理论的要求，在大学期间，大学生就业指导应该帮助学生形成职业发展良性循环，着重关注三点：

① 提高学生自我效能感。利用榜样示范效应，帮助学生探索学业和职业方向；通过社会性的支持和指导，激励学生尝试社会实践的任务[②]。

② 建立准确的结果预期。要建立准确的结果预期，帮助学生了解目标职业的客观情况，如招聘企业、能力要求、薪酬待遇、发展路径等；让学生获得对目标职业的主观感受和体验，如实习经历分享、校友工作心得等。

③ 把握环境因素的影响。该理论强调除了自我认知和职业认知外，影响职业选择、职业行为甚至未来的工作业绩还有一个很重要的环境因素，这也是当前大学生就业指导教育过程中往往忽略的因素。因此，在就业指导模式的构建中更要充分考虑环境因素对个体职业生涯规划、就业导向的影响作用，搭建一个正能量的、积极的社会网络环境，如借助往届毕业生的统计数据并结合典型案例、校友的工作反馈、父母的鼓励支持、企业家的榜样力量等，正确引导学生做出职业决策。

2．生涯建构理论

生涯建构理论（Career Construction Theory）是 Mark L.Savickas 教授提出。生涯建构理论认为，个体职业发展的实质就是追求主观自我与外在客观世界相互适应的动态建构过程，个体特征、

①高山川,孙时进.社会认知职业理论:研究进展及应用[J].心理科学,2005,28(5).

②黄巧荣.社会认知职业理论视角下的高校职业生涯教育思考[J].生涯发展教育研究,2014(2):6-12.

情境因素是影响生涯建构结果的重要方面①。以“适应”为核心的生涯建构理论，为大学生就业指导模式研究提供了新的主题和思路。

启示：大学生就业指导应该帮助每位学生建构符合自己的职业发展轨迹（包括职业生涯规划、职业信息库、职业关系网等），体现了大学生就业指导的个性化原则。

应该充分发挥学生在就业教育中的主导作用，主动去寻求符合自己职业发展的路线，自主提升目标职业所需的能力；教师在就业指导教育中扮演着引导、辅助、督促、激励的作用；社会各界的参与主要起到社会情境、职业情境等情境因素的调节作用，从而正向影响学生生涯建构的结果。

在建构个体职业发展的过程中，除了自我认知和职业认知非常重要，情境因素也是生涯建构过程中的重要因素，大学生就业指导应该利用协作、会话、示范、模仿等职业情境要素来成功地实现学生对职业生涯的意义建构。

总之，从上述职业生涯理论中可看出职业生涯发展是一个动态的过程，是一个不断认知、不断建构、不断适应的人生主题，打破了把职业选择与就业指导看作是静态活动的观点。同时上述理论都强调在职业生涯过程中，除了自我认知和职业认知外，情景（环境）因素也非常重要，直接影响个体的职业选择、职业行为、工作绩效等。

5.1.2 学习观的启示

1．社会化学习理论

社会化学习理论强调去除说教、去除灌输、去除教师为中心，教师控制学习过程，而是通过模仿、观察、示范、分享、协作进行学习。这个观点为大学生就业指导实现个性化提供了新的思路。第一，充分发挥就业成功者的榜样示范作用。通过保留学长的自我认知、职业探索、求职技能训练等轨迹，作为职场新人可以通过体验学长的职业发展过程逐渐走向精英，最终成为成功的职业专家，这就是社会化学习中，模仿和观察的力量所在。第二，调动学生合作、互助意识，互相鼓励、监督，促进职业能力训练。例如，共同完成岗位认知的生涯任务访谈、互相批阅求职简历，互听自我介绍等。在线社会化学习为大学生就业指导实现社会化提供了可能性，也为全社会参与大学生就业指导提供了新的形式。

2．联通主义学习理论

联通主义学习理论（Connectivism）是由乔治·西蒙斯（George Siemens）提出。联通主义学习理论认为获取信息的方式比信息本身更重要，由节点与连接两个要素组成网络，并通过交互的方式来形成节点和建立连接，包括与物的交互、与人的交互、与技术的交互。交互在联通主义学习理论中起到核心作用②。

启示：大学生就业指导覆盖教育学、心理学、社会学等多种学科，内容包括生涯教育、就业教育、心理教育等，涉及人员广，属于非常复杂的大学教育。并且，就业市场信息瞬息万变，形式政策的导向、产业结构的变化、职业种类的增加等都直接影响大学生就业指导的调整和把握。

①关翩翩,李敏.生涯建构理论:内涵、框架与应用[J].心理科学进展,2015(23):77-86.

②郑勤华,李秋劼,陈丽.MOOCs中学习者论坛交互中心度与交互质量的关系实证研究[J].中国电化教育,2016(2):58-63.

Siemens 指出，联通主义学习理论最适合于复杂的学习和快速变化的领域中的学习[①]，为大学生就业指导新模式的构建提供了一种新的理论基础和研究视角。

① 在大学生就业指导内容建设中，除了高校就业指导教师创建和组合内容单元，其他学习者、社会参与者之间的交流，以及与教学内容等资源互动过程中所留下的点评、讨论、答疑、批注等内容都是新知识的生成。

② 学生不只是通过浏览课件、观看视频等形式与知识建立连接，而且通过评论、投票、提问，以及邀请其他人参与的形式来建立连接。

③ 联通主义学习理论认为学习的目的不是掌握所有的知识内容，而能够与拥有各种知识内容的人或非人资源建立起可持续性的连接关系才是学习的目标。所以，要不断维护建立起来的连接。在网络化的大学生就业指导过程中，学生、教师、社会人员、内容资源等之间建立的关系无须在学习结束时终止，已经毕业的学习者，将会作为另一种资源继续影响其他学习者，同时他所建立的连接关系仍然会继续指导他完成下一阶段的职业发展。

④ 网络化的大学生就业指导内容是动态生长的，一开始教师创建原始的内容单元，随着参与者的连接与交互，不断将有关联的内容或新的内容连接到原有内容单元中，知识网络就成了一个不断生长的物体，他永远保持一种没有完成的状态。通过群体之间的交互，协同编辑共同促进知识内容的增长和进化。

⑤ 网络化的大学生就业指导没有学期的开始与结束限制，随着学生职业生涯发展，不同时期会有不同的变化，不同需求去连接不同的内容单元。当然，个体的职业生涯发展是有认知规律的，需要按照社会认知规律来构建自己的职业生涯，颠倒认知顺序可能会事倍功半。但是，这与网络指导不受时间限制并不冲突，由于个体的差异势必会导致每个人的认知过程不同，所经历的时间、内容、情境都会不一样，每个人应该按照自己的认知节奏，随时寻求有需要的内容与人的指导与帮助。与其说，我们不限制就业指导的学期结束点，倒不如说，其实就业指导永远都没有结束，因为每个人的职业生涯本身就是一个动态的、不间断的、不断变化和调整，甚至是循环的发展过程，这也就意味着随时遇到职业问题，随时就需要有就业指导出现。所以，教师和设计人员在设计内容单元时应该允许学习者展示他们对某一主题的掌握程度和持续性的探究与学习的能力。

3. 情境学习理论

情境学习理论突出知识与情境的互动作用。Lave 和 Wenger 提出“实践共同体”[②]，并将这种学习形式定义为“一群追求共同事业，一起从事着通过协商的实践活动，分享着共同信念和理解的个体的集合”[③]。

启示：情境学习理论为构建大学生就业指导网络环境提供了依据和思路。创设有效的职业情境和职业实践共同体将会提升大学生就业指导实效性。本书基于情境学习理论，将从以下三方面设计网络环境：

① 学生中心环境。情境学习理论认为，学习者已有知识（文化实践、信仰、学科内容知识）

---

①王志军. 联通主义学习情境中的教学交互特点与规律研究[D].北京:北京师范大学,2014.

②LAVE J, WENGER E. Situated learning: Legitimate peripheral participation. Cambridge, United Kingdom: Cambridge University Press,1991.

③郑娟新.情境学习：职业教育项目课程教学的取向[J].职教论坛,2013(27):67-69.

和相信的知识影响他们对新的信息的解释。同样，学生的已有知识、经验、信仰、家庭等也直接影响其职业选择与职业发展。学生中心环境通过建立个人信息档案、个人知识网络、个人社会关系网络来构建自己的职业生涯发展路线。

② 知识中心环境。情境学习理论认为，知识具有情境性，人们应该基于情境来习得知识，脱离情境的知识，将缺乏实践性和应用性[①]。大学生就业指导是对实践性要求很高的教育活动，并且涉及的知识内容十分广泛，有生涯发展、职业心理、创业教育、职业能力、求职技巧、职业礼仪、职业信息、就业政策、劳动法等多领域学科，如果各内容之间是孤立的、没有联系的，那么学生掌握后，也很难运用到实际就业中。因此，创设知识内容的情境，建立彼此之间的关系，形成以知识为中心的就业知识网络是大学生就业指导在教学内容设计上的关键。

③ 共同体中心环境。共同体给了学习者一个观察、模仿专家、接受专家指导的机会，同时可以参与共同体活动的实践，不断适应共同体的文化环境。学习者通过互动行为逐渐获得专家的知识，在个体实践应用中得到有效的锻炼，进而成为共同体新的中心成员。这其实就是学习者掌握知识并进行实践运用的学习过程。共同体强调分享、合作和互动。在大学生就业指导中，营造职业共同体网络环境十分有必要。一群志趣相投，有着相同专业背景，或相同职业，或相同奋斗目标的小伙伴聚在一起，分享着自己的求职经历、工作经验，经验丰富的职业人成了该共同体的专家，职场新人通过观察、模仿、交流、提问，得到专家反馈和指导，不断取得进步，逐渐成熟起来，成为职场精英，具备较高的贡献能力。当学习者成为专家角色时，反过来可以指导新进入共同体的学习者，因此，一个真正的实践共同体是具有再生产循环功能的。

5.1.3 Web 2.0 理念与技术的支持

Web 2.0 是基于 Wiki 等自主服务模式的网络技术，强调自主性和参与性。传播方式为个体直接对接个体，群体分享、合作，分散的信息在交互中再次得到组合。Web 2.0 “以人为本、互动参与”的互联网模式在网络学习的发展中也起到了极大的推动作用，基于 Web 2.0 技术的学习平台具有支持社会性学习、网络交流学习、协作学习、资源共享共建等特点[②]。

1. Web 2.0 理念与技术可以支持大学生就业指导个性化

大学生个性化就业指导应该引导学生自主做好职业生涯规划，知己过程主要探索自己的能力、兴趣、性格、价值观等，知彼过程主要了解社会发展、经济趋势、职业状况、就业机会等，在辅助科学测试的基础上引导学生进行职业决策，最终有针对性地帮助学生提高职业适应的能力。在 Web 2.0 理念和技术的支持下，大学生可以根据自己的具体情况“量体裁衣”，按照自己的需求和进度进行职业生涯规划和求职准备。例如，建立符合个人特质的职业生涯规划档案、兴趣测试及性格测试、生成职业匹配图谱、自由挑选就业指导内容、自由安排指导进度、指导方式的选择、个性化生涯咨询、个性化构建社交圈、个性化专家资源推送及其他个性化职业信息推荐等。

---

①陈秋怡.情境学习理论文献综述[J].基础教育研究,2016(19):38-41.

②余燕芳,葛正鹏.终身学习平台设计与构建：以 Web 2.0 到 Web 3.0 的学习理念变迁为视角[J].中国远程教育,2014(4):70-76.

2. Web 2.0 理念与技术可以支持大学生就业指导多样化

在 Web 2.0 理念和技术的支持下，在线学习平台从内容呈现设计转向通过活动促进知识建构。学生可以通过丰富多彩的资源、多种多样的活动形式、社会认知网络等进行个人职业生涯的建构。Web 2.0 理念和技术支持下的学习元平台，开发了双螺旋学习活动模型，可以实现多种维度的学习方式，如图 5-1 所示。

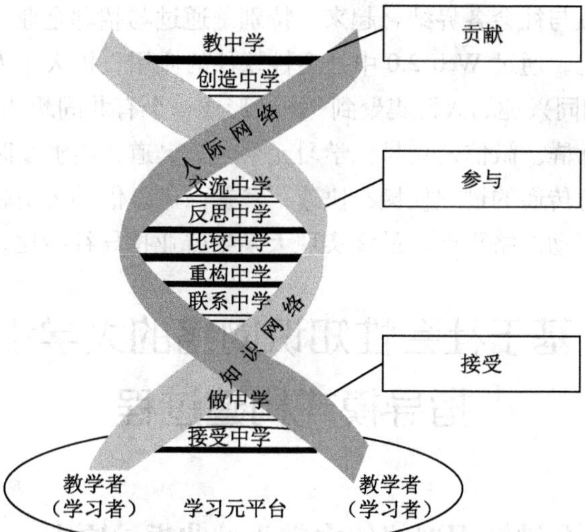

图 5-1　基于学习元平台的双螺旋深度学习模型

在学习元平台上可以组织多层次多类型的学习活动，学生不仅可以读、看、听、练，还可以交流、讨论、思考、体验、感悟、创造等。双螺旋学习模型共提炼了 10 种学习行为，并且对应 10 种学习活动，如表 5-2[①] 所示。这些学习行为和活动方式同样可以应用到就业指导中，使其指导方式更丰富实效。

表 5-2　基于学习元平台的学习行为

学习行为	学习活动
接受中学	观摩视频、浏览课件
做中学	下载资源，上传资源，练习、测试
联系中学	不同的知识单元之间建立联系
重构中学	构建个性化学习课表
交流中学	群体协商，交流
协作中学	协同编辑
比较中学	同题异构以及同课异构等
反思中学	反思不同的学习单元进化版本与轨迹
教中学	发布教学
创造中学	人工制品

①余胜泉,段金菊,崔京菁.基于学习元的双螺旋深度学习模型[J].现代远程教育研究,2017(6):37-47.

3. Web 2.0 理念与技术可以支持大学生就业指导社会化

阿萨巴斯卡大学教授安德森（Anderson）指出，Web 2.0 技术对于支持和创造正式的和非正式的跨时空学习起到了重要作用，主要表现在：Web 2.0 促进了高质量低成本的交流；所有用户可以连接彼此，最终成为一个社会化网络服务；Web 2.0 突出了学习的社会性和协作性的学习理念，体现了知识的社会性建构特性[①]。

大学生就业指导应该与社会各界结合起来，特别是通过与招聘企业、优秀校友等社会资源合作使之真正地走向社会化。通过 Web 2.0 中社会性软件的应用，扩大了人群交往范围，打破了时间与空间的界限，将有相同兴趣的人群集聚到一起，形成一个有共同想法和愿景的庞大社会网络。高校就业指导可利用 QQ 群、微信公众号、学习元平台等渠道，能够及时更新就业信息，无死角传递用人需求信息，信息传递的过程便捷、快速、覆盖面广。借助各类就业相关网络资源，构建学校、社会、企业多方互动网络平台，最终实现大学生就业指导社会化。

5.2 基于社会性知识网络的大学生就业指导模式构建过程

5.2.1 基于社会性知识网络的大学生就业指导原则

1. 个性化原则

高等学校就业指导教育如何才能对学生更“实用”，关键是要在“个性化”指导上下功夫。根据生涯建构理论可知，大学生既是职业指导的对象又是生涯设计的主体，在全程化的就业指导教育中必须让每一名大学生做自己人生的主导者。根据社会认知职业理论可知，不同的学生对就业的认识是不同的，对职业生涯的认知是一个循序渐进的过程。在不同阶段，学生对职业态度和需求是有所不同的，就业指导工作要符合学生的这种认知过程。要符合学生认知过程的规律。高等学校要根据职业生涯教育发展规律，结合大学生自身实际，量体裁衣，帮助大学生规划设计个性化职业生涯。每名大学生都应该建立符合个人特质的职业生涯规划档案，并在实施规划中进行有针对性的指导和修正。每名学生经历下来的生涯轨迹都是不一样的，社会性知识网络的大学生就业指导要实现个性化指导每名学生的生涯轨迹。

2. 社会化原则

纯粹象牙塔式的就业指导难以与社会组织进行完善的沟通，大学生就业指导应该与劳动力市场、用人单位、校友资源有机结合起来，使之真正地走向社会化。在第 4 章的调研结果表明：用人单位与毕业生之间信息不匹配、期望不匹配、要求与能力不匹配是横亘在用人单位与高校毕业生之间的三道鸿沟。造成这些不匹配的关键原因之一是用人单位与高校毕业生之间缺乏完善的沟通机制。如果高校坚守象牙塔式的管理模式，高校教师无法了解社会动态，高校毕业生无法触及社会真相，这道鸿沟就无法消除。高校就业指导需要吸引用人单位、企业家、优秀校友等纷纷参

①余燕芳,葛正鹏.终身学习平台建设的理念与架构:从 Web 2.0 到 Web3.0[J].电化教育研究,2014(80):57-63.

与大学生就业指导，丰富就业指导内容，创新就业指导模式。这种局面不但能帮助高校走出传统计划体制的惯性，更能使学生获得更为专业系统的就业指导，有助于增加学生就业机会，为用人单位提供更优秀的员工。大学生社会化素质培养是一项系统工程，它需要学校、社会、家庭和学生本人协调统一，共同来完成。

3．情境性原则

就业教育承担着大学生职业生涯初期辅导与毕业求职应聘指导的任务，作为一种沟通教育与工作之间桥梁的教育，更应该注重“真实”的职业环境与情境创设，使学生通过切身体会感受职业工作环境，来增强职业体验，确立准确的职业目标，形成职业能力，提高学生的就业及创业能力。情境认知学习理论十分强调为学生创设实践场，为学生提供合作学习的机会，提供社会互动的机会，让个体在设定的社会的或物理的情境中进行学习。学生浸润在共同的情境中，交流着各自的思想和理解，商讨和再商讨着知识的意义。可以通过小组共同完成“某岗位调研”、“生涯人物访谈”等情境任务产生合作，创设职业情境不能单靠高校就业指导教师在学校里闭门造车，需要与专业教师、人力资源、各类职业人共同合作，在深入进行职业岗位调查、职业功能分析的基础上，营造真实的职业环境。“情境”要有较高的技术含量，要与当前的就业趋势相适应，这就要求高校要与用人单位合作，尽可能地还原与学生今后毕业工作相一致的真实环境。

4．动态性原则

就业指导是一项与时俱进的教育工作，就业指导课是一个动态变化、常讲常新的课程，既要密切关注国家就业形势、洞察了解社会发展对劳动力的阶段性需求情况，又要关注不同时期的大学生的就业心理，把握好就业指导的时机。授课内容要根据就业政策、形势的发展、学生的需求变化不断变化，这就要求就业指导教师与学生、政府机关、人力资源等社会各层面经常沟通，建立联系，共建就业指导课程内容，共享有效就业信息，传递各自需求等。只有有实效的就业指导才是有价值的，对学生才有作用，才能被学生所接受。

5.2.2　基于社会性知识网络的大学生就业指导内容

依据第 4 章社会调研结果发现目前大学生对就业指导需求主要集中在就业知识与职业信息与社会实际接轨、真实体验未来职业情境、与用人单位或社会职业人建立交流关系三方面。针对上述三大需求，本书提出了构建社会性知识网络的就业指导三个核心网络：生涯与就业知识网络、职业情境认知网络、求职社会关系网络，如图 5-2 所示。

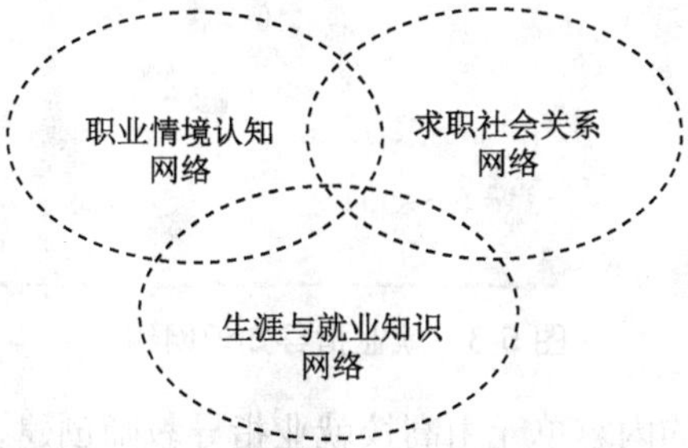

图 5-2　基于社会性知识网络的大学生就业指导内容体系

1. 生涯与就业知识网络

该网络拟解决高校就业指导与社会就业市场信息不对称、不通畅，造成学生、教师、职业人三方就业信息认知差异的问题。

（1）生涯与就业知识网络内容

生涯与就业知识体系主要包括五个模块：职业生涯规划、职业能力提升、求职技能训练、创业素质培养、职业信息指导，如表 5-3 所示。

表 5-3 就业知识内容体系

模　块	具 体 内 容
职业生涯规划	自我认知：兴趣、性格格、能力和价值观； 职业认知：产业、行业、职业、岗位、企业； 职业决策理论：SWOT 分析； 制定职业生涯规划
职业能力提升	目标职业对通用技能的要求；目标职业对个人素质的要求
求职技巧训练	求职礼仪、简历制作、面试技巧、就业信息收集、就业政策
创业素质培养	创业、创业精神与人生发展；创业者与创业团队；创业机会与创业风险；创业资源；新企业的开办；创业计划
职业信息指导	宏观的职业探索，如产业和行业的职业探索 微观的职业探索，如工作单位和工作职位探索

（2）生涯与就业知识网络特征

① 独立与关联性。生涯与就业知识最小单位以内容单元（学习元）的形式存放。每个内容单元都是完整且独立存在的，但又与其他内容单元之间存在或包含、相关、相似、前驱或后续的关系，从而形成了错综复杂的知识网络，如图 5-3 所示。

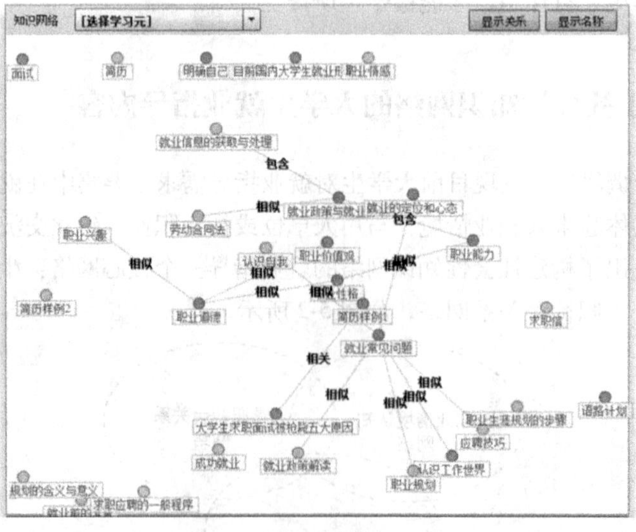

图 5-3 就业指导知识网络

② 进化与再生性。最初的内容单元由高校就业指导教师创建，作为生涯与就业知识网络的学习基础。学生通过加入学习、完成活动任务，在社会化交互过程中对原有知识进行协同编辑、

批注、点评、分享和创造，每一个内容单元得到了补充和进化。高校其他教师、社会人员等其他角色通过分享优秀资源、发布就业信息、参与社会化批阅、辅导答疑、评论等活动形式来创造新的知识单元，不断丰富完善知识网络，如图 5-4 所示。基于社会性知识网络的就业指导，最早创建的内容是知识发展的根基，协同共建的内容是知识进化的源泉，社会化活动则是知识创造的载体。

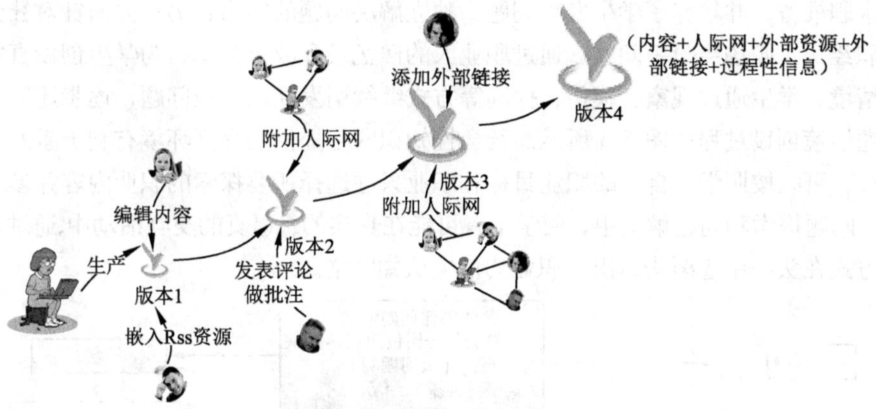

图 5-4　就业指导知识进化

2．职业情境认知网络

该网络拟解决大学生就业指导缺乏实践性、在校大学生缺乏真实的职业情境体验的问题。基于大学生就业指导的社会性知识网络为职业情境的创设创造了条件，给予了大学生展示自我、发表感慨的平台，也给了他们阅读分享别人心得、故事的机会，同时社会性知识网络也为大学生观察和学习其他社会优秀人才的成功经历提供了机遇。职业情境认知网络以某一岗位群为中心主题，以网络技术、工具为基础、以人的社会互动为核心，以个体内部形成某职业认知网络为目标进行职业情境创设。职业情境认知网络生成框架图如图 5-5 所示。

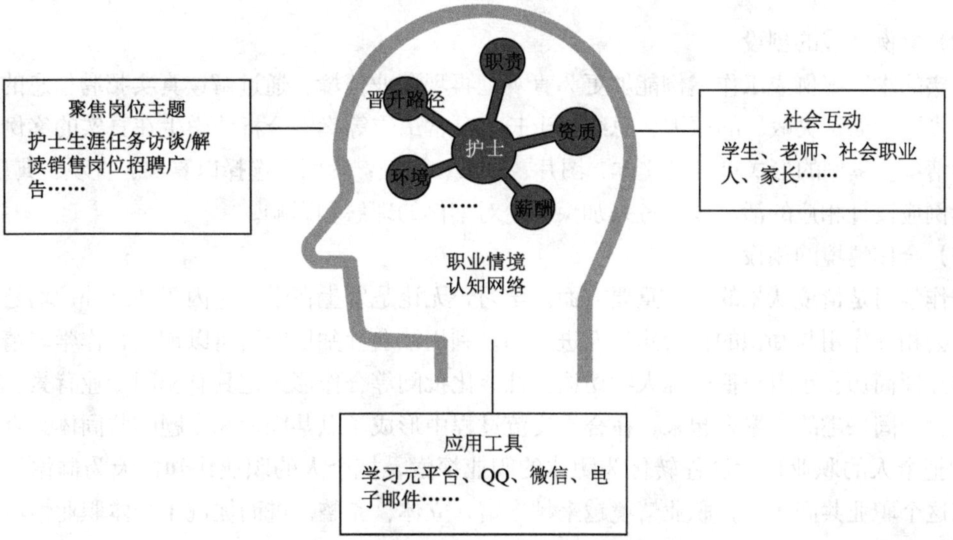

图 5-5　职业情境认知网络框架图

社会性知识网络为职业情境创设创造了便利条件，主要表现在：

（1）问题情境的创设

问题情境的创设能够激发学生对职业探索的兴趣，培养学生发现问题、探索问题和解决问题的能力。通过教师的引导，一方面针对学生创设有关岗位调研、求职面试等问题，学生通过线下查阅资料或咨询，线上搜索引擎查询或专家求助等方式，主动寻找问题答案，也督促学生完成了岗位调研和求职准备，并培养了学生发现问题、独立解决问题的能力；另一方面针对社会职业人创设有关求职经历、职场经验等问题，通过职业人的回忆录和故事分享，为学生创设真实的求职场景和职场情境，学生通过观察、模仿、提问等方式继续引发新的职业问题，逐步还原真实的职业情境。问题情境创设过程如图 5-6 所示。社会性知识网络提供的交互环境有利于激发学生职业认知的积极性，可以按照学生自己的职业目标和职业兴趣选择所要探索的职业内容并参与到相应的问题讨论、问题探索和问题解决中，使学生有可能在真实的、逼真的交互活动中,通过观察、模仿、参与等方式在头脑中逐渐构建出某职业的情境认知网络。

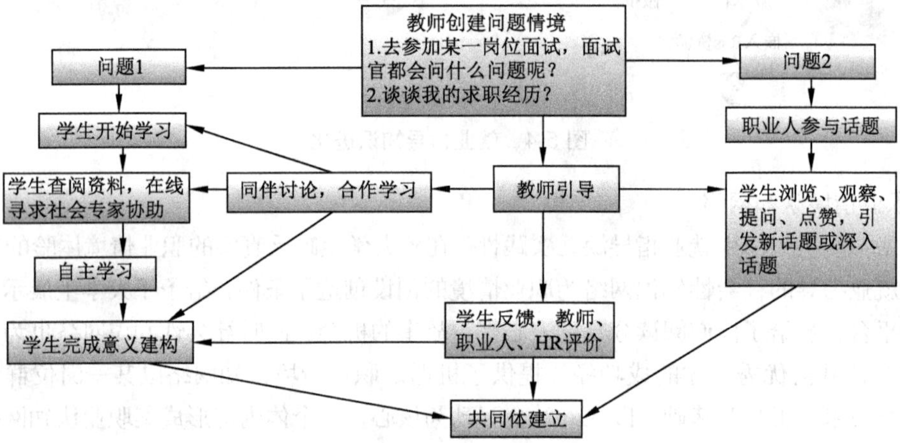

图 5-6　职业情境的问题创设

（2）案例情境的创设

真实的求职案例或工作案例能够更为直观地再现职业情境。通过解读真实招聘信息的内涵、讨论“张同学面试失败”的原因、总结护士长的日常工作等案例分析让学生在真实的案例中构建某职业情境。案例的形式可以是文本、图片、音频、视频；案例的选择以真实、直观、典型为佳。经典案例应设计相应的活动或任务来加深学生对案例的理解和影响。

（3）合作情境的创设

合作学习是情境认知的一个重要方面。学习，无论是发生在学校之内还是之外，均是通过合作的社会相互作用与知识的社会建构而进步的。利用社会性知识网络可以创设合作学习情境。通过同伴互评简历、小组模拟生涯人物访谈、社会化批阅等合作形式把具有相同专业背景、相同职业目标、相同兴趣的人聚合起来，在合作交流过程中形成了以某职业为主题的共同体。合作情境的创设把个人的职业探索过程转化为团体的职业探索，把个人的职业认知扩大为群体的职业认知，在这个职业共同体中，职业情境越来越丰富，立体、完整，进而促进了个体职业情境认知网络的高级发展。通过合作形成的职业共同体如图 5-7 所示。

（4）社区情境的创设

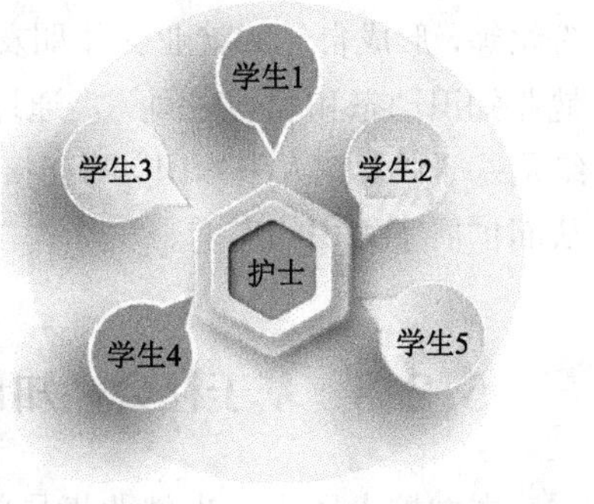

图 5-7　通过同伴合作形成的职业共同体

情境学习将社会性交互作用视作情境认知的重要组成成分，强调“实践共同体”在职业情境认知中的作用。在社会性知识网络环境下，这种“共同体”是大量存在的，并且形式也是多种多样的，组合起来更方便，范围几乎不受限制，只要有群体交流存在，就会有共同体的存在，学习者可以以虚拟身份在网络中创立由职业目标相同或专业背景相同的人们组成的某职业主题社区，其结果就像真实世界里的聚居区一样可以相互交流与帮助。学习者能够在这样的职业情境共同体中获得该共同体具体体现的职业情境，增强对职业的体验。在职业专家的带领下，每一位共同体的新成员越来越坚定自己的职业规划和求职行为，并且随着学习者的不断参与、成长，逐渐由合法的边缘参与向中心靠近。随着中心人员增多，该职业情境就越真实越可靠。不断再有新的学习者合法的“边缘”参与，再由“边缘”慢慢向“中心”转移，从而形成越来越大以岗位群为单位的职业情境共同体。可以说，这个职业社区情境只有在初期是人为搭建起来的，一旦搭建起来，它将会以滚雪球的状态不断地循环扩大，如图 5-8 所示。

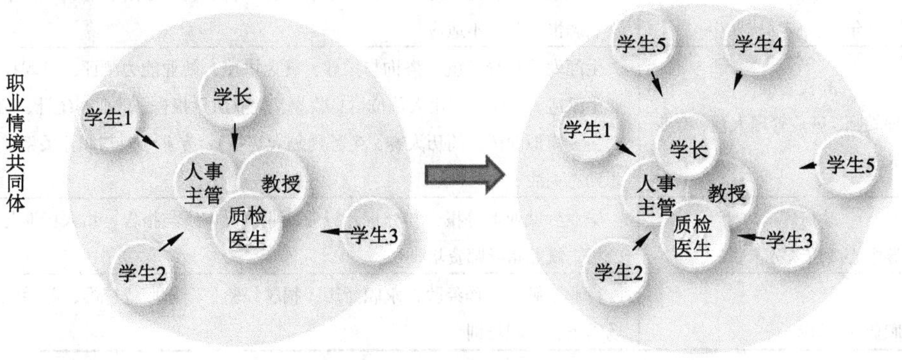

图 5-8　职业情境共同体的构建

3．求职社会关系网络

求职社会关系网络的形成取决于社会交互的广度和深度。社会交互连接主要有基于内容的连接和基于人的连接。

（1）基于“人—内容—人”的社会交互

学生在学习当前内容单元时进行交流、评论等，同时可以和与此内容相关的有共同学习任务或学习兴趣的其他学生进行互动；还能够即时查看创建知识内容的教师信息，以及教师创建的其他内容单元；还可以找到在此内容单元发表评论、标注、编辑内容、推荐资源的社会职业人的信息，并且查看他的其他轨迹，这种社会网络是基于“人—内容—人”的连接而形成的社会关系网络，将具有共同求职话题的人聚合起来，使得求职话题内容越来越清晰，扩展了知识的深度。

（2）基于“人—人—内容”的社会交互

另外一种连接则是人与人之间直接的交流。学生在学习过程中，可以根据个人性格、专业、岗位目标、职业价值观等，选择感兴趣的学生伙伴或者专业教师、社会专家作为好友、密友甚至粉丝等，形成自己的就业交往朋友圈。由于每一位好友都构建了自己的职业路径、生涯发展轨迹、就业知识动态和职场空间等，通过查看好友的信息又可以接触到更多的知识和资源。这种社会网络是基于“人—人—知识”的连接而形成的社会关系网络，人成了传播和提供知识的管道和媒介，从而扩展了知识的广度。

5.2.3 基于社会性知识网络的大学生就业指导角色

本书扩大了大学生就业指导的社会参与广度，主要分成学生、高校、社会、政府四类社会角色，角色特征分析如表 5-4 所示。每一类角色中又细化成与大学生就业指导息息相关的网络角色。根据对四类社会角色进行多维度调研，明确各角色对大学就业指导的需求。根据每一类职业角色的工作内容和经历，确定其能够为就业指导提供的资源，有针对性地设计大学生就业指导内容模块。

表 5-4 角色特征分析

角色	角色特征
学生 低年级、高年级、应届毕业生	无职业规划、无职业目标、不了解社会和行业、不了解职业、不了解市场需求、就业恐惧、职业不适应
高校 就业指导教师、就业管理人员、专业教师、辅导员	生涯发展指导、就业咨询与指导、就业讲座、就业能力测评、求职技巧培训；毕业生派遣、毕业生与用人单位信息收集、就业质量报告、就业率统计、招聘活动（招聘会、模拟面试、简历大赛、生涯规划大赛等）；专业学习与职业关系；就业观、思想动态关注
政府 就业指导中心政府公务人员	毕业生就业形势报告与分析、行业就业情况调研与报告、用人标准与制度研究与分析、就业指导师资培训
社会 校友、职业人、HR	行业了解、工作经验、求职经历、招聘经验；了解职业标准、熟悉招聘流程、市场需求、入职培训

5.2.4 基于社会性知识网络的大学生就业指导环境

学习元平台是基于联通主义学习理论，体现社会性知识网络视角的学习平台，为社会性知识网络的大学生就业指导提供了友好的网络环境。该平台的知识云、知识群、学习元符合本书学习内容的建设要求；开放的学习社区适合交流、互动，聚合具有相同专业背景、求职目标、职业经历的群体营造职业情境；提供的 16 种学习活动，可支持知识共建、协同学习、社会参与、深度互动等需求设计；通过学习元平台的角色分配、社会标签、关注等功能可建立其基于知识连接的丰富的社会人际关系网络。

5.3 基于社会性知识网络的大学生就业指导模式的提出

社会性知识网络的大学生就业指导模式以解决大学生缺少获取有效就业知识渠道、缺乏真实职业情境体验、缺少社会职业人际关系的实际需求，以实现大学生就业指导个性化、社会化、情境化、网络化为目标，以职业生涯理论、社会化学习理论、情境学习理论、联通主义学习理论为理论基础，以现有大学生就业指导模式，结合社会性知识网络学习模型，主要以学习元平台为环境条件，初步构建基于社会性知识网络的大学生就业指导模式，主要以个性化、社会化、情境性、动态性四大指导原则，针对生涯与就业知识网络进化过程、职业情境认知网络创设特征、求职社会关系网络交互连接类型进行模式设计，如图 5-9 所示。通过多维角色、内容单元、交互活动以及社会性知识网络环境四个要素的内容设计来完善大学生就业指导的线上指导模式。

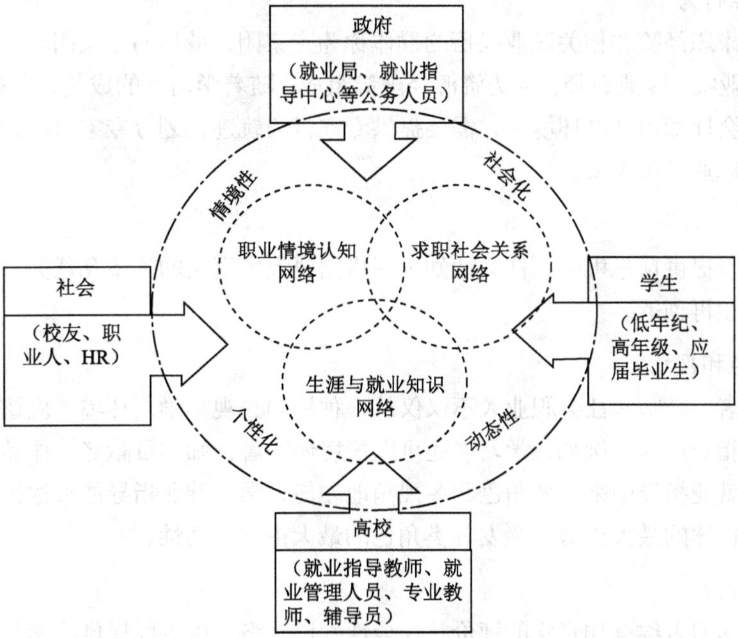

图 5-9　基于社会性知识网络的大学生就业指导模式图

5.4　基于社会性知识网络的大学生就业指导模式的特征分析

基于社会性知识网络的大学生就业指导模式以四个原则作指导，三个网络为核心，四类角色为主体，一个平台为基础。在这种模式下的大学生就业指导具有如下特征：

1．反映知识的现实应用途径

在设计知识单元时，每一个知识点都需要有一个具体的实际应用，就业知识不能是孤立的，更不能只是理论层面的，要与现实就业或创业应用联系起来。例如，兴趣探索知识单元部分，要设计出兴趣与职业的关联，使得学生习得后，能够利用本知识点指导自己进行职业决策。

2．知识的协同建构

学习者之间的协作机会是重要的设计因素。协同共建知识不仅可以丰富知识本身，还可以提高参与协作的学习者的知识获取能力。

3．真实活动

社会性知识网络环境能够提供与真实职业世界相关的职业情境活动。

4．教师身份与职责的转换

去除以教师为中心的教，学生被动学的教学模式。教师作为初始知识的创建者后，便以促进者、辅助者、引导者、督促者甚至和学生一样，也是学习者、观察者的身份存在于社会性知识网络。激发学生主动学习已成为教师的另一个重要职责和任务。

5．获得专家行为

我们把具有求职经验和相关职业经历的群体称为专家团，最早的专家团可由就业指导教师邀请校友、成功企业家、专业教师、人力资源经理等组成，随着学习者的成长，专家团会逐渐成长、不断扩大。在社会性知识网络环境中，需要提供专家行为轨迹，划分专家层次，学习者可以获取不同层次专家的职业经历模拟。

6．反思

为了给学习者提供反思机会，社会性知识网络需要提供真实的情境和任务。深入的反思可以促进学习者的知识再创造。

7．多种角色和视角

为了使学习者、教师、社会职业人不仅仅从一种视角去观察学习环境，应该设计从不同角色和视角进入就业指导过程，例如，学习者还可以情境体验者、知识贡献者、作品批阅者等多种角色参与到大学生就业指导中来。多角色和多视角地参与大学生就业指导能够挖掘各类群体的最大需求，发挥各类群体的最大优势，激发各类角色的最大主观能动性。

8．真实的评价

为了提供给学习者综合和真实的评价，社会性知识网络环境需要提供给学习者学习有效行为的机会。

9．保持连接

所有上述特征都要通过参与者的不断连接来实现。保持人与内容的连接、人与人的连接才能让社会性知识网络环境呈生态发展，同时社会性知识网络应该提供参与者愿意连接、主动连接、持续性连接的行为源动力。

第6章 基于社会性知识网络的大学生就业指导模式的设计性研究

通过理论演绎建立初步的基于社会性知识网络的大学生就业指导模式进行设计性实验，目的是促进大学生在开放的知识社区中通过基于社会化学习活动来更好地促进生涯与就业知识网的建构、职业情境认知网络的建构和求职社会关系网的建构，从而提升大学生就业能力。

6.1 设计研究的总体思路

以“大学生职业发展与就业指导”课程为例开展社会化学习，通过课程内容、课程活动、学习流程的设计来实现线上就业指导。通过三轮迭代实验，围绕过程、活动、方式、角色四个层面分析三个网络的建构情况，逐步完善基于社会性知识网络的大学生就业指导模式框架。本书选择了三个不同专业期班学生、10 名专家团，从 2016 年 11 月持续到 2018 年 6 月份，每轮研究在线学习时间为两个月。要求学生完成学习元内容、参与学习活动，经历同样的学习过程。设计研究的总体计划如表 6-1 所示。

表 6-1　设计研究的总体思路

研究阶段和时间	研究目标	主要任务	研究对象
总体计划 (2016.11—2017.10)	初步构建模式	模式的构建； 三轮设计研究计划； 总结与反思	
第一轮设计 (2017.11—2017.12)	初步应用，检验模式的有效性	①第一轮实验，重点了解模式中的各要素存在的问题、三个网络建构的可行性和存在问题； ②依据分析结果改进模式	16 级公共事业管理专业学生 25 名
第二轮设计 (2018.3—2018.4)	调整环节，加强策略，提高四类角色职业情境建构的参与度	①第二轮实验，发现问题，改进策略； ②依据分析结果等继续改进模式	16 级信息系统与管理专业学生 26 名
第三轮设计 (2018.5—2018.6)	调整环节，完善策略，提高学生求职社会关系网建构的深度	①第三轮实验，发现问题，完善策略； ②依据分析结果进一步改进模式； ③通过调研问卷完善课程内容与活动	16 级护理学专业学生 24 名

6.2 基于社会性知识网络的“大学生职业发展与就业指导”课程设计

6.2.1 课程简介

“大学生职业发展与就业指导”课是为实现大学生就业和职业发展而开设的通识必修课，是目前各高校开展大学生就业指导的主渠道和主阵地。作为沟通学生与就业岗位之间的桥梁，促进大学生就业起到十分重要的作用。本课程集理论性、指导性和实践性于一体，采用情境体验式教学法，内容包含职业探索、自我认知、职业决策、求职技巧等，以专家讲授、案例分析、实操训练、体验活动、实践练习为主要形式，通过任务设置创建相应的模拟情境，以期让学习者达成转变观念、端正态度、了解理论、掌握知识、澄清方向、明确方法、提升技能的目标，最终实现顺利入职。

6.2.2 课程内容建设

本书设计了三个模块的“大学生职业发展与就业指导”课程，课程模块框架如表 6-2 所示。这些模块虽然是以一定的顺序呈现出来，但是学习顺序并非固定，针对不同年级、不同职业需求的学生，可以直接选择需要了解的内容模块，有些模块中的某些环节可以直接跳跃省略，有些模块还可以重复学习。学生可以根据自己的实际情况进行模块选择学习，体现了课程的个性化，每个模块由若干内容单元（学习元）组成，每个内容单元由“学习内容+学习活动+学习资源”组成。知识群词云如图 6-1。图 6-2 所示为在学习元平台上该课程的部分内容单元(学习元)。

表 6-2　课程模块框架

课程模块	单元内容（学习元）	单元作业
大学生职业发展规划	自我认知—兴趣； 自我认知—能力； 自我认知—性格； 自我认知—价值观； 职业探索—职业认知； 职业探索—岗位认知； 职业探索—价值观认知	①岗位认知说明书； ②职业生涯规划书
就业能力提升	自我管理能力；可迁移技能	成就事件故事
求职技能培养	简历制作；面试技巧	①个人简历； ②自我介绍

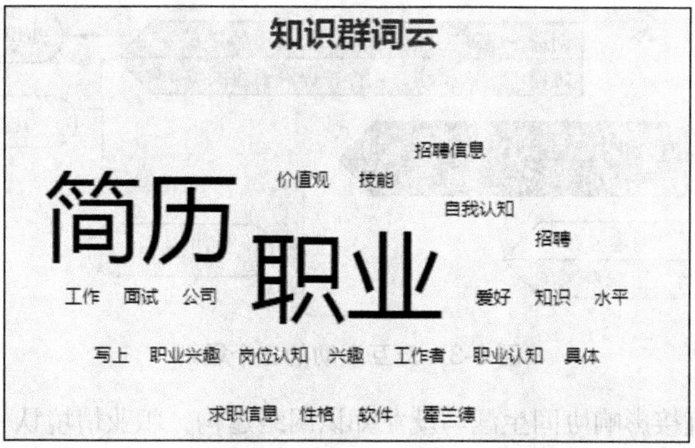

图 6-1 “大学生职业发展与就业指导”知识群词云

图 6-2 “大学生职业发展与就业指导”部分学习元

6.2.3 课程活动设计

在课程实施中，本书重点放在课程学习活动的设计上。活动设计强调学习者之间的连接、协作、创造。本书结合社会性知识网络的学习特点，根据社会性知识网络连接学习内容与学习者的需要，按照每一种学习活动学习者完成的难易度和贡献度共划分为三个等级：第一级别，接受中学和做中学，主要是知识获取层面；第二级别，联系中学和交流中学，主要是知识共享层面；第三级别，协作中学、创造中学，主要是知识共建、知识进化层面，如图 6-3 所示。

从网络连接角度分析，接受中学、做中学、联系中学属于知识网络连接的过程；交流中学、协作中学属于社会网络连接的过程。这也体现了社会性知识网络的特点在知识网络上建立社会网络，从而达到知识的共建和进化，创造出新的知识。

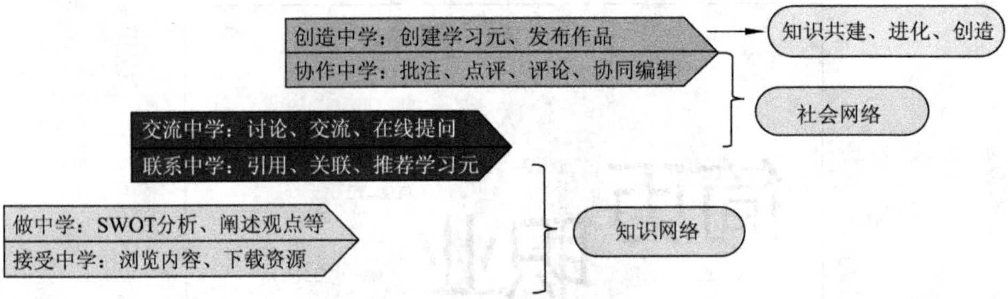

图 6-3 交互活动的三个级别

学习活动的设计直接影响协同生涯与就业知识网络建构、职业情境认知网络建构，以及求职社会关系网建构的程度。如前文所述，本书以学习元平台为技术支撑平台，在设计课程活动时，着重考虑如何利用学习元功能支持就业知识共建，如何利用学习元搭建职业情境共同体，如何利用学习元进行社会关系网络构建等，其具体课程活动设计策略如图 6-4 所示。

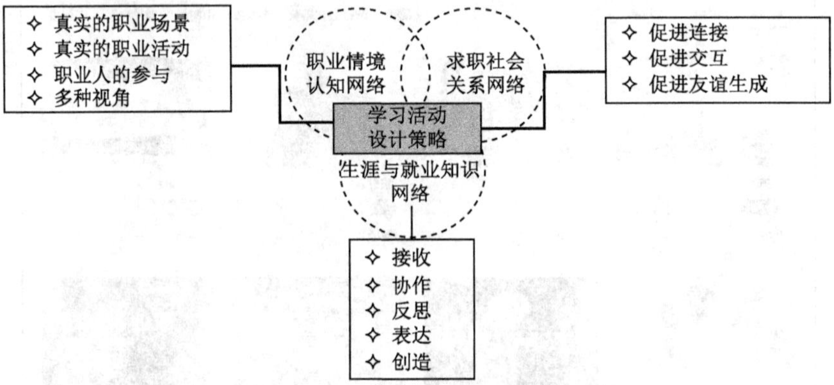

图 6-4 学习活动设计策略框架图

基于上述学习活动设计策略，本书进一步具体化学习元平台功能，设计出与构建三大网络相对应的具体活动种类及其操作方法。

1. 基于协同共建的生涯与就业知识网络建构

就业指导课程知识的初始创建是由就业指导教师完成，以学习元为最基本的内容单元存在，每一个学习元都可以为学习者个体知识吸收提供丰富的学习资源，如课件、讲稿、视频资源、网址链接、相关文献、各种活动等①。它如地基一般，随着用户的协同共建，内容单元会越来越丰富、越来越全面，并且会不断增加新知识、新动态。在基于协同共建的就业知识网络建构层面，学习元支持用户观看、学习、收藏、推荐、分享、互动、创建、编辑等多种操作。

（1）个人知识建构

① 加入学习。学习元平台提供了丰富多样的学习资源形式，有文本、动画、音频、视频、微课等，如图 6-5～图 6-7 所示，围绕课程提供了课件、面试案例、视频资源、讲稿等。学生可以通过加入学习，浏览学习元中所涉及的资源，并且可以对感兴趣的资源进行下载、收藏。所有学习过的知识，在学习元平台留下了个人的学习痕迹，从而形成了个人知识网络。

①吴焕庆.教师 TPACK 的协同建构与发展研究[D].北京:北京师范大学,2014.

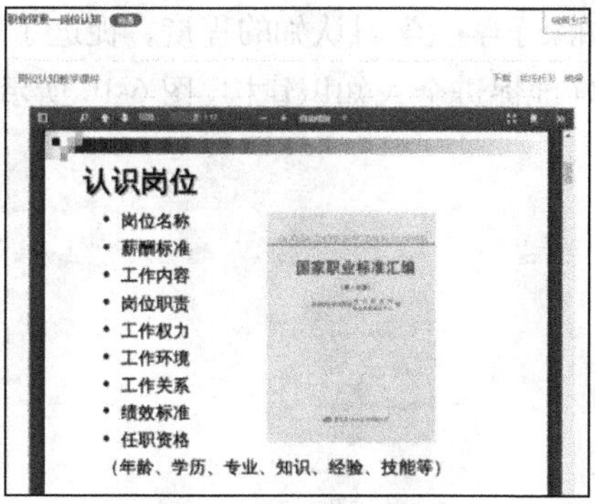

图 6-5　岗位认知课

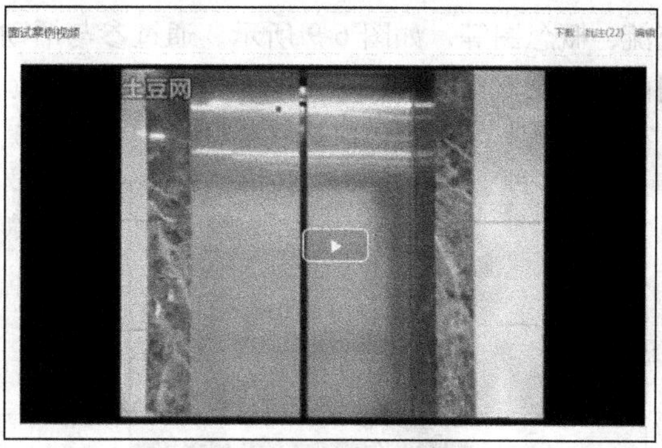

图 6-6　面试案例

学习元资源　拓展资源

资源标题	创建者	创建时间	下载量	收藏量	操作
王帆 以...	z***@136.com	2017-11-29 15:11	494	6	预览 下载 收藏
潘汉进 ...	z***@136.com	2017-11-29 15:09	560	4	预览 下载 收藏
面试闯关...	z***@136.com	2017-11-29 15:05	1371	4	预览 下载 收藏
重庆三峡...	z***@136.com	2017-11-15 21:11	3913	4	预览 下载 收藏
河南职业...	z***@136.com	2017-11-15 21:00	4185	4	预览 下载 收藏
面试技巧...	z***@136.com	2017-11-15 10:36	971	3	预览 下载 收藏

图 6-7　视频资源

② 推荐收藏。学生在浏览、观看和下载学习元资源之外，也可以根据自己的喜好对学习元进行收藏、分享好友、分享空间、推荐知识群[①]、推荐社区，同时也可以得到平台提供的相关学习元推荐、相关知识群推荐和相关社区推荐，如图 6-8 所示。

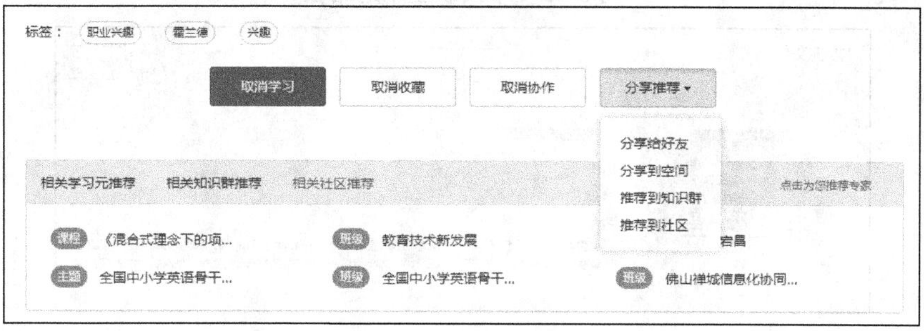

图 6-8　学习元分析分享推荐功能

③ 参与活动。除了看、读、听的学习形式外，还可以通过参与活动实现做中学的形式。学习元可以支持的学习活动有作业提交、练习测试、提问答疑、学习反思、投票、社会化批阅、讨

①吴焕庆.教师 TPACK 的协同建构与发展研究[D].北京:北京师范大学,2014.

论交流、概念图等，如图 6-9 所示。通过参与活动，加深了学生学习认知的程度，促进了学生与学习内容的交互，提高了学生对知识的掌握和吸收，更好地促进个人知识建构。图 6-10 所示为“自我认知—性格”学习元提供的学习活动。

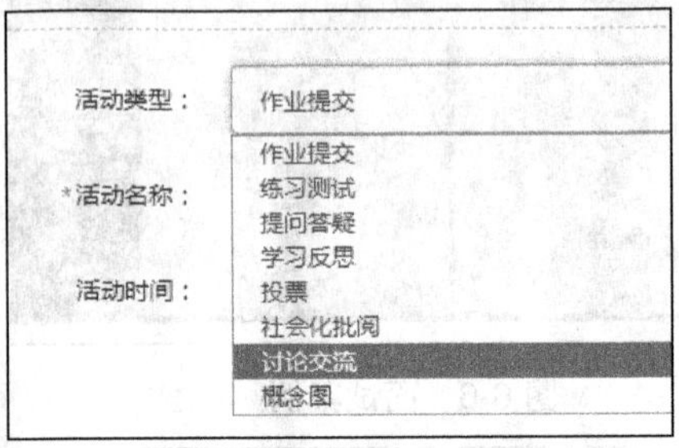

图 6-9　学习元活动列表

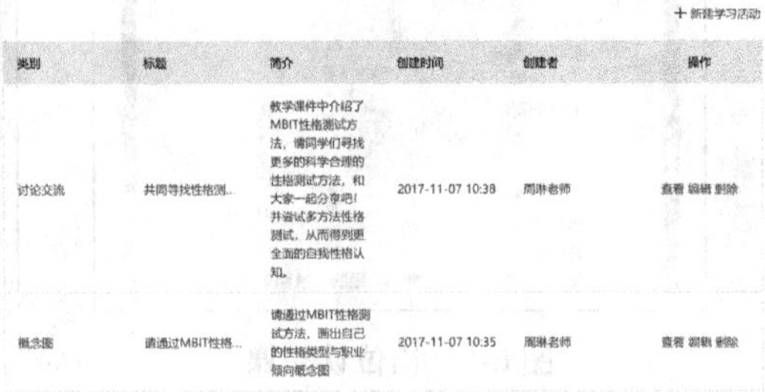

图 6-10　“自我认知—性格”学习活动

④ 发布作品。随着学习者个人知识的不断吸收、理解、消化，进而达到新知识的生成。在每个内容模块结束后，学习者需要发布相应的个人作品，如岗位认知模块发布目标岗位的调研报告、简历制作模块需要发布个人求职简历等，如图 6-11 所示。当学习个体完成了所有学习模块要求的个人作品时，即形成了一条个人的职业规划路径，个人就业知识网也逐渐建构起来，如图 6-12 所示。在学习元平台上，作品发布通过作业提交的形式实现，如图 6-13 所示，并且该作品是开放的，作为新的知识内容存放在学习元中，可以被其他学习者、教师、社会专家团查看。

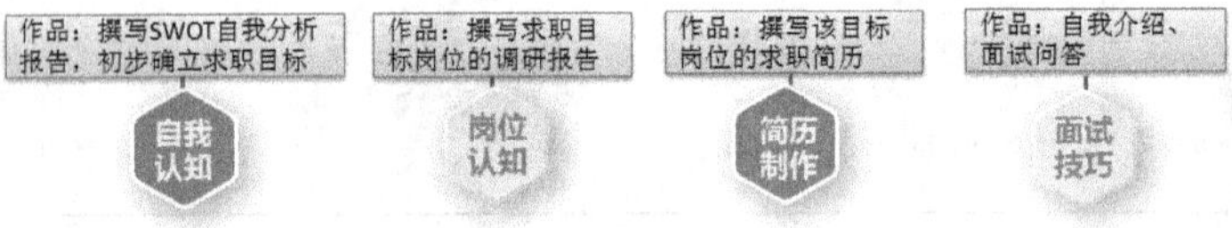

图 6-11　作品发布任务

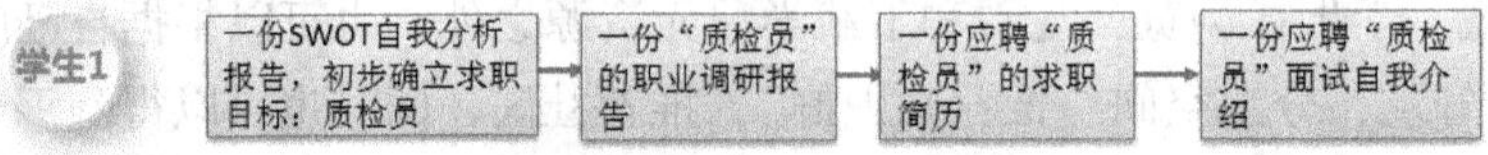

图 6-12　个人职业规划路径

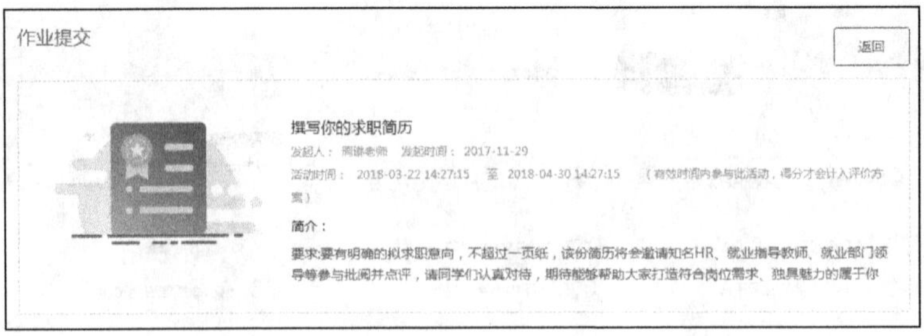

图 6-13　学习元平台作业提交界面

（2）协同知识建构

① 协同编辑。该功能允许所有参与者对公共区间内的学习元段落、文字等直接进行修改和调整[①]，如图 6-14 所示。学习元创建者通过审核，实现单元内容的协同共建。学生通过协同编辑、提

①吴焕庆.教师 TPACK 的协同建构与发展研究[D].北京:北京师范大学,2014.

出疑问、提供建议等过程表达了自己的观点和需求，同时使得自己的角色更加丰富，不仅仅是“学”的角色，还承担了更多的责任，提高了学习热情。其他高校教师、社会职业人、人事经理等角色可以被学习元创建者邀请为“协作者”，直接参与单元内容的编辑修订，共同完善、更新知识内容。在持续协同的过程中，群体知识建构实现协同发展。图 6-14 显示了一个学习元文本内容被协同编辑了 52 次。

自我认知—能力 普通类　取消　保存

编辑者	编辑时间	修改原因	版本	操作
16影专王懿晔	2017-12-02 13:27	目标明确后再下定决心，这样...	查看| 对比	通过| 拒绝
16药专吴静怡	2017-12-03 09:47	有一些错别字和语义不通。	查看| 对比	通过| 拒绝
16护专李九祎	2017-12-03 13:44	压力就是动力，适当的压力也...	查看| 对比	通过| 拒绝
16药专高红梅	2017-12-05 17:47	和内容紧扣	查看| 对比	通过| 拒绝
16影专 刘杰	2017-12-06 14:49	反省自己	查看| 对比	通过| 拒绝
16护专陈家科	2017-12-09 10:21		查看| 对比	通过| 拒绝
16护专陈家科	2017-12-09 11:03	要正认识自	查看| 对比	通过| 拒绝
16护专侯璐瑶	2017-12-09 13:01	能够更好地体现	查看| 对比	通过| 拒绝
16影专牟欣童	2017-12-13 20:54		查看| 对比	通过| 拒绝
16药专张李芳	2017-12-17 23:16	红色字太过鲜明字体太大	查看| 对比	通过| 拒绝
16药专金鉴冬	2017-12-18 18:06	有错字。。理还是对的	查看| 对比	通过| 拒绝
16护专于新乔	2018-07-29 03:02		查看| 对比	通过| 拒绝

图 6-14　协同编辑页面

② 版本对比。学习元为协同编辑过的内容单元提供了清晰的修订历史记录、历史版本可视化和修订版本前后对比，如图 6-15～图 6-17 所示。通过保留协同编辑的历史轨迹，可以完整查看知识的变化和成长过程。将历史版本可视化，可以清晰观察促进知识成长的关键群体和资源。通过查看修改信息和比较不同版本，可以查看修改后的差异部分，促进协同编辑的过程动态发展，更直接呈现协同知识的进化发展。这些知识动态生长过程的可视化历史轨迹，也可以为新的学习者提供更多的思考和触动。

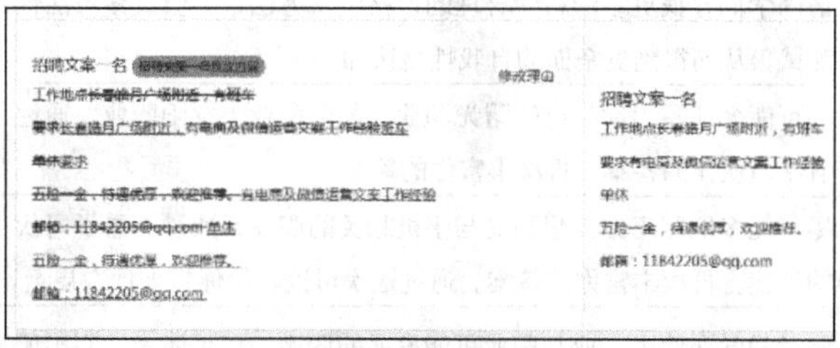

图 6-15　修订历史记录

图 6-16　历史版本可视化

③ 批注与评论。学生、教师、社会职业人等都可以对知识群或学习元进行评论，发表观点和疑惑。也可以对学习元中任何内容进行批注和评论，如课件、视频、讲稿、上传的资源、活动等，都可以进行有针对性注释和观点的发表。其中，批注形式包括支持、批判、提问、解释、补

充和删除六种。

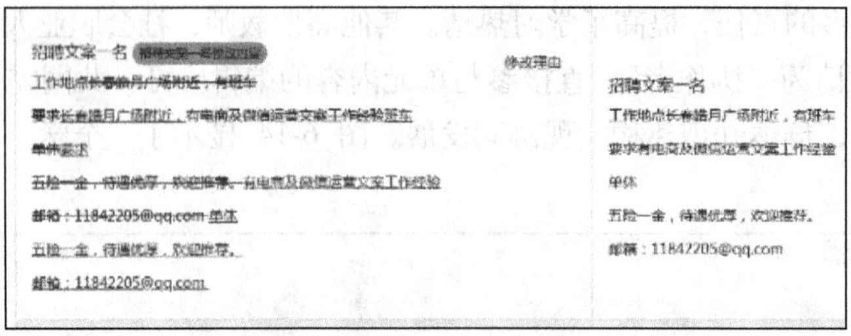

图 6-17　版本对比

④ 讨论。研究者设计了许多问题式讨论活动，通过学生的讨论，产生了大量的观点，同时，碰撞出更多的观点，将相同的观点合并，不同观点分类列出，就形成了该主题的具体知识内容，从而达到协同知识共建的目的。图 6-18 所示为针对性格测试方法的讨论内容。表 6-3 列出了支持协同知识共建的讨论活动“自我认知—兴趣”这一学习元中的课件进行提问的批注。

图 6-18　讨论页面

表 6-3　支持协同知识共建的讨论活动列表

学　习　元	讨论活动名称	讨论活动描述
自我认知—性格	共同寻找性格测试的奥妙	请同学们寻找更多的科学合理的性格测试方法，并尝试多方法性格测试，从而得到更全面的自我性格认知
职业探索—职业认知	曙光职业、朝阳职业、夕阳职业	尽可能多地写出你知道的曙光职业、朝阳职业、夕阳职业。通过查看学习伙伴的答案，再次丰富你的答案
职业探索—职业认知	与手机相关的职业	尽可能多地写出你能想到的与手机相关的职业。通过查看学习伙伴的答案，再次丰富你的答案。通过这次讨论，给你带来什么启示
职业探索—职业认知	你的专业能够从事的职业	参考教学课件中专业与职业可能发展的图谱，尽可能多地写出所学专业能够从事的职业
面试技巧	请思考面试失败的原因。请总结出参加面试应该注意的礼仪有哪些	思考面试者为何求职失败，并谈谈自己的看法，尽量多方面思考，不同角度观察

⑤ 拓展资源。用户可以把与学习元内容相关的资源通过学习元平台上传或引入现有学习元资源，作为该学习元的拓展学习内容。上传资源包括文本、图像、视频、音频、压缩文件等类型，不断丰富学习元学习资源，实现知识共建，如图 6-19 所示。

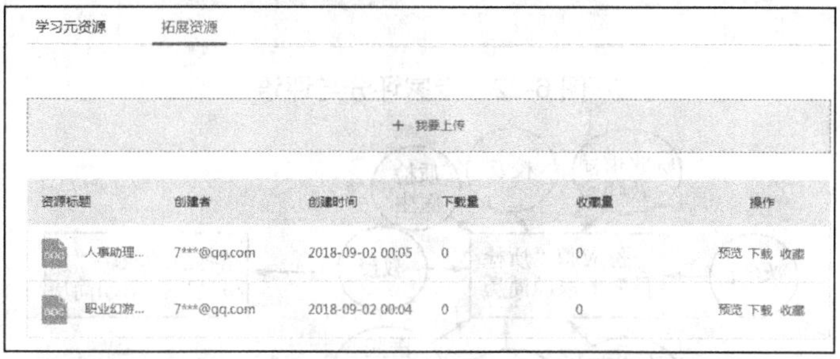

图 6-19　上传拓展资源

⑥ 同伴互评。学习者上传的个人作品（如职业生涯规划书、个人简历等），可能会引起具有相同专业、相同求职目标、志趣相投的学习伙伴前来讨论，并且通过批注、评论、评分等形式参与到共同体的学习中。学生的个人作品在参与活动中不断得到同伴的建议和支持，作品本身持续性完善，完成了协同共建知识的过程。与此同时，学习者之间的交流和互动也得到不断发展，如图 6-20 所示。

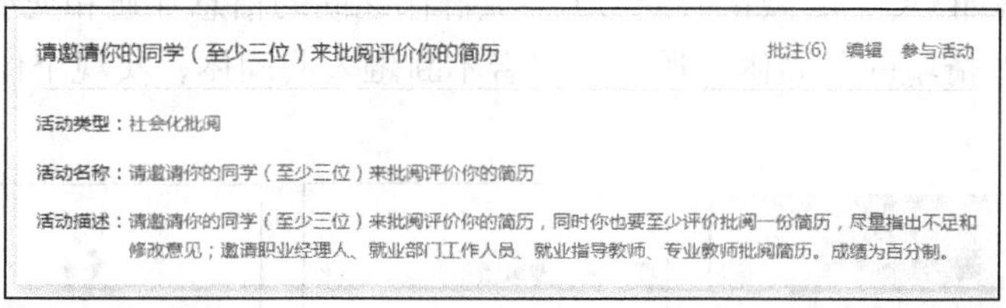

图 6-20　同伴互评个人简历

⑦ 专家批阅。对于学生发布的个人作品，除了学习伙伴可以参与评价之外，还邀请了相关专业教师、人事经理（HR）、就业指导教师、社会职业人等进行点评、批注、修改，如图 6-21 所示。同时专家留下了评阅痕迹，作为知识内容供其他学习者参考学习，如图 6-22 所示。专家的评阅为作品内容的完善、质量的提高提供了最有价值的建议，通过协同批阅，生成了一份成熟的作品，如图 6-23 所示。

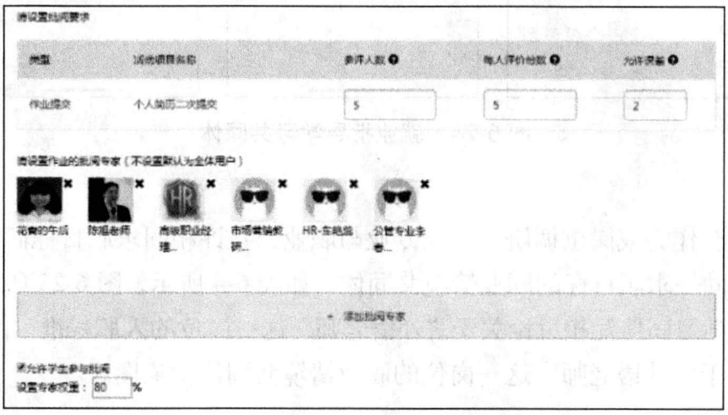

图 6-21　设置专家评阅方案

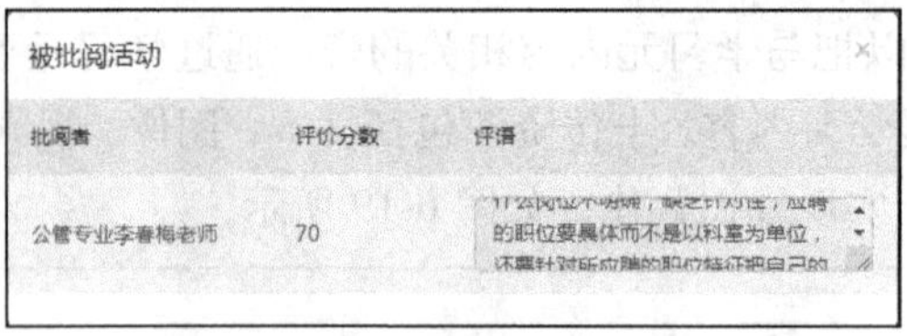

图 6-22　专家评分与评语

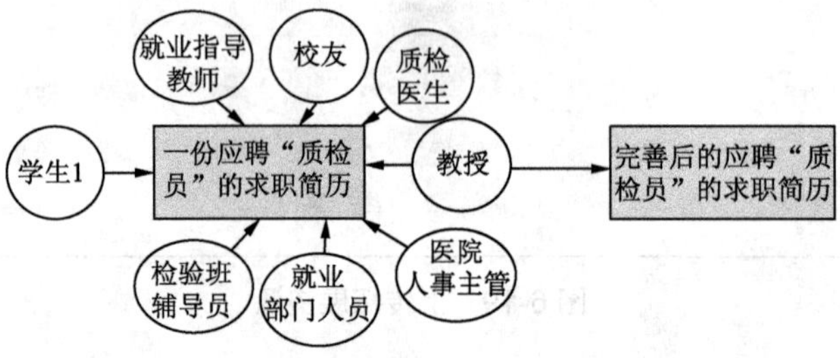

图 6-23　协同批阅简历

2．职业情境认知网络建构

在职业情境网络建构层面，学习元支持建构的原则是促进相同专业背景、相同职业目标、相同职业经历的群体聚集到一起，通过分享、答疑、讨论等活动推动群体的互动与参与。同时结合信息通信技术（如 QQ 群、微信公众号）促成群体之间的信息互通和交流对话（见图 6-24），从而构建具有某职业情境的共同体。通过学习者不断融入共同体，实现个体对某职业情境的体验与认知。

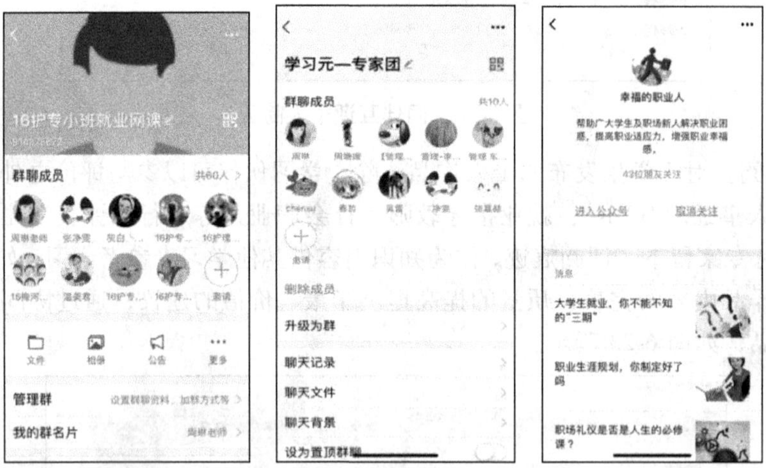

图 6-24　就业指导学习共同体

（1）同伴合作

通过学习同伴合作完成岗位调研、讨论专业与职业、互评相同求职目标简历及自我介绍等学习活动，协同构建同一求职目标的职业情境共同体，如表 6-4 所示。图 6-25 所示为在学习元平台上讨论交流活动，学习同伴互相讨论关于“外语老师”这一岗位的入职标准。图 6-26 所示为通过群体参与形成的关于“外语老师”这一岗位的职业情境共同体抽象图。

表 6-4 同伴合作建构“职业情境共同体”活动列表

活动类型	活 动 名 称	活 动 描 述
讨论交流	你的专业（市场营销）能够从事的职业	参考教学课件中专业与职业可能发展的图谱，尽可能多地写出市场营销专业能够从事的职业。每位同学以接龙的方式参与讨论，避免重复答案
	解读招聘广告	请写出招聘岗位所需的三大核心条件：知识、能力、态度。哪些是硬件条件？哪些是软件条件？如果你要应聘这个岗位，其中的软件条件，你将如何证明
作业提交	岗位调研	寻找至少 3 位与自己具有相同求职目标的伙伴，共同展开一次岗位调研，书写岗位调研报告，提炼目标岗位三大核心需求（知识、能力、态度）
	企业调研	分别考察调研各类企业（国企、外企、民企）的代表性企业，进行自我优劣势分析，做出决策。选中一个目标企业，进行企业调研，调研内容包括该企业的企业文化、企业性质、企业规模、企业阶段、经营范围、经营地址、组织机构、入职标准、领导者特征等，填写调研表
同伴互评	同伴互评学生作品：岗位调研报告、个人求职简历、面试自我介绍	邀请你的同伴（至少三位，与你具有相同求职目标）对你的作品进行批阅评价，同时要至少批阅三份与你的职业目标相同作品，以提出意见和不足

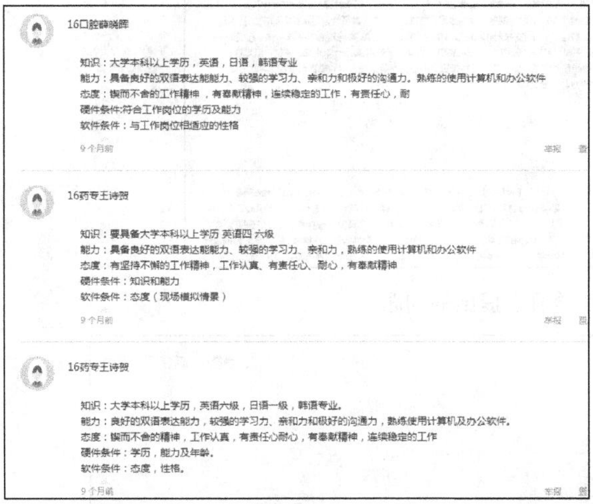

图 6-25 学生讨论职业“英语教师”

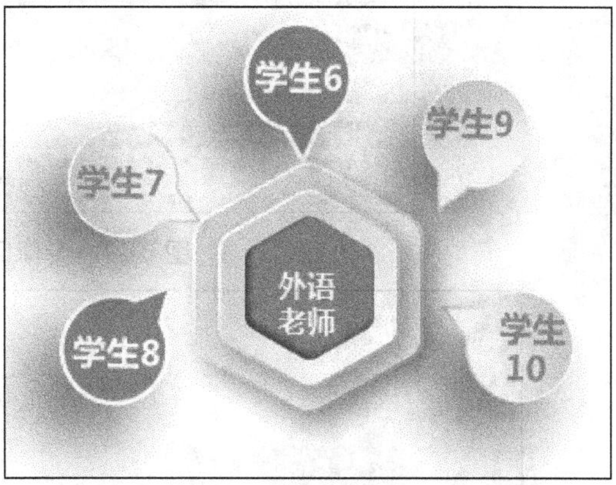

图 6-26 基于参与的“外语教师”职业共同体

（2）职业专家答疑

在职业情境共同体中，专家发挥着主要带动作用。通过学生发起各种职业问题或困惑，专家来答疑解惑，形成职业情境共同体，表 6-5 所示为活动提问答疑的具体描述。最早的专家由就业指导教师邀请专业教师、就业工作人员、人事经理、社会职业人等作为共同体的中心人物，为学习者答疑解惑，如图 6-27 所示。随着学习者浏览专家的帖子、与专家交流互动、理解消化专家的知识，使得早期进入共同体的学习者越来越有经验，开始逐渐靠近共同体的中心，也可以为新加入的学习者答疑解惑，成为新一代专家，如图 6-28 所示。

表 6-5　提问答疑活动列表

活动类型	活动名称	活动描述
提问答疑	揭开岗位的神秘面纱	请同学们提出关于职业、岗位的疑问？例如，某职业的发展前景如何？某岗位的初入职待遇如何？……只要是同学们想要了解的与职业、岗位相关的任何问题都可以，老师会邀请业内人士一一解答
	走进企业	你想了解企业的什么？例如，国企、外企、民企的区别，相同的岗位在不同性质的企业里，工作内容、工作关系、发展路径会一样吗？或者想了解一下某个具体的企业，只要与企业认知相关的疑问都可以提出，老师会邀请业内人士一一解答大家的困惑

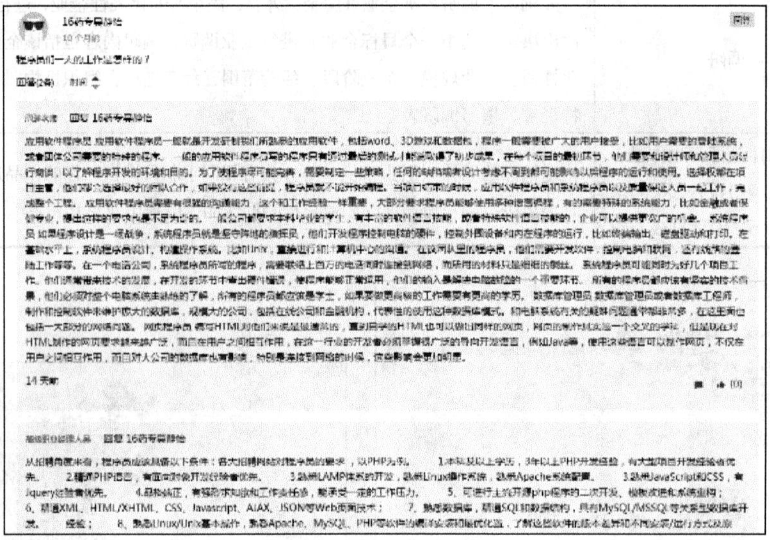

图 6-27　专家回答学习者提出的问题

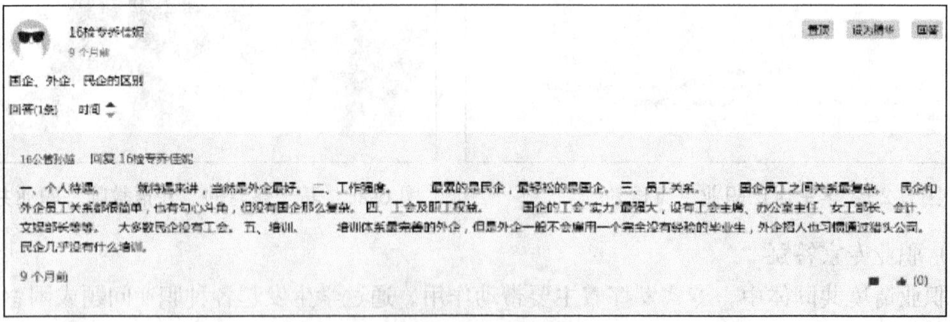

图 6-28　新一代专家为新手答疑解惑

6.2.4　社会角色设计

1. 多角色活动设计

学生、教师和社会职业人成为社会性知识网络连接最主要的节点。为了促进个体最大化发挥自身的优势，本书有针对性地划分了不同群体的参与活动任务，具体如表 6-6 所示。根据群体特征，主要划分成学习者、就业指导教师和专家团三类。学习者作为网络的连接者和塑造者，主要完成个人就业知识建构和目标职业情境体验，同时可以参与协同就业知识建构，形成个人社会关系网络；教师作为网络的引导者和促进者，主要完成就业知识网络内容、资源、活动等基础建设和对学生作业批阅任务，同时发起职业情境话题；专家团作为网络的参与者和协作者，主要协同构建职业情境和协同编辑就业知识，同时辅助就业指导教师参与批阅学生作品和实现个人就业知识建构。不同群体发挥各自优势共同构建社会性知识网络。

表 6-6　多角色活动设计

角　色	知 识 建 构		职 业 情 境	社会关系网
	个人知识建构	协同知识建构		
学习者	加入学习； 浏览学习元/知识群； 收藏学习元/知识群； 下载资源； 推荐学习元/知识群； 绘制概念图； 发布数制作品	上传资源； 分享学习元/知识群； 引入学习元； 协同编辑学习元； 评论学习元/知识群； 添加批注； 讨论； 投票； 同伴互评	讨论； 提问； 评论	回复； 加入好友； 好友推荐； 专家推荐； 同伴合作
就业指导教师	创建学习元； 创建交互活动； 上传资源； 分享学习元/知识群； 引入学习元； 编辑学习元； 添加批注； 讨论； 教师批阅	—	创建学习元； 创建交互活动； 讨论； 提问； 答疑； 教师批阅	回复； 加入好友； 好友推荐； 专家推荐； 点评
专家团（其他高校教师、人事经理、职业人、公务员等）	加入学习； 收藏学习元/知识群； 下载资源； 推荐学习元/知识群	分享学习元/知识群； 引入学习元； 协同编辑学习元； 评论学习元/知识群； 添加批注； 讨论； 专家批阅	讨论； 答疑； 协同编辑； 创建学习元； 专家批阅	回复； 加入好友； 好友推荐； 专家推荐； 点评

2．社会关系网络建构

在社会性知识网络中，个体根据其参与交互的形式、内容或频次不同，获得社会网络角色。本书通过学习元平台设置内容角色标签和社会角色标签，建立起了人与知识和人与人之间的社会网络，从而形成了社会关系网络。

(1) 人与知识的连接

学习者通过与内容单元的连接，建立以知识为中心的社会关系网络，如图 6-29 所示。学习元平台可以把浏览过、学习过、分享过、协作过相同内容单元的人聚合在一起，并可视化呈现，并且根据对知识的不同连接程度进行知识角色划分。在连接交互过程中，根据所需要的努力不同以及对知识贡献的程度不同，共划分为四种角色：只是浏览、观看单元的浏览者群体，收藏、下载、引入内容单元的收藏者群体，上传、推荐、批注的贡献者和协同编辑、批阅作业、协同建构的协作者群体。表 6-7 所示为不同交互行为产生的不同知识贡献，从而进行不同内容标签的划分；图 6-30 所示为学习元平台上的用户群体划分。新加入某内容单元的学习者可以很快地找到与此内容单元相关的人，再进一步找到该知识背后的专家或同伴，进而建立起个人社会关系网络。

表 6-7　基于人与知识之间的内容标签类型

内容标签	交互行为	知识贡献
浏览者	浏览	浏览知识
收藏者	加入学习、收藏、下载	吸收知识
贡献者	上传、引用、推荐、评论、批注	分享知识、交流知识
协作者	编辑、批阅、建构	协作知识、创造知识

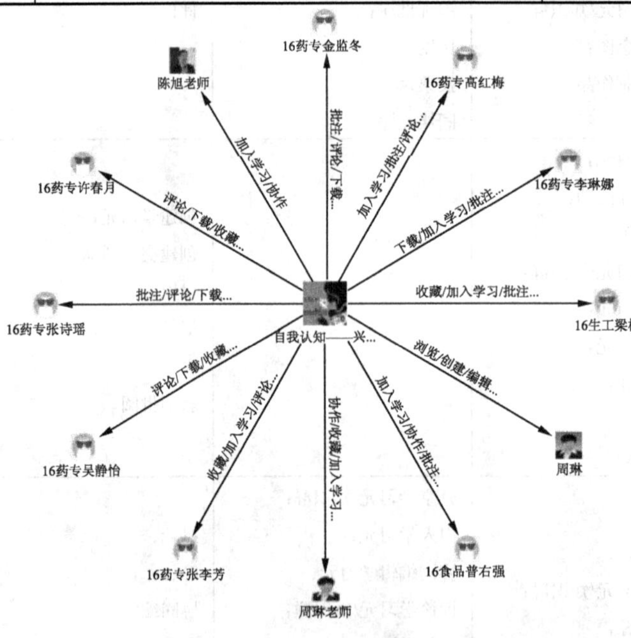

图 6-29　知识为中心的人际网络

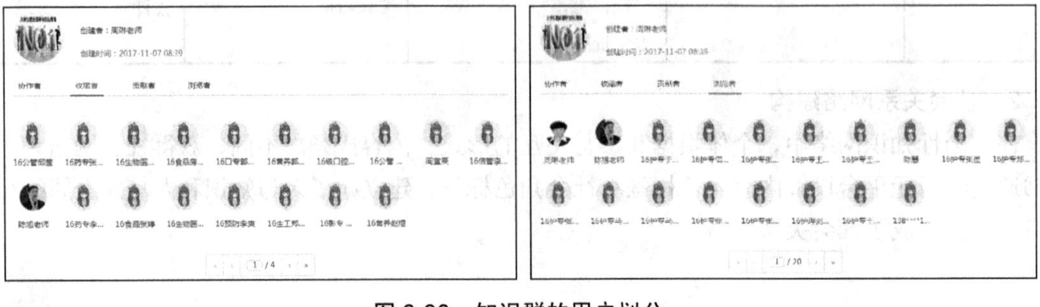

图 6-30　知识群的用户划分

（2）人与人的连接

学习者通过与学习者、教师、专家等之间的连接，建立起以人为中心的社会关系网络，如图 6-31 所示。

学习元平台根据人与人之间的连接交互程度进行社会标签的匹配。根据共同关注的学习元数量、同一用户帖子的回复量，以及共同的好友数目等不同，赋予不同的社会标签，如围观、粉丝、好友和密友，如表 6-8 所示。

表 6-8　基于人与人之间的社会标签类型

社会标签（人与人之间）	共同关注的学习元、回复量或共同好友数量
围观	1～5
粉丝	6～10
好友	11～15，在对方的朋友列表中
密友	16～10，在对方的朋友列表中

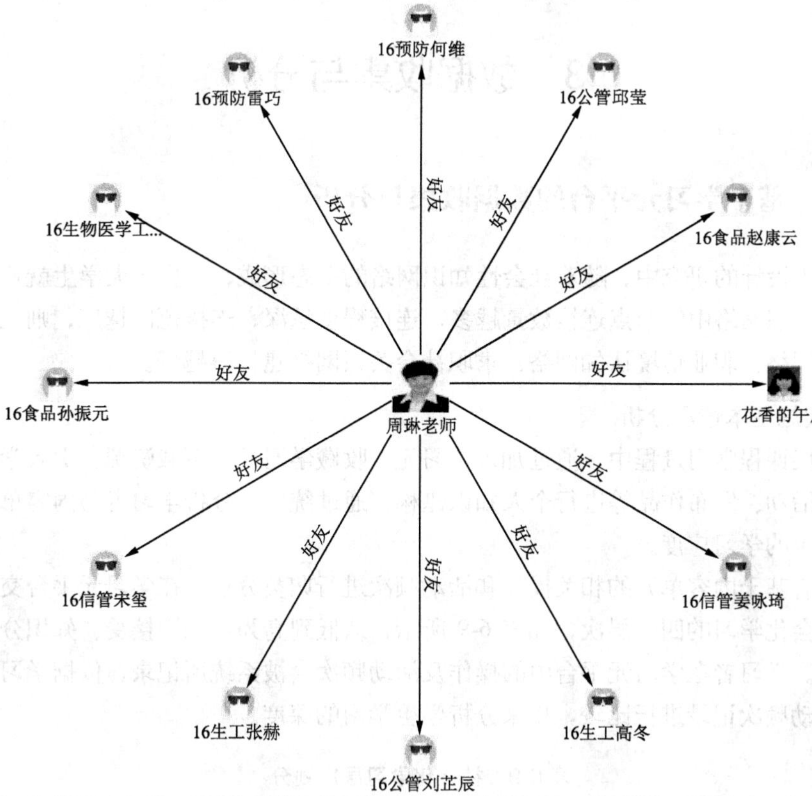

图 6-31　以人为中心的社会关系网络

学习元平台中学习者可以对感兴趣的人、能提供帮助的人添加好友，形成自己的朋友圈，随时关注好友动态，接收好友的资源分享与推荐，从而不断扩大丰富自己的个人知识网络。并且，平台上的任何交互行为和交互活动都会被系统记录，根据学习者加入的内容单元类型数量、关注他人主页次数，以及网络中的朋友数量类型进行好友和专家推荐，如图 6-32 所示。

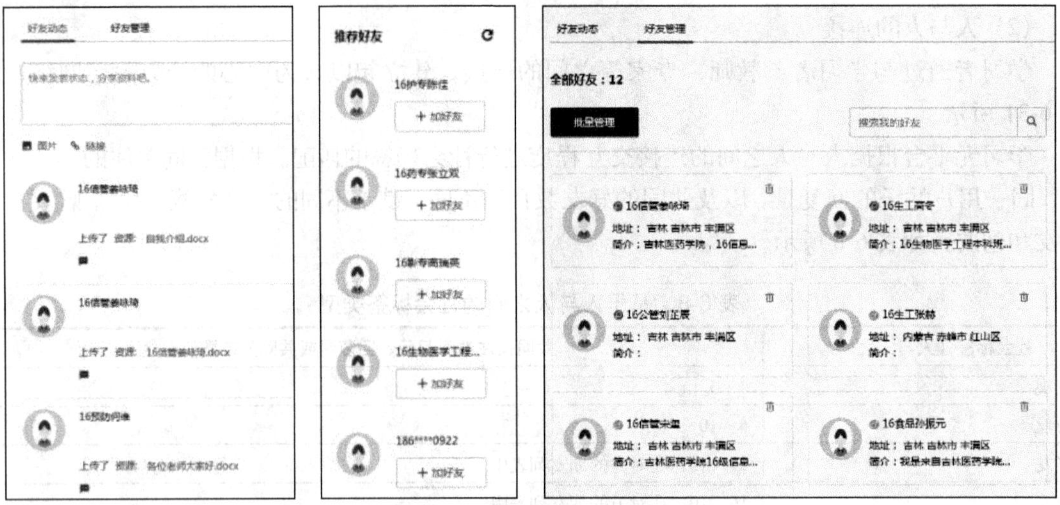

图 6-32　好友动态、好友管理、好友推荐

6.3　数据收集与分析

6.3.1　基于学习元平台的数据收集与分析

在本次基于设计的研究中，随着社会性知识网络的动态形成，产生了大学生就业指导的路径轨迹，社会性知识网络中的节点连接数量越多，连接程度越深，连接范围越广，则三大网络：生涯与就业知识网络、职业情境认知网络、求职社会关系网络建构得越好。

1．课程实施基本情况分析

学生在开展课程学习过程中，通过加入学习元、收藏学习元、下载资源、引入学习元、推荐学习元、参与活动、发布作品等进行个人知识建构，通过统计与分析学习者与内容单元的连接数量，以了解学生的学习广度。

通过学习者基于内容单元的相关操作和活动频次进行归类分析。在学习元平台交互学习模型中，提出了社会化学习的四个层次，如表 6-9 所示，从低到高为：知识接受、知识分享、知识贡献和知识创造。学习者在学习元平台中的操作及活动频次会被系统所记录，依据学习层次框架对相关的学习活动频次记录进行比较，用来分析学生学习的深度。

表 6-9　社会化学习层次划分

学习深度（从低到高）	具体操作描述
知识接受层次：浏览中学	浏览、收藏、下载资源等
知识分享层次：分享中学	引用、推荐学习元、上传资源等
知识贡献层次：交流中学、协作中学	讨论、提问解答、批注、协作、评论等
知识创造层次：创造中学	创建学习元、发布作品等

2．交互建构过程分析

交互行为是社会性知识网络下的大学生就业指导三大网络建构的主要影响因素，交互的频度和深度直接影响生涯与就业知识网络建构、职业情境认知网络建构，以及求职社会关系网络建构的情况。交互建构既有用户与内容单元的交互建构层面，也有用户之间的社会交流层面。本书依据 Ke & Xie 等人开发的网络学习交互模型（OLIM）①，将交互分为社会交互（S）、内容交互［知识分享和知识建构（P）］和管理层面（M）三种类型，并且细化了协同知识建构的层次，确立了交互建构的分类框架与编码参考。进一步采用内容分析法了解交互与知识建构的类型与层次，内容分析是基于预先设计的分类表，对信息内容进行系统、客观、定量的分类统计，并根据分类项目的统计数字进行叙事性解释②。

（1）分析样本的选取

本书的样本主要来自线上就业指导过程中参加就业指导活动而产生的相关的帖子（包括提问答疑、评论、批注、讨论、发布作品、协同编辑、社会化批阅等），这些帖子是生涯与就业知识网络协同共建和职业情境认知网络建构以及求职社会关系网络形成的重要来源和支撑。在编码的过程中，将帖子按照分类框架拆分成有关社会交互、管理或知识建构的意义单元。其中，知识建构维度划分相对复杂，又细分了四个层次，并对分类标准进行编码。剔除相关无效数据，如因技术或平台原因造成的多个重复信息、误操作信息及无效信息。

其中，职业情境认知网络建构过程比较复杂，涉及每位学习者个体的内化认知过程，本书认为客观职业情境构建得越完整，学习者体验得越真实，职业情境实践共同体越活跃，其个体职业情境认知网络就会构建得越好。因此，本书按照《国家职业标准汇编》把职业情境详细划分为 11 个维度，包括职业名称、薪酬福利、工作内容、岗位职责、工作权力、工作环境、工作关系、绩效考核、任职资格、职业与专业行业企业关系、求职过程，并细化了每一个维度的标准。针对学习过程中学习者和专家产生的有关职业内容的发帖提取出来，拆分成符合各职业维度的意义单元，进行归类和分析。

（2）确定内容编码体系

在确定分析样本后，需要确定内容分析框架，并根据框架确定具体的编码系统。除了作者之外，在转述和编码的过程中，还邀请了两位熟悉在线学习和就业指导、具有丰富的实践教学经验的研究人员共同讨论了编码表。根据分析模型和研究内容三位研究人员经讨论协商后形成了一致的编码意见，根据讨论结果进行独立编码，独立编码后汇总数据，出现不一致时，再次讨论协商，最终形成统一的内容编码系统。

（3）编码的信、效度检验

本书采用了背对背的方法，邀请两位研究人员合作设计编码表，保证了本书的编码信度。独立编码后，使用百分比一致性方法对分析结果进行分析。结果显示，每轮实验的编码可靠性分别为 80.2%、82.1%和 86.3%，具有较高的可信度。

3. 求职社会关系网络的连接方式分析

在社会性知识网络中，通过连接知识网络，进行个体认知；通过连接社会网络，进行群体认知；通过这种社会性互动建构个体的求职社会关系网络。

在本次研究中，基于“人”与“内容”的社会网络连接，主要借助线上就业指导过程各参与

①KE F, & XIE K. Toward deep learning for adult students in online courses[J]. The Internet and Higher Education, 2009,12,(3):136-145.
②段金菊.基于社会性知识网络的 cMOOC 学习设计[J].电化教育研究,2017(11):49-55.

者与内容单元的交互方式和频次进行统计分析，对学习者、教师、社会职业人等进行多角色分析。参与者通过与知识节点（学习元）的连接数目以及与知识节点（学习元）连接方式和连接层次获得了不同的社会身份，进而成为更多人获取知识的管道和媒介，以达到拓展社会性知识网络的目的及连接好友的数目。

基于“人”与“人”的社会网络连接主要采用社会网络分析（SNA）方法，利用社会网络中的1-模矩阵绘制参与者交互的社群图，通过参与者交互的网络特征（如密度、中心性等)进行社会网络建构情况的分析。数据处理的主要工具为 Ucinet 6.0，进行网络的可视化、密度分析、中心性分析。

（1）确定分析节点

分析节点为参与每轮实验的学生和 10 名社会专家。

（2）分析样本的数据收集

从学习元平台后台提取每轮实验参与者进行交互的相关样本数据，包括学生、教师、社会职业人的协同编辑、评论、讨论、答疑、批阅点评等。其有效数据至少需要完成一次节点与节点之间的交互，比如 A 同学发布的一条讨论或评论得到 B 同学的回复、A 同学提出的一个问题得到 C 老师的回答、B 同学上传的一份作业得到 C 老师的批阅点评等表示一次交互的完成。课程活动中所有参与交互的个体看作社会网络分析中的节点，把回复者向发帖者的流向作为社会网络分析中的边，每一次交互都是社会网络中的有向边。但是，某名学生的发帖，若没有回复情况则视作没有交互，因此把这些孤立的无回复帖子不纳入数据研究范围[①]。

（3）确定 SNA 编码矩阵

建立三轮实验的“学生-专家关系 1-模矩阵”，利用 Excel 2010 形成关系矩阵。对于矩阵 *xa.b*=1，意味着 *a* 成员对 *b* 成员发布的信息（*a* 是横坐标，*b* 是纵坐标）进行了有意义的回复、评论、批阅、编辑或答疑等操作，即 *a* 与 *b* 有了直接联系，在社群图中显示为 *a* 节点到 *b* 节点产生一条有向线。对于这个矩阵 *xa.b*=0 则意味着 *a* 与 *b* 没有直接联系。如果只进行了浏览，未进行回复或点评等操作，则不视为有意义交互。

6.3.2 调查问卷

1. 前、后测问卷

在课程开始前后，对学习者进行大学生自我职业生涯管理能力和大学生可就业能力测试。自我职业生涯管理能力测试采用翁清雄的《自我职业生涯管理量表》[②]，共分三个维度，11 道题。其中职业探索的内部一致性系数为 0.86，职业目标设置的内部一致性系数为 0.83，职业策略的内部一致性系数为 0.78，表明具有较高的可靠性。大学生可就业能力测试采用于海波的《可就业能力量表》[③]，共分八个维度，36 道题，总体内部一致性系数为 0.69，说明大学生可就业能力问卷具有一定的可靠性。学习者按照每个条目进行选择，按每个维度所包括题目的总分计算。计分采用李克特 5 点量表的形式进行（5=非常同意，4=同意，3=不好确定，2=不同意，1=非常不同意）。

①朱先永.基于社会网络分析的 SPOC 课程论坛中的交互行为研究[D].南昌:江西财经大学,2016.

②翁清雄,自我职业生涯管理对职业决策质量的作用机制[J].管理评论，2010(22):82-93.

③于海波,郑晓明,许春燕,等.大学生可就业能力与主客观就业绩效:线性与倒 U 型关系[J].心理学报,2014(46):807-800.

2．职业生涯发展效果跟踪、满意度以及认知易用性、有用性调查

本书设计了调查问卷，主要调查学习者对社会性知识网络就业指导方式的满意度和对社会性知识网络的易用性和有用性的看法，并进一步跟踪反馈学生学习后职业生涯发展效果。

本问卷主要分为三部分：

第一部分是该指导模式对学生职业生涯的影响效果调查。主要从职业目标、职业探索、职业关系网络建立、职业准备、求职能力等角度设计了相关问题。该问卷改编自于海波的《可就业能力量表》和翁清雄的《自我职业生涯管理量表》，总共包括 16 个题目。采用李克特 5 点量表的形式进行（5=非常同意，4=同意，3=不好确定，2=不同意，1=非常不同意），学习者进行每个条目的选择。

第二部分是学生对社会性知识网络就业指导方式的满意度调查，目的是调查学生对该指导方式的看法和态度。问卷改编自 Hwang 和 Chang①，总共 6 道题，采用李克特 7 点量表的形式（7=强烈赞同，6=中等赞同，5=轻微赞同，4=中立，3=轻微不赞同，2=中等不赞同，1=强烈不赞同），Cronbach α 系数为 0.85，具有较好的内部一致性。

第三部分是关于学习元平台有用性的问卷调查，目的是了解学习者在平台的使用感受。问卷由 12 个题目组成，包括系统的使用效果、系统对知识整合的作用效果、系统对学习动机的影响、系统对社会化学习效果的影响四个维度。采用李克特 5 点量表的形式（1 =强烈不同意，2 =不同意，3 =同意/不同意，4 =同意，5 =强烈同意）。

本次问卷采用在线调查的形式，学习者熟悉在线作答过程。对于题目的理解，在作答前研究者在 QQ 群里对存在疑问的题目做了相应解释。

3．教师、社会职业人问卷

本书在课程结束后，对部分就业指导的高校教师、社会职业人（专家）进行调查，问卷主要包含该就业指导模式的易用性、有用性、积极影响因素和消极影响因素等，总共 26 道题。该问卷改编自 Hwang、Chang 和 Li②等人，Cronbach α 系数为 0.87，说明具有较高的内部一致性。

6.4　第一轮设计实验

6.4.1　实验对象

第一轮“大学生职业发展与就业指导”课程设计性实验的是 2016 级公共事业管理本科班的同学。根据自愿参加和教师选拔原则共选出 25 名学生，他们生源分布广泛，男女比例均衡，学习成绩分布均匀，班级干部 6 名，在课程初始对每名学生进行了职业生涯管理能力和就业能力的前测。

参与第一轮课程实验的专家团由 10 人组成，研究者邀请了高校就业指导专职教师 1 名，就业处教师 1 名，专业教师 1 名，辅导员 1 名，省高校毕业生就业指导中心人员 1 名，人事经理 3

①HWANG　G　J, CHANG　H　F.A formative assessment-based mobile learning approach to improving　the learning attitudes and achievements of students[J].Computers &Education,2011,56(4),1023-1031.

②LI　X,CHU　K　W,KI, et al. Using a wiki-based collaborative process writing pedagogy to facilitate collaborative writing among Chineseprimaryschoolstudents[J].AustralasianJournalofEducationalTechnology,2012,28(1):159-181 .

名，职业人 2 名，每位专家工作均超过 5 年，具备一定的指导经验、专业水平和行业话语权，具体的专家信息见附录（附录其中包括专家姓名、年龄、工作单位、工作年限、职位）。

第一轮实验对象的基本情况如表 6-10 所示。

表 6-10　第一轮实验对象的基本情况

	实　验	时　间	人　数
学生	第一轮	2017.10—12	25
专家	第一轮	2017.10—12	10

6.4.2　课程活动流程设计及策略

第一轮课程学习从 2017 年 10 月开始到 2017 年 12 月结束。在本书中，为了促进课程更好地实施与参与，在课程开始前，研究者与该期班同学进行了见面课，介绍本课程的学习方式、特点、优势、学习元的使用规则等，采用自愿参加报名的原则招募学生，建立学习元实验小组 QQ 群，发布学习元学习任务指南。共完成 9 个学习元内容，按照顺序进行。课程内容及学习活动流程如表 6-11 所示。

表 6-11　第一轮课程活动流程

单 元 模 块	单元主题	知 识 建 构		职业情境	社会关系网
		个人知识建构	协同知识建构		
自我认知	兴趣	加入学习 浏览 收藏 下载 推荐 绘制概念图 发布作品	分享 引入 编辑 评论 批注 同伴互评		加入好友 好友推荐
	性格	加入 学习 收藏 下载 推荐 绘制概念图 发布作品	分享 引入 编辑 评论 批注 讨论交流 同伴互评		回复 同伴互评 加入好友 好友推荐
	能力	加入 学习 收藏 下载 推荐 撰写成就事件故事 提交作业	分享 引入 编辑 评论 批注 讨论交流同伴互评		回复 同伴互评 加入好友 好友推荐

续表

单元模块	单元主题	知识建构		职业情境	社会关系网
		个人知识建构	协同知识建构		
自我认知	价值观	加入 学习 收藏 下载 推荐	分享 引入 编辑 评论 批注 讨论交流 投票		回复 加入好友 好友推荐
职业探索	职业认知	加入 学习 收藏 下载 推荐 确立求职目标 提交作业	分享 引入 编辑 评论 批注 同伴互评	讨论交流	回复 加入好友 好友推荐
	岗位认知	加入 学习 收藏 下载 推荐 岗位调研 提交作业	分享 引入 编辑 评论 批注 专家批阅	讨论交流 提问答疑 社会化批阅	回复 答疑问题 专家批阅 加入好友 好友推荐 专家推荐
	企业认知	加入 学习 收藏 下载 推荐 企业调研 提交作业	分享 引入 编辑 评论 批注 专家批阅	提问答疑	答疑问题 专家批阅 加入好友 好友推荐 专家推荐
求职技能	简历	加入 学习 收藏 下载 推荐 制作个人简历 提交作业	分享 引入 编辑 评论 批注 同伴互评 专家批阅		同伴互评 专家批阅 加入好友 好友推荐 专家推荐
	面试	加入 学习 收藏 下载 推荐 训练自我介绍 提交作业	分享 引入 编辑 评论 批注 讨论交流 同伴互评 专家批阅		同伴互评 专家批阅 加入好友 好友推荐 专家推荐

为了保证学生在学习元平台上能够高效参与学习和活动，保持持续性网络学习，完成本次网络学习，并且学习成绩达到 60 分以上的同学可申请“大学生职业发展与就业指导”课免修，获得 2 学分。网络课程评价方案设计如图 6-33 所示。

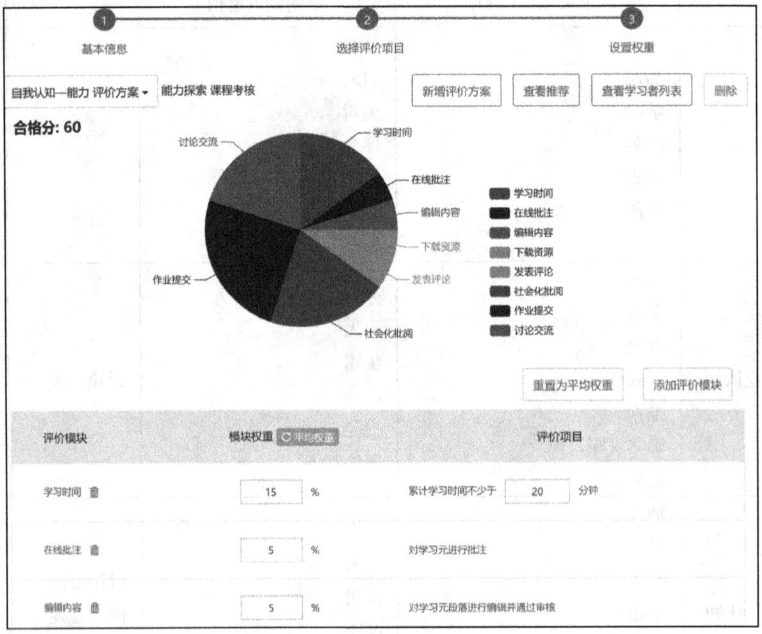

图 6-33　知识群评价方案

6.4.3　实验结果

1. 总体情况分析

(1) 学生操作记录数据统计

学习结束后，研究者根据学习元平台的通知消息和活动记录进行分析，在本次学习过程中，学生的总体学习情况为：共有 25 人加入知识群和学习元，共发布了 196 个作品，其中包括概念图 46 个，成就事件故事 25 个，职业规划书 25 份，岗位调研表 25 份，企业调查表 25 份，个人简历 25 份，自我介绍视频 25 段。学生学习过程中共产生使用操作记录 2 004 条，其中包括收藏、引入学习元、协同编辑、评论、批阅、讨论、同伴互评、发布作品等学习行为，按照前文对学生社会化学习级别的划分，第一级别：接受中学和做中学，主要是知识获取层面；第二级别：分享中学，主要是知识分享层面。第三级别：协作中学、交流中学，主要是知识贡献层次；第四个级别：创造中学，主要是知识进化层面，研究者统计了本次学习过程中学生的学习层次。有关知识接受层次的操作记录条数为 1 009 条，有关知识共享层次的操作记录条数为 14 条，有关知识贡献层次的记录条数为 785 条，有关知识创造层次的记录条数为 196 条。具体操作数量如表 6-12 所示。各学习层次所占的比例如图 6-34 所示。

表 6-12　第一轮实验学生操作记录表

知识接受				知识分享	知识贡献						知识创造
加入学习元	收藏	下载	投票	引入学习元	讨论	评论	提问	批注	协作	互评	发布作品
250	33	690	36	14	184	213	10	174	17	187	196

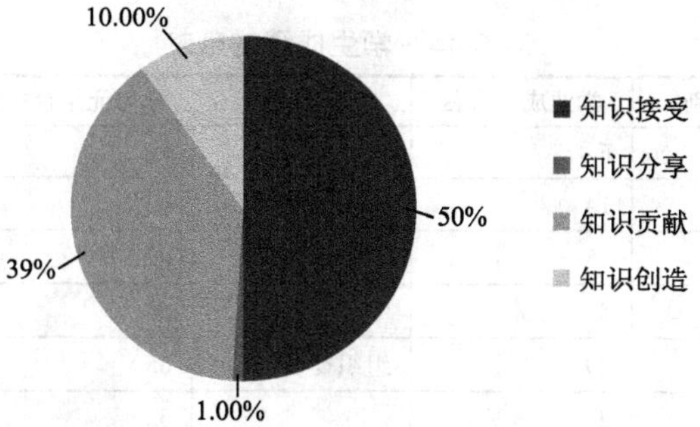

图 6-34　各学习层次所占的比例

本次学习过程，学生主要采用的学习形式依次为下载、加入学习和评论。可以发现，学生的社会化学习层次主要集中在第一层次接受中学，占 50%，学生主要通过加入学习元浏览课件、文字资料，下载视频和文档等资源进行学习认知。另外，值得惊喜的是，第三层次贡献中学所占比例 39%，说明社会性知识网络下的就业指导课程打破了传统课堂老师前面讲、学生被动听的局面，学生在学习元平台上学习就业指导课程的同时，开始能够参与、表达和贡献，研究者通过设计的互动活动和评价方案能够激发学生积极参与讨论、评论、互评的热情。但是，学生知识贡献的质量如何，需要研究者进一步对学生发表的文本内容进行编码分析。相比较知识分享和知识创造所占比例较低，也说明学生在知识搜集、知识关联和知识创新方面较弱。

（2）专家操作记录数据统计

在本次学习过程中，专家团共产生交互记录 111 条，主要集中在批阅和答疑上，而讨论、评论和批注等主要的知识贡献操作记录基本为零。具体操作记录如表 6-13 所示。10 名专家中，高校中的教师和人事经理相对比较活跃，社会职业人基本未被激活，没有产生任何交互记录。本轮实验中，专家整体活跃度不高，只是简单地充当了批阅者，没有与学生产生深度交互，未能在知识建构中发挥自身的优势和能量。

表 6-13　第一轮实验专家操作记录

项　目	高校教师（4 人）	人事经理（3 人）	社会职业人（3 人）
收藏	4	0	0
分享	1	0	0
协同编辑	13	1	0
批阅	55	22	0
答疑	6	10	0
讨论	5	0	0
评论	0	0	0
批注	0	0	0
加为好友	3	0	0

（3）学生成绩相关性分析

我们把学生性别、班级干部、学业成绩、参与学习元活动频次（学习元操作频次）和学生提交的三份课程作业成绩（岗位调研报告、个人简历、面试自我介绍三份作业通过邀请专家批阅所得的成绩平均值）进行了相关性分析，学生成绩信息如表 6-14 所示，统计结果如表 6-15 所示。

表 6-14　学生成绩信息表

学 生 姓 名	性　　别	学业成绩排名	班级职务	学习元平台操作频次	就业指导作业成绩
邱*婷	女	6		92	71.36
李*朵	女	14		67	62.63
丁　*	男	15		67	70.65
唐　*	男	5		66	69.91
丛*云	女	29	组织委员	65	66.80
金*阳	男	2		62	64.06
刘*晨	女	7		59	65.20
赵*瑞	男	16		58	58.48
沈*彤	女	10		57	69.72
张*梦	女	38		53	63.39
庞*娇	女	36		52	55.94
邱　*	女	26		51	52.20
王*鹤	女	22		47	52.09
乔　*	男	23		47	53.09
戚*伟	男	13		43	46.78
葛*耀	女	4		41	52.43
王*媛	女	3	学习委员	40	46.60
庞*昕	男	38	班长	39	49.39
王*翔	男	40	教学信息员	39	45.53
孙　*	女	12		37	51.82
王*耀	女	30	团支书	37	50.12
贾　*	女	24		33	43.88
李*鹏	男	1	副班长	31	40.98
丁*盈	女	8		26	36.59
刘*瑶	男	29		24	39.31

表 6-15　学生就业指导课程成绩相关性分析

项　　目		就业指导课程成绩
学生性别	Pearson 系数	-0.106
	P	0.613
班级职务	Pearson 系数	0.756
	P	0.082
学业成绩排名	Pearson 系数	-0.175
	P	0.404
学习元平台操作频次	Pearson 系数	0.915**
	P	0.000
$^*P<0.05$ $^{**}P<0.01$		

注：$^*P<0.05$，$^{**}P<0.01$ 通常用在统计学中，表达变量间的相关系数测量的结果及独立（自）变量对不独立变量的影响的检验/测量结果。

根据数据统计结果发现学习元平台操作频次和就业指导课程成绩之间的相关系数值为 0.915，

并且呈现出 0.01 水平的显著性，因而说明学习元平台操作频次和就业指导成绩之间有着显著的正相关关系。而学业成绩和就业指导课程成绩之间的相关系数值为-0.175，接近于 0，并且 P 值为 0.404>0.05，说明专业成绩和就业指导成绩之间并没有相关关系。现实生活中在班级担任学生干部的活跃分子，在学习元平台上的活跃度却较低，其课程作业质量也随之较低。说明课程实施中，学生参与的活动次数越多，其作业质量越高，就业能力提升越高，与学生平时在班级的学业成绩和是否是班级干部、性别等因素相关性不大。这意味着，在社会性知识网络环境下进行就业指导，只要与学习资源、资源背后的人保持积极的交互行为，建立个体的知识网和社会网，就能有效地提升个人就业能力。

另外，高成就学习者最高活动频次达到 92 次，低成就学习者活动频次 24 次，中间相差 70 次，差距较大。为提升整体学习成就，应充分调动每一位学生的积极性，提高学生参与度对学生就业指导成就至关重要。

2. 协同知识建构过程分析

通过学习元平台学习，学生不仅是知识的接受者和分享者，更希望他们掌握主动权，成为知识的贡献者和创造者，从而共同促进知识的进化和再生。本部分通过分析学生发表的评论、讨论、同伴互评等帖子的内容记录，按照编码准则拆分成相关的意义单元，根据编码标准，将交互内容分为社会交互、知识建构和管理三个维度，并且进一步将知识建构分为五个知识建构层次，进一步调研学生在交互过程中的交互类别和建构层次。

本次学习过程中，共产生 981 条关于知识贡献和知识创造的纪录，其中有效数据为 791 条（剔除掉如重复记录数据、无意义数据的记录等），按照编码准则对 25 名学生产生的有效帖子拆分成相关意义单元，最终获得 844 个意义单元，详细交互类型和建构过程类别如表 6-16 所示。

表 6-16　第一轮实验交互建构过程类别

交互类型	编码		意义单元数目	百分比	
社会交互（S）	一般社交	S1	1	44(5.2%)	
	积极情感交流	S2	38		
	消极情感交流	S3	5		
知识建构（P）	分享信息、描述主题、阐述观点	P1A	182	507	738(87.5%)
		P1B	16		
		P1C	103		
		P1D	99		
		P1E	107		
	发现和分析不一致与差异	P2A	2	9	
		P2B	0		
		P2C	0		
		P2D	7		
	协商讨论与知识建构	P3A	2	18	
		P3B	15		
		P3C	0		
		P3D	0		
		P3E	1		

续表

交 互 类 型	编 码		意义单元数目	百 分 比	
知识建构（P）	提炼与反思	P4	7	7	738（87.5%）
	数字制品	P5	197	197	
管理（M）	课程评价与建议	M1	51	62(7.3%)	
	学习进展与协商	M2	1		
	监控与评估	M3	6		
	环境技术	M4	4		

通过对上述意义单元进行内容分析发现，社会交互的单元数目为 44 条，比例为 5.2 %，知识建构方面的单元数目为 738 条，比例为 87.5%，学习管理与自我监控的单元数目为 62 条，比例为 7.3%，如图 6-35 所示。

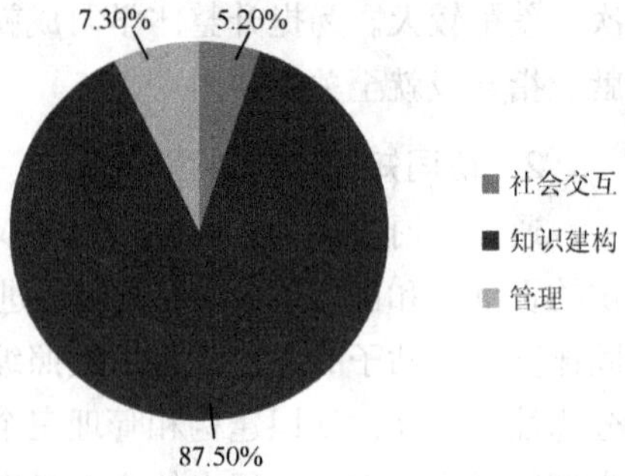

图 6-35　第一轮实验交互类型分布图

在协同知识建构的五个层次，可以看到，学生的知识建构水平基本上还处于第一层次（P1），学生主要进行了简单的发表个人观点（P1A）、赞同他人（P1C）、提出问题(P1D)和具体描述想法(P1E)等层次的活动，而在其他层次上建构程度还不太理想，尤其第二、三、四层次的内容所占比例很低，学习者之间缺乏对问题的深入探究和对他人观点的质疑。也就是说，大家还处于各说各的状态，虽然都在积极发言，但是并没有达到你来我往的深度交互状态，每个个体并没有对他人的建议展开协商讨论，没有形成观点或知识碰撞后得到的升华总结或新观点，更没有对他人提出的异议进行反思、检验、修改和创造。由于学习活动对数字制品完成量的硬性要求，在第五层次的创作数字制品上达到较高数量，但是可以看出，这些数字制品只是在个人通过浏览观看学习资源、参与学习活动等所学知识的基础上创作的，并不是在分享、协商、反思的基础上进行创作，并没有实现协同构建下的知识创造，具体如图 6-36 所示。

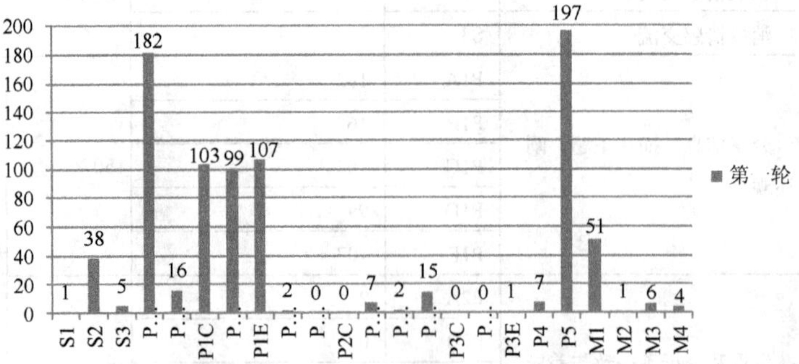

图 6-36　第一轮实验交互类别差异

在总共 844 条的意义单元中，在协同知识建构方面，共计意义单元数目 738 条，平均每人发言 30 条，表现出了较高的协同知识建构参与度，基本上保证了每位学习者都参与了知识贡献与知识创造。根据学生个体发言次数统计，个体发言最多可达到 40 条，最低也达到了 10 条，说明在本轮学习实验中，学生之间进行了比较好的知识建构。

虽然本轮实验，学习者之间的社会交互度较低，但是通过对学习者的社会交互内容发现：学习者还是表现出了较高的学习热情和积极向上的情感表达。在对具体的有关社会交互方面的帖子中，学习者表达情感积极向上，对学习元中的教师、专家和学习同伴表达了感激、赞赏、认可等发表了积极的情感言论。例如：

这个老师真赞

你真是一个值得佩服的人

你真棒

……

在本次课程学习中，都是积极正面的情感表达，社区氛围和学习环境轻松和谐，这对协同构建和社会化学习来说起到了一定的促进作用。

关于学习者的学习管理与自我监控方面，研究者将该方面分成了关于课程评价、学习计划与进度、反思与监控、环境技术问题四个维度。通过对管理类帖子内容的分析发现：学习者对这种课程形式、课程内容、课程活动表现出了极大兴趣、新奇和认可，同时学习者很喜欢在学习元平台上的交流互动。例如：

很好的一种学习方式，高效有趣，还有互动；

线上学习方式，学习时间自由，学习群内容丰富，能在一种轻松的环境中收获很多；

很不错的课程，也是一次很不错的体验；

课程新颖，有吸引力；

课程有趣生动，也很新颖，让学生愿意投入其中；

并不是空白的文字，互动性更多一点，兴趣会多一点，感觉很棒；

……

学生对于新技术环境的适应也非常快，几乎没有关于不会操作、技术困难等相关的帖子；对于学习协商与学习反思的内容发现：学习者喜欢寻找学习同伴一起鼓励和督促，也很愿意将自己学习后的感受和反思表达出来，这是社会化学习成功的重要环节和要素。例如：

我们一起互批吧；

我的兴趣字母是RIA，有谁和我一样？

通过这节课的学习让我对自己有了更好的认识；

选择恐惧症的我相信上完这个课之后能够快速做出正确的决定；

感觉自己所不具备的能力依旧很多，多多锻炼自己很重要；

……

关于专家团的知识建构情况，本轮实验中专家通过答疑、讨论和批阅点评等形式，也成了协同知识建构的主力。在本次实验中，10 名专家共产生 98 条关于知识贡献的记录，按照编码准则拆分成相关意义单位，获得 129 个意义单元，如表 6-17 所示。

表 6-17　专家协同构建过程

交互类型	编码		意义单元数目	百分比
知识建构（P）	分享信息、描述主题、阐述观点	P1A	0	9（7%）
		P1B	0	

续表

交互类型	编码		意义单元数目	百分比
知识建构（P）	分享信息、描述主题、阐述观点	P1C	6	9（7%）
		P1D	3	
		P1E	0	
	发现和分析不一致与差异	P2A	5	75（58%）
		P2B	42	
		P2C	0	
		P2D	28	
	协商讨论与知识建构	P3A	0	45（35%）
		P3B	16	
		P3C	9	
		P3D	0	
		P3E	20	
	提炼与反思	P4	0	0%
	数字制品	P5	0	0%

由此可见，专家在知识建构方面的层次水平较高，处于第二和第三层次，虽然专家发帖数目较少，但是质量较高，如果能够充分调动专家的参与度，将会出现更多高质量的协同知识建构。

3．职业情境认知网络建构过程分析

在本轮实验中，研究者针对职业情境设计了三个讨论、两个提问和一个作业提交的交互活动，期望通过学生之间、学生专家之间、专家之间的发言，建立起立体的职业情境内容。本书参考《国家职业标准汇编》对各职业的描述内容分类，结合研究者多年从事大学生就业指导过程中学生对未来职业和求职过程感兴趣的内容分类，把职业情境建构内容划分了十一个维度，根据学生和专家发表的帖子涉及的维度情况，可判断某职业的职业情境建构的完整性。涉及的维度越全面，职业情境建构得越完整、越立体，如表 6-18 所示。

表 6-18　职业情境建构内容维度表

项　目	详细说明
职业名称	从事某工作岗位的标准名称，如出纳、药剂师、人事助理等
薪酬福利	薪酬：描述某岗位初级入职人员的薪酬标准； 福利：补充养老、医疗，住房、寿险、意外险、财产险、带薪休假、免费午餐、班车、员工文娱活动、休闲旅游等福利待遇
工作内容	指一个工作岗位每日具体执行操作从事的项目，主要强调的是执行与操作的具体任务与事项。例如，出纳的日常工作主要包括货币资金核算、往来结算、工资核算等三方面的内容
岗位职责	指一个工作岗位所要求的需要去完成的工作内容以及应当承担的责任范围，主要强调的是在工作范围内所应尽的责任。例如，出纳要对银行存款账户和账户余额的准确性、保密性负责；对货币资金和各种票据的安全性负责等
工作权力	描述某岗位在工作范围内可以行使的权利。例如，出纳对各部门经费支出有控制权；对各部门财务计划的执行有检查和考核权；对不符合规定的费用开支有权拒付等
工作环境	指从事某工作所处的物理环境，如办公室、工厂、车间、工场等
工作关系	指从事某工作岗位需要接触的社会关系。例如，出纳的工作关系上级：财务部经理/副经理/主管会计；下级：无；内部联系：单位各部门；外部联系：当地银行等

续表

项　目	详 细 说 明
绩效考核	描述评定从事某工作岗位的人员的工作任务完成情况、工作职责履行程度和发展情况的标准。例如，出纳绩效考核包括财务制度执行情况、现金收付和银行结算准确率、账簿核算的准确率等
任职资格	描述从事某职业应具备的基本条件，如年龄、学历、专业、知识、经验、技能等
职业与专业、行业、企业	描述某职业与大学专业、所在行业、所在企业的各种关系
求职过程	描述针对某职业在求职过程中需要注意的事项等

本书对参与 3 个讨论和 1 个提问答疑活动的帖子进行整理，其中学生发表了 99 条帖子，主要集中在专业与职业、企业与职业方面的讨论，并没有围绕某具体职业集中地进行全方位的职业情境维度的探讨，都是大而泛的问题，如“公管事业管理专业就业前景如何？”“国企工作发展空间与外企差别在哪里？”等。发布了有关岗位调研的作品 25 个，调研内容主要集中在某岗位的岗位职责和任职资格，如表 6-19 所示。涉及的职业情境建构内容维度比较单一。

表 6-19　第一轮实验学生参与职业情境建构操作记录

轮　次	讨　论	提　问	数 字 制 品
第一轮	89	10	25

在职业情境构建过程中，专家的整体参与度较低。主要参与行为有答疑学生提问和点评学生发布的数字制品，共产生 31 条相关操作记录，如表 6-20 所示。发表帖子内容主要涉及任职资格、职业与专业企业关系两方面。

表 6-20　第一轮实验专家关于职业情境建构的操作记录

项　目	高校教师（4 人）	人事经理（3 人）	社会职业人（3 人）
批阅	9	6	0
答疑	6	10	0

根据学生和专家发表有关职业情境内容涉及的维度，共拆分成 190 个单元条目，其中涉及岗位职责方面的 35 条，任职资格方面的 40 条，有关职业与专业、行业、企业关系方面的 115 条，具体职业维度分布如图 6-37 所示。

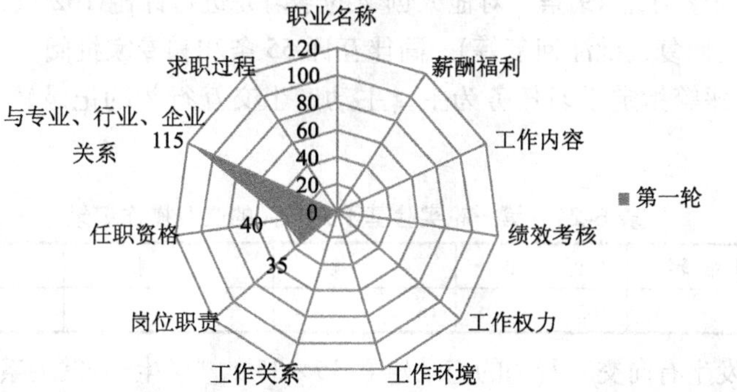

图 6-37　第一轮实验职业情境建构维度分布图

说明学生对职业或岗位的概念和认知还比较模糊，正如有学生在参与活动时提出“总是分不清职业和岗位？”，他们更多的关注点还是目前所学的专业能从事什么职业，能进入哪些企业的疑惑，缺乏明确的职业目标，对于职业认知更无从下手，更不会全方面、多维度、立体地去了解一个职业。在下一轮课程实验中，需要研究者和教师有目的地去引导和建立多维度职业情境。

在本次学习过程中，25 名学生参与了四个活动，共发表 99 条帖子，平均每人每个活动发表 1 条帖子，表现出了较低的参与度和互动性，也就意味着在职业情境共同体中并未形成较好的互动交流。每位学习者只是按照课程学习要求发表了一条帖子，并未观察其他学习者和专家的发言和行为，更未对他人的帖子给予点评和讨论，针对专家的答疑和点评也未得到反馈和总结，在这个共同体中，并未出现活跃的中心人物，也未形成边缘人物向中心移动的过程。

4. 求职社会关系网络建构过程分析

(1) 基于人与内容的社会网络分析

在本次学习过程中，学习者和专家不仅可以对学习元或知识群进行收藏、浏览、评论和讨论等，他们还可以通过与当前节点内容的深度互动产生与内容相关的身份标签，学习者在与内容节点进行连接时，自身也成了一个网络节点，起到了塑造社会性知识网络的作用。根据参与者的贡献程度，每一位成员都有了属于自己的内容标签，从而具有相同内容标签的人就形成了一个社会网络群体，具体如图 6-38 所示。

在本轮学习过程中，25 名学习者和 10 名专家都成了社会性知识网络的节点，根据与当前学习内容的交互程度，有 32 位成为网络中的浏览者身份，11 位成为网络中的收藏者，9 位成了网络中的贡献者，8 位成了网络中的协作者。从内容标签数量而言，个体对社会性知识网络的贡献程度还是相对较低的。

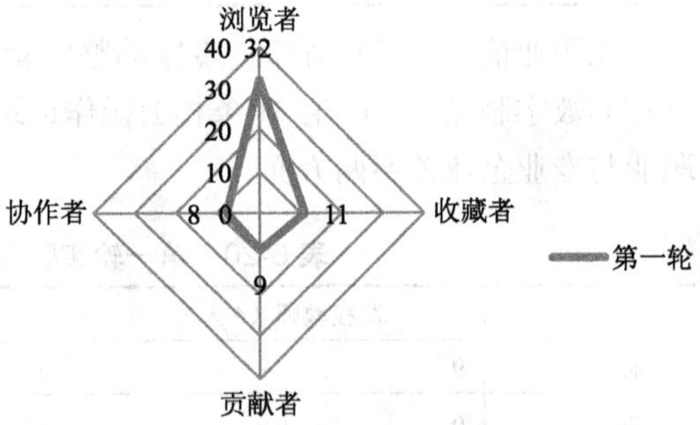

图 6-38 第一轮实验基于内容的社会标签分布

(2) 基于人与人的社会网络分析

在本次学习中，有 25 名学生和 10 名专家参与了交互行为，共计 35 个节点。从学习元平台后台提取本次学习活动的成员之间的交互数据记录 512 条，剔除重复、乱码、灌水等无意义数据后，共计有效交互记录 325 条，包括学生和专家操作的协同他人编辑学习元 19 条、对他人创建的学习元进行评论 162 条、答疑 16 条、回帖 0 条（讨论回复、评论回复、批注回复等）、同伴互评 55 条和和专家批阅 77 条记录。交互行为多以评论、批阅、互评等指定学习任务为主，主动产生交互行为的记录较少，如回帖。具体如表 6-21 所示。

表 6-21 第一轮实验基于人与人的交互操作记录

轮次	协同编辑	评论	答疑	回帖	同伴互评	专家批阅
第一轮	19	162	16	0	55	77

根据成员之间发生有向交互行为的记录建立 35×35 的“学生-专家关系 1-模矩阵，如表 6-22 所示。表中以学生学号代表学生信息，专家姓名的首字大写字母代表专家信息，X 轴成员向 Y 轴成员发起了一条交互则为 1。

表 6-22　第一轮实验“学生-专家关系 1-模矩阵”

—	001	002	003	004	005	006	007	008	009	010	011	012	013	014	015	016	017	018	019	020	021	022	023	024	025	ZL	CX	LCM	WXY	WW	WL	CYR	GYJ	LY	CXX
001	0	1	0	0	0	0	1	0	0	0	0	0	0	0	0	0	0	1	1	0	0	0	0	0	0	5	0	0	0	0	0	0	0	0	0
002	0	0	1	0	0	1	0	0	0	0	0	0	0	0	0	0	0	1	1	1	0	0	0	0	0	5	0	0	0	0	0	0	0	0	0
003	0	0	0	0	0	0	0	0	0	1	0	0	1	1	0	0	0	0	0	0	0	0	0	0	0	15	0	0	0	0	0	0	0	0	0
004	0	0	0	0	0	0	0	0	0	0	0	0	0	0	0	0	0	0	0	0	0	0	0	0	0	7	0	0	0	0	0	0	0	0	0
005	0	0	0	0	0	0	0	0	0	0	0	0	0	0	0	0	0	0	0	0	0	0	0	0	0	11	0	0	0	0	0	0	0	0	0
006	1	1	0	0	0	0	1	1	0	0	0	0	0	0	0	0	0	0	1	0	0	0	0	0	0	5	0	0	0	0	0	0	0	0	0
007	0	0	1	0	0	1	0	0	0	2	0	1	0	0	0	0	0	0	1	0	0	0	0	0	0	3	0	0	0	0	0	0	0	0	0
008	0	0	0	0	0	1	0	0	0	0	0	0	0	0	0	0	0	0	0	0	0	0	0	0	0	5	0	0	0	0	0	0	0	0	0
009	0	0	1	0	0	0	0	0	0	0	0	0	0	0	0	0	0	0	0	0	0	0	0	0	0	7	0	0	0	0	0	0	0	0	0
010	0	0	0	0	0	0	0	0	0	0	0	0	0	0	0	1	0	0	1	0	0	0	0	0	0	7	0	0	0	0	0	0	0	0	0
011	0	0	0	0	0	1	0	0	0	0	0	0	0	0	0	0	0	0	0	0	0	0	0	0	0	1	0	0	0	0	0	0	0	0	0
012	0	0	0	0	0	0	0	0	0	0	0	0	1	0	0	0	0	0	0	0	0	0	0	0	0	6	0	0	0	0	0	0	0	0	0
013	0	1	0	0	0	0	0	0	0	0	0	0	0	0	0	0	0	0	0	1	0	0	0	0	0	6	0	0	0	0	0	0	0	0	0
014	0	0	0	0	0	0	0	0	0	0	0	0	0	0	0	0	0	0	0	0	0	0	0	0	0	6	0	0	0	0	0	0	0	0	0
015	0	0	0	0	0	0	0	0	0	0	0	0	0	0	0	0	0	0	0	0	0	0	0	0	0	6	0	0	0	0	0	0	0	0	0
016	0	0	0	0	0	2	0	0	0	2	0	0	0	0	0	0	0	0	1	0	1	0	1	0	0	8	0	0	0	0	0	0	0	0	0
017	0	0	0	0	0	1	0	0	0	0	0	0	0	0	0	0	0	0	0	0	0	0	0	0	0	8	0	0	0	0	0	0	0	0	0
018	1	1	0	0	0	0	0	0	0	0	0	0	0	0	0	0	0	0	1	1	0	0	0	0	0	5	0	0	0	0	0	0	0	0	0
019	1	1	1	0	0	0	0	0	0	1	0	0	0	0	0	1	0	1	0	0	0	0	1	0	0	5	0	0	0	0	0	0	0	0	0
020	0	1	0	0	0	0	0	0	0	0	0	0	0	0	0	0	0	1	0	0	0	0	0	0	0	7	0	0	0	0	0	0	0	0	0
021	0	0	0	0	0	0	0	0	0	0	0	0	1	0	0	0	0	0	0	0	0	0	0	0	0	6	0	0	0	0	0	0	0	0	0
022	0	0	0	0	0	0	0	0	0	0	0	0	0	0	0	0	0	0	0	0	0	0	0	0	0	4	0	0	0	0	0	0	0	0	0

续表

—	001	002	003	004	005	006	007	008	009	010	011	012	013	014	015	016	017	018	019	020	021	022	023	024	025	ZL	CX	LCM	WXY	WW	WL	CYR	GYJ	LY	CXX
023	0	0	0	0	0	0	0	1	0	0	0	0	0	0	0	0	0	0	0	0	0	0	0	0	0	8	0	0	0	0	0	0	0	0	0
024	0	0	0	1	0	0	0	0	0	0	0	0	0	0	0	0	0	0	0	0	0	1	0	0	0	10	0	0	0	0	0	0	0	0	0
025	0	0	0	0	0	0	0	0	0	0	0	0	0	0	0	0	0	0	0	0	0	0	0	0	0	6	0	0	0	0	0	0	0	0	0
ZL	1	1	0	1	1	2	1	0	1	1	1	1	1	1	1	1	1	1	2	1	1	1	0	1	1	0	0	0	0	0	0	0	0	0	0
CX	1	0	0	1	1	1	1	1	1	0	0	1	0	0	0	0	0	1	0	0	0	0	1	0	1	6	0	0	0	0	0	0	0	0	0
WXY	1	0	1	0	0	0	1	0	1	0	0	1	1	1	0	1	1	0	1	0	0	0	0	0	0	4	0	0	0	0	0	0	0	0	0
LCM	1	1	2	1	1	0	1	1	0	1	1	1	1	0	1	1	0	1	1	1	0	1	1	0	1	3	0	0	0	0	0	0	0	0	0
WW	0	0	0	0	0	0	0	0	0	0	0	0	0	0	0	0	0	0	0	0	0	0	0	0	0	0	0	0	0	0	0	0	0	0	0
WL	1	1	0	1	0	0	1	0	1	0	0	1	0	1	0	1	0	0	1	0	1	0	1	1	1	1	0	0	0	0	0	0	0	0	0
CYR	0	1	1	0	1	1	0	1	0	1	0	0	0	0	1	0	0	1	1	0	0	1	0	0	0	0	0	0	0	0	0	0	0	0	0
GYJ	0	0	1	0	0	0	0	1	0	0	0	0	0	1	0	0	0	1	0	1	0	0	0	0	0	0	0	0	0	0	0	0	0	0	0
LY	0	0	0	0	0	0	0	0	0	0	0	0	0	0	0	0	0	0	0	0	0	0	0	0	0	0	0	0	0	0	0	0	0	0	0
CXX	0	0	0	0	0	0	0	0	0	0	0	0	0	0	0	0	0	0	0	0	0	0	0	0	0	0	0	0	0	0	0	0	0	0	0

在“学生-专家关系 1-模矩阵”基础上，利用 Netdraw 工具生成本轮实验的群体成员交互社群图，如图 6-39 所示。从社群图来看，有一小部分人，如专家 ZL 和学生 019 受到成员的信赖和尊重，能够主动与其他成员互动，也得到了其他人的关注，互动参与程度高，处于中心位置，是该社群的“意见领袖”。专家 LCM 交互行为相对较多，但是并未得到其他成员的关注。另一些节点，专家 WW、LY、CXX 没有和其他成员发生任何交互行为，成为该社群的“孤独者”，学生 011、022、015 等虽得到了一些他人的批阅，却很少主动与他人交互，这些群体处于网络的边缘位置，未真正融入群体中来。

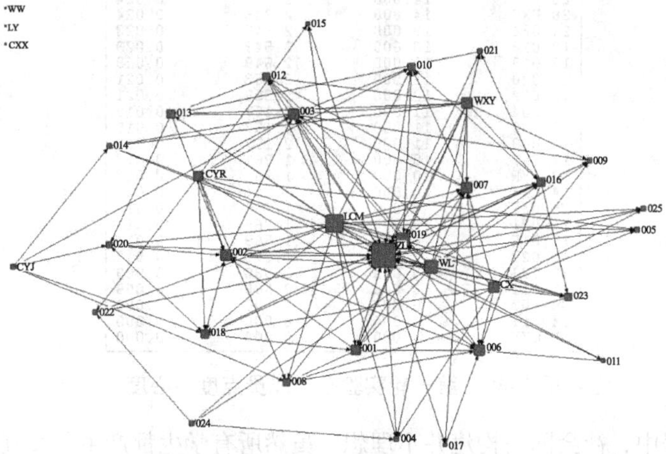

图 6-39　第一轮实验社群图

网络密度分析：网络密度是指在图形中实际存在的线与可能数量的线的比例[①]。整体网络密度越大，该网络对其中行动者的态度、行为等产生的影响可能越大[②]。密度值介于 0 和 1 之间，越接近于 1，表示彼此之间的关系越紧密。通过 Ucinet 软件计算得出该网络密度为 0.273 1(标准差为 1.069 1)，说明该网络密度较为稀疏。

中心度分析：点度中心度常用来分析个体网络行为，表示与某个行动者有直接关系的行动者或者相关事件的数目，通常用来衡量谁在该学习社群中成为最主要的中心人物。它刻画的是每个成员在此社群中的局部中心指数，点度中心度大的行动者居于中心地位，拥有较大的权力[③]。根据“第一轮实验学生-专家关系 1-模矩阵”，利用 Ucinet 计算出该网络成员的点度中心度。图 6-40 给出了所有节点的绝对中心度和相对中心度。

点度中心度前 3 名是：ZL、003、LCM，他们的中心度值分别是 176、27、23。其中，ZL 为就业指导教师，是学习元的创建者，得到了其他成员较多的评论和协同编辑，处于该网络的主控位置；学生 003 是课代表，对就业指导教师创建的学习元表现出高度关注，同时他的数字制品得到了较多成员的关注和点评；专家 LCM 是该专业教师，也表现出了对学习者的关注，参与了较多的作业批阅点评活动。点度中心度排名后 3 名的是专家 CXX、LY、WW，他们的中心度分别是 0、0、0。其中，CXX、LY 是相关专业领域职业人；WW 是省就业指导中心公务人员，他们完全处于游离状态，既没有得到群体的关注，也没有去关注群体的其他成员。

---

① 罗家德.社会网分析讲义 [M]. 北京: 社会科学文献出版社，2005.

② 刘军.整体网分析讲义：Ucinet 软件实用指南 [M].上海: 上海人民出版社，2009.

③ 钟伟，吴娟，陈露.基于学习元平台的师生共读活动之社会网络分析和内容分析[J]. 现代远距离教育,2015(1):52-59.

		1 Degree	2 NrmDegree	3 Share
26	ZL	176.000	34.510	0.306
3	003	27.000	5.294	0.047
29	LCM	23.000	4.510	0.040
19	019	18.000	3.529	0.031
16	016	18.000	3.529	0.031
27	CX	17.000	3.333	0.030
6	006	16.000	3.137	0.028
2	002	15.000	2.941	0.026
10	010	15.000	2.941	0.026
5	005	14.000	2.745	0.024
1	001	14.000	2.745	0.024
31	WL	14.000	2.745	0.024
7	007	14.000	2.745	0.024
23	023	14.000	2.745	0.024
28	WXY	14.000	2.745	0.024
24	024	13.000	2.549	0.023
18	018	13.000	2.549	0.023
13	013	13.000	2.549	0.023
20	020	12.000	2.353	0.021
12	012	12.000	2.353	0.021
4	004	11.000	2.157	0.019
9	009	11.000	2.157	0.019
8	008	11.000	2.157	0.019
17	017	10.000	1.961	0.017
32	CYR	10.000	1.961	0.017
14	014	10.000	1.961	0.017
25	025	9.000	1.765	0.016
21	021	9.000	1.765	0.016
15	015	8.000	1.569	0.014
22	022	7.000	1.373	0.012
33	GYJ	5.000	0.980	0.009
11	011	3.000	0.588	0.005
30	WW	0.000	0.000	0.000
34	LY	0.000	0.000	0.000
35	CXX	0.000	0.000	0.000

图 6-40　第一轮实验参与成员点度中心度

在本次学习过程中，社会网络构建并不理想。虽然所有学生都产生了交互连接，但是连接密度较低且分散。而社会专家出现了两个极端现象，只有就业指导教师和高校专业教师参与度和关注度较高，处于社群中心位置，其他职业人整体参与度低，其中人事经理虽参与了少量的批阅和答疑，但并未得到其他学习者的关注和回应，几乎处于社群的边缘位置，而社会职业人更是从未参与交互活动。本轮实验中，社会专家并未发挥作用。

除此之外，成员间也可以通过加为好友获得社会标签，形成社会网络关系，通过共同关注学习元数量及共同好友数量成为粉丝关系或密友关系。在本次学习过程中，共出现 5 次发起好友申请操作记录，均为学生向专家申请加为好友。由此发现，学生有意愿接触专家，但需要专家提高活跃度，特别是挖掘社会职业人参与互动的可能性和积极性。由于学习者之间共同关注的学习元和相互回复关注量均未超过 10 条，未产生粉丝和密友关系，学生之间的交互程度不够，需要多激发同伴互助、合作热情。

5．学习成就分析

（1）学习效果前后测比较分析

学习结束后，对所有学习者，通过配对样本 T 检验，对学习成就进行测试，结果如表 6-23 所示。

表 6-23　第一轮实验学生成就配对样本 T 检验

变　量	平 均 值	标 准 差	差　值	t	P
同组学生均值比较分析			-8.64	-3.11	0.00*
前测成绩	46.52	4.39			
后测成绩	55.16	10.49			

本书使用了配对 T 检验法对第一轮实验中学生在初始和学习后分别提交的三份作业的成绩

（岗位调研报告、个人简历、面试自我介绍三份作业通过邀请专家批阅所得的成绩平均值）的综合均值之间是否存在显著统计差异进行了分析。结果表明，从表 6-24 可以看出呈现出差异性（$P<0.05$），前测成绩和后测成绩之间呈现出 0.01 水平的显著性（$t=-3.11$，P=0.00）。对于这一组学生，前测成绩的平均值（46.52），会明显低于后测成绩的平均值（55.16），说明本轮实验取得了较为显著的就业指导成绩。

6.4.4 讨论与分析

1．实施成果

通过本轮课程活动的实施，学生表现出了较为积极的参与意愿，并完成了课程学习内容和活动。在课程结束时，25 名学生均达到了“大学生职业发展与就业指导”知识群评价方案设置的 60 分及格要求，取得了一定的学习效果。

在协同知识建构过程方面，学习者主要通过评论、批注、讨论和同伴互评等社会化学习活动，较高参与度地展开了个人知识建构和群体知识建构，人均操作频次保持在一个比较高的水平，说明多类型的学习资源和多样化的学习活动激发了学习者的社会化参与，学习者表现出十分愿意和喜欢接受这种模式的大学生就业指导。交互的内容包括社会性交流和管理、环境技术，以及知识建构各个方面的内容发帖，学生情感表达积极乐观向上，表现出了对本门课程的喜爱和对学习元平台的认可，以及对课程内容感兴趣。同时，学生能够真诚表达对学习同伴、对老师专家的友好和赞赏。整个学习环境轻松融洽和谐。在知识建构方面，主要停留在第一和第二层次，学习者愿意阐述个人观点和表达对他人观点的赞同，愿意分享自己通过查阅文献得到的知识内容，比较积极地参与同伴互评，群体协同建构的意识逐渐形成。

在职业情境认知网络中，学习者也表现出了较高的讨论热情和对职业相关问题的疑惑。通过主题讨论和提问答疑互动活动，营造了关于专业与职业、职业与企业、产品与职业、职业任职标准等相关方面的职业情境，出现了一些较高质量的关于职业情境的讨论发帖。

在求职社会关系网络建构过程方面，学习者首先通过连接内容（1 个知识群，8 个学习元），与内容进行交互（学习者与内容的交互贡献程度达到一定的比值则会出现可视化标签）而形成了自己的身份标签。本轮学习中，所有学习者均得到了身份标签，除了全部成为浏览者，还有 9 名贡献者和 8 名协作者，通过连接内容，进行连接与内容相关的人，所有学习者均产生了与他人的交互行为，并有 5 名学习者主动向他人发起好友申请，使自己也成为进行连接的管道与媒介，很好地构建了个人的社会网络，说明在本次实验中学习者已经开始逐渐形成社会网络的塑造者意识。

在本轮实验中，有 7 名专家参与了答疑、批阅、讨论或协同编辑，在知识建构内容上表现出了较高的建构层次，也充分说明邀请专业教师、HR、社会职业人等多角色的专家能够较好地提高协同知识建构水平。

2．存在问题

（1）群体知识建构水平处于较低层次

在本次课程中，学习者通过评论知识群或学习元，为学习元内容添加批注，协同编辑学习元内容，参与主题讨论活动来进行群体知识协同建构。通过对协同知识建构四个层次水平的分析发现，学习者的知识建构过程基本处于第一阶段，学习者能够发表简单的个人观点和想法，如“性格类型没有对错，性格类型具有独特性”，但是很少能够结合具体实例或证据来吸纳关系说明或验证某一个观点或问题；同时，学习者也愿意表达对他人观点和作品的赞同和认同，如“非常棒”“内容充实”等，但缺少哪里好、为什么好的具体方面的分析和论证。群体知识建构在发现分歧，提出不同观点与质疑以及协商讨论各种观点，进行多种观点的辨析，总结整合补充新观点等方面的内容很少，鲜有学习者能够利用文献数据等进行讨论和交流，更缺少学习者之间的深度互动，聚焦某一问题的深入探讨，第二阶段和第三阶段的知识建构水平尚不够理想，学习者的深层互动和更高层次的知识建构并未真正体现，需要采取合适的策略促进群体之间观点的交流和碰撞，以及提高知识建构的深度发展。

(2) 学习者发布的数字制品缺少反思和传播

在本次学习过程中，每个模块都设计了围绕该单元目标的数字制品作业，并且通过专家批阅、同伴互评及评论等形式促进个人作品的完善。但是每一模块学习结束后，甚至整个课程结束后，学习者发布的数字制品并没有得到全部的反馈和传播。主要原因一是因为本轮实验，专家的参与度较低，没能保证每一位学习者的作品被专家批阅或点评；二是因为虽然同伴互评相对于专家批阅参与度较高，但也没有达到理想状态，并且点评水平处于较低层次，如“很好”“非常棒”等简单的赞同内容较多，缺少具体的建设性建议的点评内容；三是学习者只重视上传制品，忽略他人的批阅和评论，甚至上传的个人制品之后，就再未重新回看作品的批阅情况，致使个人作品的协同建构效果不好。应采取相应措施，提高群体浏览或评论同伴的数字制品主动性，同时加强个体对制品经过协同建构后的反馈和反思，优秀作品要及时得到鼓励和推广。

(3) 职业情境建构不够聚焦、不够完整

本轮课程学习，研究者专门针对职业情境设计了三个讨论和两个提问答疑活动，试图通过学生、专家的互动交流形成职业情境共同体。通过讨论和提问的内容分析，本轮实验中，学习者的重复性帖子较多，没有出现针对某个帖子的高频率回复的深度互动和交流；学习者提出的也多为“公管专业的就业前景如何？”“公管事业管理以后会从事什么样的工作？”等比较宽泛的问题，并未聚焦某一具体的职业进行情境建构。另外，通过职业情境应体现出来的十一个维度的内容，本轮实验中，只出现了“职业与专业、行业、企业关系”、“职业入职资格”和“岗位职责”三个维度的内容讨论和提问答疑，职业情境构建的结构比较单一。针对上述问题，应采取策略，有目的性的聚焦某个职业或几个职业进行职业情境建构，并能激发学习者对某职业的好奇与兴趣，从而全方面地深入展开探讨，同时调动社会职业人的发帖会直接带动学习者的积极性与深入探讨。

(4) 专家参与度不够理想

本轮课程学习，主要邀请了高校就业指导教师、辅导员、专业教师、HR、社会职业人作为专家团帮助进行课程的群体知识建构和学生制品的协同建构。在本轮实验中，专家整体参与度较低，10 名专家共产生 119 条操作记录，而高校教师产生的操作记录就 87 条，占总操作记录的 73%。平均每人不到 12 条的操作频次，也就意味着无法保证每名学生的提问都被专家回答和每名学生的作业都被专家批阅到。其中 3 名社会职业人未发生一条交互记录，说明社会职业人在本轮实验中并未发挥其优势和作用，参与度极低。主要原因一是高校教师被邀请参加了一次学生的学习元实验课动员会，对学习元平台的使用和技术环境相对了解多一些，并且本专业的教师和本期班的辅导员，对自己的学生有一定的感情基础，所以付出会相对多一些。但由于大多数教师还有本职和其他工作，在时间因素制约的情况下很难再有大量精力去进行线上就业指导辅导，虽心有余而力不足；二是人事经理是专家团中相对参与度第二高的群体，该群体通过接触和辅导大学生就业指导，有自己的工作目的性，可以了解大学生的心态和现状，更好地帮助自己未来招聘工作，同时可以留意优秀学生作为重点招聘目标，另外就业指导内容与他们的日常工作内容相似，困难度较低。但是，由于自身工作较为繁重加上对网络技术环境的不熟练，指导的具体任务不明确等因素，致使课程后期的参与度越来越低，就像在课程结束后提供的建议一样："平台使用希望更便捷，指导任务希望更具体"；三是除了时间和技术问题，更重要的是教师和职业人的参与动机不强，缺乏一定的奖励机制、监督机制或评价机制是原因之一。应该采用一些策略，通过设计专家可能感兴趣的交互活动和激励机制来促使社会专家积极主动参与学习元的知识协同建构和群体交互。

3. 改进思路

针对第一轮实验中出现的学习者知识建构层级较低、个人制品缺乏反馈和传播、职业情境建构不够聚焦和完整、社会专家参与度不够理想等问题，在相关问题分析的基础上，对社会性知识网络下的大学生就业指导模式的设计进行了改进，同时提出了具体的干预措施和策略，如图 6-41 所示。

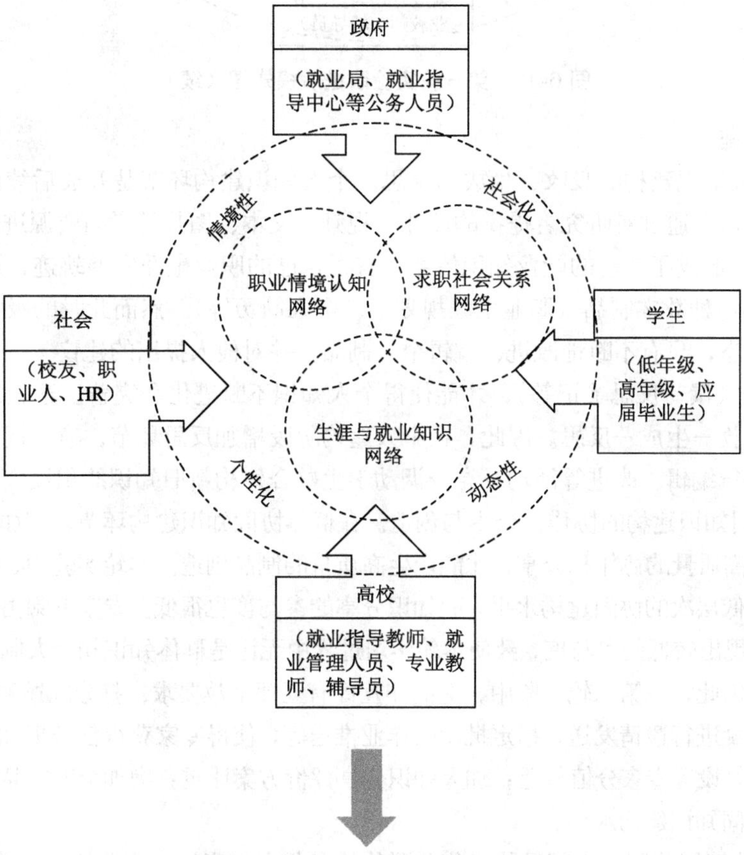

图 6-41　第一轮实验改进后模式图

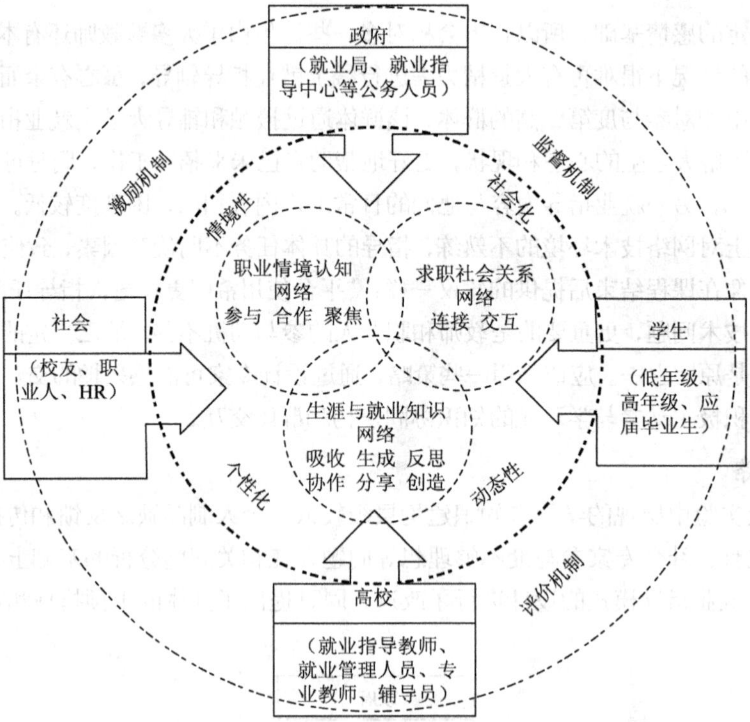

图 6-41　第一轮实验改进后模式图（续）

（1）改进措施

① 强调个人知识建构的吸收、生成与反思。个人知识建构环节是开展后续协同知识建构的前提和基础。学习者通过对研究者提供的课件、视频、文本、图片等学习资源进行吸收（浏览、下载、收藏等），形成了自己的就业知识体系，有了自己的职业生涯发展轨迹，进而生成了符合自己职业发展的各种数字制品（职业生涯规划书、个人简历等）。然而此时的吸收生成还处于初级盲目低效的状态，只有不断地改进、编辑个人制品，并对他人提出的建议、点评或异议进行反思、提炼和总结（撰写反思笔记等），才能使得个人知识不断进化和完善。这就是个人职业生涯建构的过程：吸收—生成—反思。因此，在个人建构阶段增加反思环节，通过撰写反思笔记，对个人制品不断进行编辑、改进等活动，充分调动学生整合建构新旧知识的积极性。

② 加强协同知识建构的协作、分享与创造。在群体协同知识建构环节，应加强群体之间的协作和分享，只有高质量的协作和分享，才能产生高质量的制品创造。本轮实验中，同伴互评和协同编辑都表现出较低层次的协同建构水平，而知识分享的参与度也很低。专家批阅由于没有明确批阅任务和要求，表现出较低的参与度，致使本轮学习过程中无论是群体知识和个人制品都未出现创造性的知识进化。因此，在第二轮实验中，对同伴互评有互评个数要求、打分陈述和设置分值权重；对专家批阅或答疑进行邀请发送，指定批阅的作业推送等，使得专家获得任务更加明确，批阅或答疑方式更加简洁，设置专家分值权重；加大知识分享评价方案比重；增加个人制品二次提交活动环节，从而提高协同知识建构水平。

③ 提高职业情境共同体中问题的聚焦和群体的参与合作意识。职业情境建构要真实、具体、全面，这就需要问题聚焦、职业聚焦，由于第一轮实验在提问和讨论活动设计上过于开放和宽泛，无法聚焦某一职业问题深入开展，因此，在第二轮实验时，增加投票活动，聚焦感兴趣的具体职

业和职业话题，通过创建“求职招聘信息港”学习元，从某岗位的招聘信息开始有方向、有目的地引导大家对某一具体的职业进行多维度的讨论。

④ 进一步拓展网络节点的连接广度和交互深度。社会性知识网络提供了与此内容相关的学习者及知识网络生态，只有连接的内容越广，才能获得越多的内容相关的管道和媒介；只有与人不断地进行深度交互，才能获得更多的管道和媒介通向的知识内容。无论是连接内容单元还是与人进行交互，都是形成紧密的社会关系的关键。通过本轮实验发现，学习者之间的互动还比较有限，都是按照评价方案或学习进度要求进行的连接和交互，处于被要求的状态，学习者在浏览好友及同伴学习轨迹、评论学习元内容和发表观点还比较被动，建立朋友圈的主动意识较弱，更不会主动回复他人的帖子。需要采用合适的策略或者学习活动来改善这一现象。

(2) 策略支持

① 重视课程实施过程中的监督机制。有效的监督控制能够促进群体的参与程度。考虑在第二轮实验过程中，研究者与就业指导教师共同建立起一套学习监督机制。对于学习者群体进行分组，每组设立组长，建立二级监督组，由于组长能保证与学习者见面，可更好地监督和跟踪小组成员的学习情况。对于学习进展进行及时的监控：定期发布学习元学习任务，阶段性公布学习者学习进度和学习成绩；对于学习者的参与程度进行阶段性公布；对于群体的知识建构情况和个人贡献程度进行播报；了解群体学习的动态发展以及群体知识的扩散程度。

② 制定科学合理的评价机制。形成性评价既是一种检测也是一种激励，能够调动群体的积极性，促进知识的进一步显性化。学习者的学习评价包括个人制品评价、学习元和知识群的评价。个人制品的评价包括自我评价、同伴互评、专家点评等，通过提供评价量表，要求对作品进行打分陈述，提高协同建构水平。在评价方案制定上侧重知识分享、知识贡献和知识创造的分值比重，为了促进群体协同建构，考虑在第二轮实验中，加大同伴互评和专家批阅的分值，即首次提交作品需要按照求完成规定数目的同伴互评和专家批阅才可得分，专家和同伴评分权重各占 80%和20%。二次创造提交的作品需达到教师批阅 60 分以上才计分。另外，学习者对专家的评论、答疑和批阅也可进行评价，从而提升专家的信誉度和知名度。

③ 制定激励制度促进群体参与动力。通过制定一系列的激励制度，促进群体的参与动力，激发群体的深度互动，提高知识贡献和创造。例如，设置精华帖子区，将发表的高质量帖子和回复数目多的帖子置顶。推送优秀作品，将学习者发布的优秀个人制品推送给其他学习者。学习者为他人问题答疑、回复他人帖子、批阅他人制品次数达到一定次数可升级为专家，作为专家推荐给学习伙伴，并且所批阅他人的作品的分值权重也会增加，从而提高学习者的学习成就感。专家团批阅、评论、讨论、答疑等达到一定次数，也将会作为推荐专家推送给学习者。从而增强每个个体的个人成就感和集体荣誉感，强调个体的贡献对于群体的知识演进具有非常重要的意义。

6.5 第二轮设计实验

6.5.1 实验对象

参与第二轮“大学生职业发展与就业指导”课程设计性实验的是 2016 级信息系统与信息管理本科班的同学。根据自愿报名参加和一致性选拔原则共选出 26 名学生，他们生源分布广泛，男女比例均衡，学习成绩分布均匀，班级干部 5 名。在课程初始对每名学生进行了前测。

参与第二轮课程实验的专家团由 10 人组成，研究者邀请了高校就业指导专职教师 2 名、就业处教师 1 名、专业教师 1 名、省高校毕业生就业指导中心人员 1 名、人事经理 3 名、相关专业职业人 2 名，每位专家工作均超过 5 年，具备一定的指导经验、专业水平和行业话语权。

第二轮实验对象的基本情况如表 6-24 所示。

表 6-24　第二轮实验对象的基本情况

实 验 对 象	实　验	时　间	人　数
学生	第二轮	2018.3—4	26
专家	第二轮	2018.3—4	10

6.5.2 课程活动流程设计及策略

第二轮课程学习从 2018 年 3 月开始到 2018 年 4 月结束。在本书中，为了促进课程更好地实施与参与，研究者建立了学习元实验组 QQ 群和课程小组组长 QQ 群以及学习元专家 QQ 群（见图 6-42），方便随时解决网络环境技术问题，向学生和专家定期发布学习任务和指导任务，以及进行课程实施监督。在课程开始前，分别在群里发布了学生学习元使用指南和专家学习元使用指南。本轮实验共需要完成 10 个学习元内容，各单元内容见学习元平台上知识群图 6-43 中的单元学习元，课程内容及学习活动流程如表 6-25 所示。

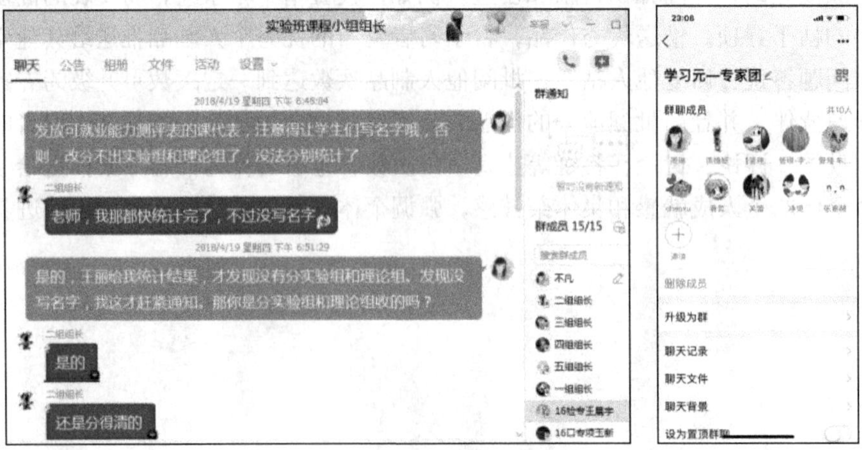

图 6-42　第二轮实验 QQ 群

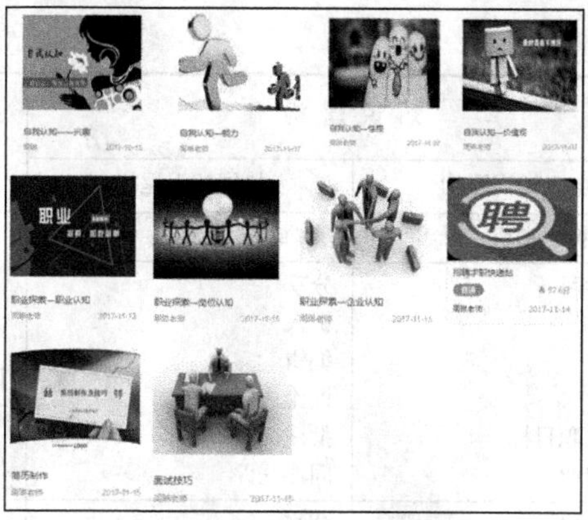

图 6-43　第二轮“大学生职业发展与就业指导”课程学习内容

表 6-25　第二轮课程内容及学习活动流程

单元模块	单元主题	知识建构		职业情境	社会关系网
		个人知识建构	协同知识建构		
		吸收、生成、反思	协作、分享、创造	参与、合作	连接、交互
自我认知（3.5～3.16）	兴趣	加入学习 浏览 收藏 下载 推荐 绘制概念图 发布作品	分享 引入 编辑 评论 批注 同伴互评		加入好友 好友推荐
	性格	加入学习 收藏 下载 推荐 绘制概念图 发布作品	分享 引入 编辑 评论 批注 讨论交流 同伴互评		回复 同伴互评 加入好友 好友推荐
	能力	加入学习 收藏 下载 推荐 撰写成就事件故事 提交作业 撰写反思笔记	分享 引入 编辑 评论 批注 讨论交流 同伴互评 二次提交作业		回复 同伴互评 加入好友 好友推荐
	价值观	加入学习 收藏 下载 推荐	分享 引入 编辑 评论 批注 讨论交流 投票		回复 加入好友 好友推荐

续表

单元模块	单元主题	知识建构		职业情境	社会关系网
		个人知识建构	协同知识建构		
		吸收、生成、反思	协作、分享、创造	参与、合作	连接、交互
职业探索 (3.19～4.6)	职业认知	加入学习 收藏 下载 推荐 确立求职目标 提交作业	分享 引入 编辑 评论 批注 同伴互评	讨论交流	回复 加入好友 好友推荐
	岗位认知	加入学习 收藏 下载 推荐 岗位调研 提交作业 撰写反思笔记	分享 引入 编辑 评论 批注 专家批阅 二次提交作业	讨论交流 提问答疑 社会化批阅	回复 答疑问题 专家批阅 加入好友 好友推荐 专家推荐
	企业认知	加入学习 收藏 下载 推荐 企业调研 提交作业 撰写反思笔	分享 引入 编辑 评论 批注 专家批阅 二次提交作业	提问答疑	答疑问题 专家批阅 加入好友 好友推荐 专家推荐
	招聘求职	加入学习 收藏 下载 推荐	分享 引入 编辑 评论 批注 投票	讨论交流	回复 加入好友 好友推荐 专家推荐
求职技能 (4.9～4.27)	简历	加入学习 收藏 下载 推荐 制作个人简历 提交作业 撰写反思笔记	分享 引入 编辑 评论 批注 同伴互评 专家批阅 二次提交作业		同伴互评 专家批阅 加入好友 好友推荐 专家推荐
	面试	加入学习 收藏 下载 推荐 训练自我介绍 提交作业 撰写反思笔记	分享 引入 编辑 评论 批注 讨论交流 同伴互评 专家批阅 二次提交作业		同伴互评 专家批阅 加入好友 好友推荐 专家推荐

为了提高协同建构水平，保证学习者高质量发帖，在第二轮课程学习过程中，建立了如下策略：一是为完成本次网络学习，并且学习成绩达到 60 分以上的同学可申请“大学生职业发展与

就业指导”课免修，获得 2 学分。二是在本轮实验，加强了学习过程监控和督促，10 个学习元按照模块划分为三个学习阶段，要求学生按照规定时间完成相应的学习元内容（在规定时间内参与相应学习元活动视为有效，计入评价方案），阶段性公布学习进度和学习成绩，提醒学习进度较慢和成绩落后的学生尽快完成学习内容，这样避免临近课程结束才开始所有学习元内容学习的临时抱佛脚现象，提高在线学习效率和质量。同时，分阶段向专家发布指导任务，直接推送给指定专家相关答疑或批阅任务，明确了专家指导任务和指导对象，提高专家参与度和指导效率。三是同伴互评活动中规定了互评数量和打分陈述，达到互评要求，方可计分。四是评价方案中增加了分享、反思、二次提交作业、同伴互评和专家批阅的分值比重，降低了下载、收藏行为的分值比重。

为了聚焦职业情境话题，提高学生和职业人的参与协作意识，在本轮实验中，新增了 1 个学习元、1 个投票活动、1 个讨论活动。具体内容如表 6-26 所示。

表 6-26　第二轮课程新增学习元和活动内容列表

学　习　元	活 动 类 型	活 动 名 称	活 动 描 述
招聘求职快递站	投票活动	你最想了解的岗位	选出你最想了解的岗位
	协同编辑	邀请人事经理协同编辑学习元	致力于打造社会与大学生的无缝对接，诚挚邀请社会各界力量参与到高校的就业教育中，也期望大学生提前了解社会、职业，做好充足的职业准备、准确的职业定位，尽快过渡到社会角色，高校教师能够在这里了解到真正的市场需求，从而制定出符合市场需求的培养方案、课程内容。 招聘求职快递站，如同顺丰般地把求职信息、招聘信息快速送达。如果需发布职业信息，可通过添加段落编辑内容，一天之内审核通过即刻发布
	讨论交流	谈谈你对求职找工作的困惑或疑问	你对自己的求职还有什么困惑或疑问？分享出来，请小伙伴们帮忙解答，老师和职业人也会给你一些建议

6.5.3　实验结果

1. 总体情况分析

课程结束后，学生的总体学习情况为：共有 26 人加入知识群和学习元，共发布了 333 个制品，其中包括概念图 51 个、成就事件故事 52 个、职业规划书 26 份、岗位调研表 52 份、企业调查表 52 份、个人简历 50 份、自我介绍视频 50 段。学生学习过程中共产生操作记录 2 744 条，具体数量如表 6-27 所示。

表 6-27　第二轮实验学生操作记录表

知识接受				知识分享		知识贡献							知识创造
加入学习元	收藏	下载	投票	引入学习元	上传资源	讨论	评论	提问	批注	协作	互评	反思	发布制品
312	45	480	52	13	10	52	250	56	550	31	230	130	333

本次课程学习中，学生采用的主要活动形式依次是批注、下载和发布制品等。从知识接受、知识分享、知识贡献和知识创造角度来看，其中有关知识接受层次的操作记录条数为 889 条，占 32%；有关知识分享层次的操作记录条数为 23 条，占 2%；有关知识贡献层次的记录条数为 1 469 条，占 54%；有关知识创造层次的记录条数为 333 条，占 12%，如图 6-44 所示。不难发现，学生的学习状态已不仅仅停留在知识接受层面，在知识贡献和知识创造层面有了很大的提升，甚至知识贡献已超越了知识接受，完全打破了传统课堂上的老师教、学生被动听的状态，在社会性知识网络环境下，学生完全成了就业指导过程的主体，能够根据个人需求有目的、有计划地参与到课程内容共建中来。

与第一轮实验相关操作相比，第二轮课程学习学生的整体参与度更高，比第一轮的操作频次多出 740 条。在知识贡献、知识创造和知识分享层面第二轮实验的操作频次都较第一轮有所提升，而在知识接受方面，第二轮实验的操作频次却相对有所降低，如图 6-45 所示。

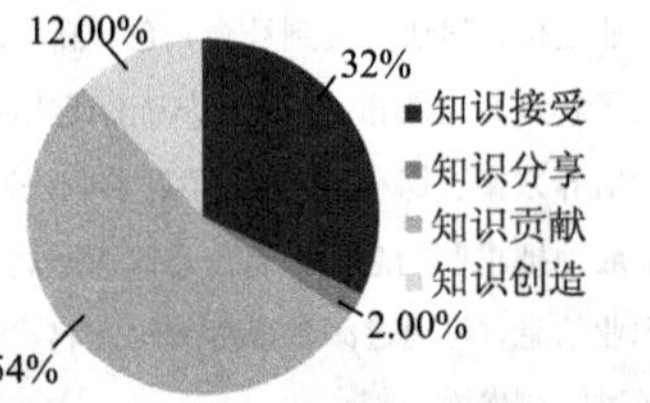

图 6-44　第二轮实验各学习层次的所占比例

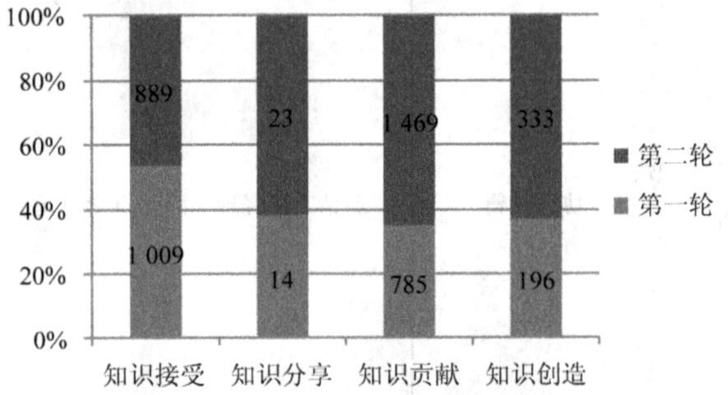

图 6-45　第一轮、第二轮实验学生操作频次对比

在本轮学习过程中，专家团共产生交互记录 319 条，主要集中在批阅和答疑上，具体操作记录数量如表 6-28 所示。

表 6-28　第二轮实验专家操作记录表

交 互 行 为	高校教师 4 人	人事经理 3 人	社会职业人 3 人
收藏	0	4	4
分享	5	2	0
协同编辑	6	5	0
批阅	104	78	45
答疑	28	14	7
讨论	5	5	0
评论	5	0	0
批注	2	0	0
加为好友	0	0	0

相比第一轮的专家操作频次，第二轮多了 208 条，平均每人产生 32 条操作记录，如图 6-46 所示。并且，专家除了参与了答疑和批阅，还接触了协同编辑、讨论、评论、批注、收藏等其他交互行为，说明本轮实验中，专家的整体参与度有所提升。由于批阅和答疑任务明确，大大提高了专家的参与度和完成度，并且通过有针对性的活动设计，使得人事经理能够通过协同编辑来进行群体知识共建。虽然本轮实验，专家的协同知识建构方面有所改善，但是在参与讨论、评论、好友方面的次数还是很少，说明并未与学生产生深度互动，应在此方面继续加强和改善。

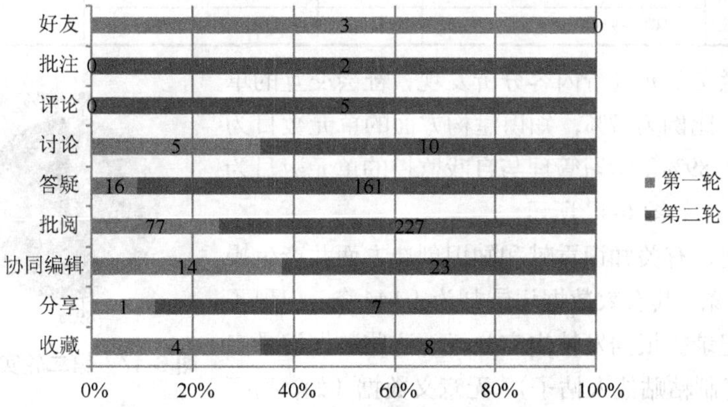

图 6-46　第一轮、第二轮实验专家操作频次对比

2．协同知识建构过程分析

本次学习过程中，共产生 1 802 条关于知识贡献和创造的纪录，通过剔除无效数据（如重复记录数据、无意义数据的记录等）等，25 名学生的帖子数据为 1 144 条，按照编码准则拆分成相关的意义单元，最终获得 1 274 个意义单元，详细交互类型和建构层次数目如表 6-29 所示。

表 6-29　第二轮实验交互建构过程类别

交互类型	编码		意义单元数目	百分比	
社会交互（S）	一般社交	S1	1	92（7%）	
	积极情感交流	S2	89		
	消极情感交流	S3	2		
知识建构（P）	分享信息、描述主题、阐述观点	P1A	188	570	1 132（89%）
		P1B	16		
		P1C	128		
		P1D	69		
		P1E	169		
	发现和分析不一致与差异	P2A	21	32	
		P2B	1		
		P2C	0		
		P2D	10		
	协商讨论与知识建构	P3A	38	67	
		P3B	14		
		P3C	5		
		P3D	6		
		P3E	4		

续表

交互类型	编码		意义单元数目	百分比	
知识建构（P）	提炼与反思	P4	130	130	1 132（89%）
	创作数字制品	P5	333	333	
管理（M）	课程评价与建议	M1	43	50（4%）	
	学习进展与协商	M2	3		
	监控与评估	M3	1		
	环境技术	M4	3		

通过对上述意义单元进行内容分析发现，社会交互的单元数目为 92 条，比例为 7%，知识建构方面的单元数目为 1 132 条，比例为 89%，学习管理与自我监控的单元数目为 50 条，比例为 4%。如图 6-47 所示。

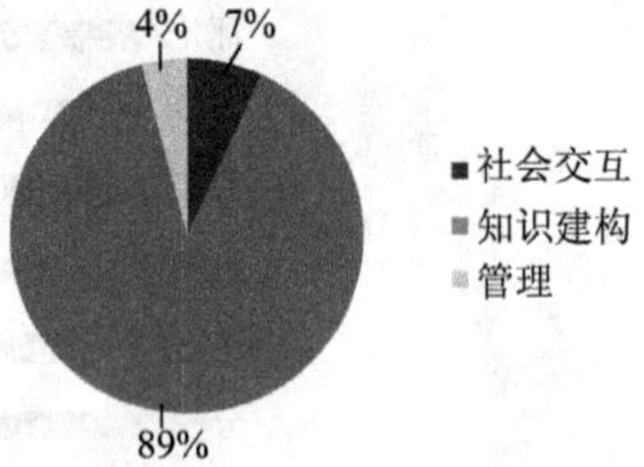

图 6-47　第二轮实验交互类型分布图

本轮实验发现，有关知识贡献和知识创造方面共产生操作数据记录 1 802 条，其有效数据记录却为 1 144 条，出现了大量的无效数据记录。根据发帖内容分析，这些数据记录多数为重复内容（复制粘贴他人帖子）、无意义数据（如，呵呵呵、11111）和空数据，出现这种情况的原因一是平台出现技术故障问题，学生发不出去帖子，产生了大量空记录，正如有帖子问："怎么发不出去信息？"对应上了；二是评价方案把参与讨论、评论、批准等活动分值权重调高，使得一些学生重复发帖或者发无意义文字帖，以获得分数。针对上述现象应提高平台环境的技术稳定性，以及设计更有趣、更有吸引力的交互活动来激发学生的参与学习内动力，而不是单纯地为了获得分数来参与活动。

与第一轮实验相比，学生在知识贡献和知识创造方面的参与度大大提升，从第一轮的 844 条意义单元增加到 1 274 条意义单元，交互类型也更加丰富，几乎所有交互类别和层次都有涉及。

在社会交互方面，由第一轮的 44 条意义单元增加到第二轮的 92 条意义单元，说明第二轮活动中，学生的情感交流更加丰富，更喜欢在这里发表个人情感，也愿意和同伴进行情感交流与互动，学生不只是把注意力放在知识内容上，也开始转向和他人的情感交流和传递，这点对于促进社会网络的建立意义重大。并且本轮实验中，学习者多为积极正向的情感表达，也营造了和谐向上的社会化学习环境。

管理交互方面，由第一轮的 62 条意义单元减少到第二轮的 50 条，差异性不是很大，主要内容还是集中在对课程和资源以及学习元平台的认可和喜欢，涉及合作学习、学习过程的自我反思、监控与评估方面的内容较少，说明学生在合作学习、共同监督和自我反思方面的意识还比较薄弱。

在知识建构方面，由第一轮的 738 条意义单元增加到本轮的 1 132 条，平均每人发帖 43 条，表现出极高的知识建构参与度。说明学生开始逐渐适应群体学习，意识到通过与知识内容和他人的互动可以达到更好的学习效果。图 6-48 所示为两轮实验的交互类型差异对比。

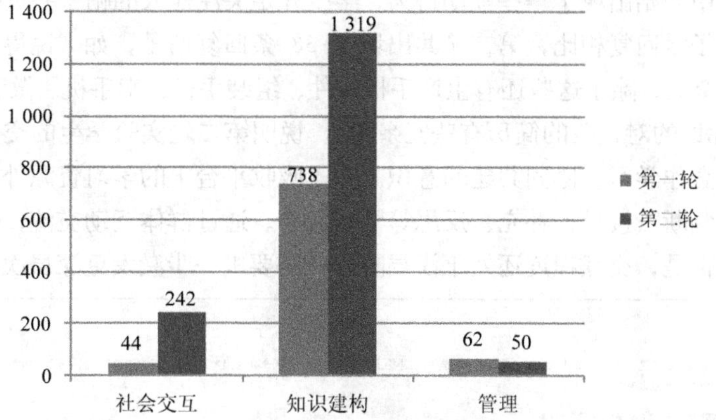

图 6-48　第一轮、第二轮实验的交互类型差异对比

同第一轮实验相比，第二轮在协同知识建构过程方面表现得更为理想，两轮实验的知识建构层次差异对比如图 6-49 所示。尤其在第三、第四和第五层次的知识建构上显著提升，相比第一轮实验，学习者能够对他人观点或作品提出质疑和不同观点（P2A），并能通过协商讨论后解释澄清具体问题（P3A），进行提炼、概括和反思（P4），在此基础上修改检验进行二次作品创作（P5），这与本轮实验加强同伴互评要求和撰写反思笔记、二次上传数字制品的改进策略有很大关系，这对于知识建构的深层次发展也是至关重要的。虽然本轮实验相比第一轮实验只停留在第一层次的建构水平，建构层次更加丰富，但是，其各建构层次的水平还都停留在初级阶段，应采取策略来促使各层次的建构向高阶段发展。

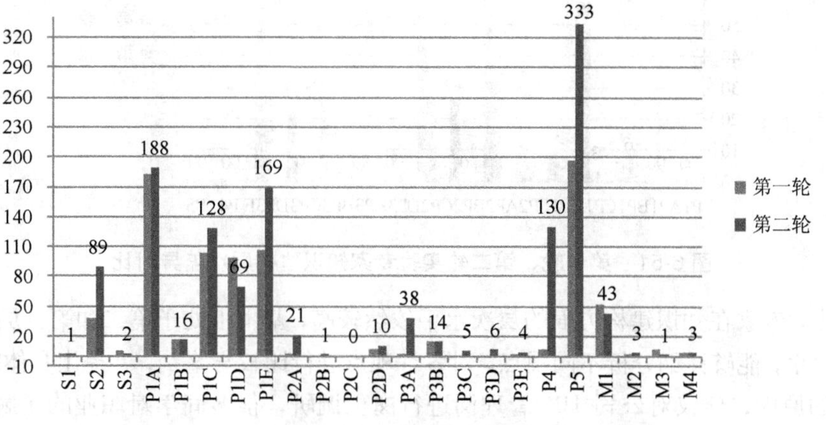

图 6-49　第一轮、第二轮实验的交互层次差异对比

通过对相关帖子的内容分析发现，第二轮实验的学生发帖文字更长，除了能够通过查找资料和文献分享知识，还能附有自己的思考和观点。例如，德国医生、心理学家卡雷努思的“四气质说”，荣格的两种性格倾向理论、血型一性格理论、菲尔性格测试、通过颜色喜好来判断性格、九型人格测试等。但是这些都只是测试，并不能完全真正反映一个人的性格，不要轻易对号入座，有些时候是可以改变的。说明第二轮实验学生不仅可以浏览、观看、下载学习元提供的学习资源，还能主动在其他平台上查找相关资料和文献，连接学习的广度有所提高，从而拓展了知识建构的广度。

在第二轮实验中开始出现了一些互动行为，学生开始关注他人的帖子并进行回复，如图 6-50 所示。与第一轮帖子零回复相比，第二轮共出现了 38 条回复帖子，如“说得好”、“对对对，同感”、“你列举得很全面，除了这些还有生产手机零件、组装手机、卖手机、做手机系统 UI、手机 APP 开发者”、“你说的对，我的简历有些冗余了”。说明第二轮实验学生的交互频率有所改善，学生开始初步有了合作学习、协同共建的意识。除了吸收平台上的学习资源外，还可以通过他人的帖子产生思考、判断、接受、补充、反思等学习行为。通过群体互动交流，营造出知识协同共建构的学习氛围。但是，交互程度还处于浅层阶段，需要进一步激发更深层次的交互。

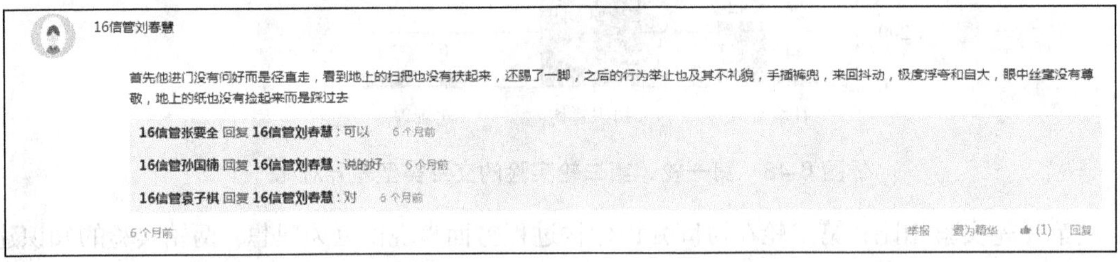

图 6-50　第二轮实验讨论界面截图

在本轮实验中，10 名专家共产生 293 条关于知识贡献的记录，按照编码准则拆分成相关意义单位，最终获得 364 个意义单元，如图 6-51 所示。

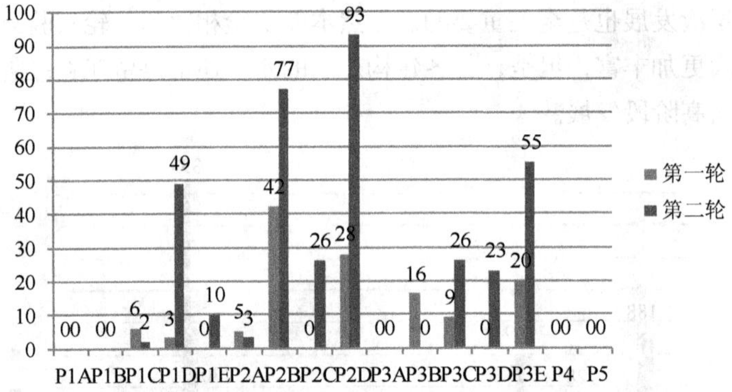

图 6-51　第一轮、第二轮实验专家知识建构层次差异对比

可以看出，专家在知识建构方面的层次水平依然较高，基本上处于第二和第三层次的 P2D 和 P3E 高阶段水平，能够详细分析不同观点，对各种观点进行比较与鉴别，并提出具体的修改建议，如“因专业的原因，建议对公司 HR 管理岗进行岗位调研，很多同学对职业的了解并不深入，岗位加班的原因与工作量/目标完成/公司性质挂钩，并不是所有的工作岗位全都需要加班，建议只对一至两个岗位进行岗位职责了解，并对对应的岗位职责进行择业前的准备工作，逐项锻炼自己，以满足岗位任职条件。”并且，专家的发长贴率达到 90%以上，也保证了交互建构内容的高质量水平。

与第一轮实验专家在知识建构方面产生的 129 个意义单元相比，第二轮增加到了 364 个意义单元，专家在知识协同建构参与度上有所提高，并且本轮实验社会职业人的参与率也有所提升，但相比高校教师群体，还是积极性欠佳，应进一步采取策略，激发社会职业人的参与动力。

3. 职业情境认知网络建构过程分析

在本轮实验中，研究者针对职业情境的创设除了保留原有的 3 个讨论，1 个提问答疑以及岗位调研报告之外，还增加了 1 个学习元和 1 个投票、1 个讨论活动。通过学生投票“选出你最想了解的职业”、专家协同编辑“招聘信息”和岗位调研活动，学生能够具体地针对某个职业进行提问和讨论。本轮实验主要聚焦几个具体的职业情境，如程序员、经理助理、教师和人力资源岗位，如图 6-52 所示，展示了学生针对某个职业的提问、讨论和岗位调研以及专家协同编辑和答疑。

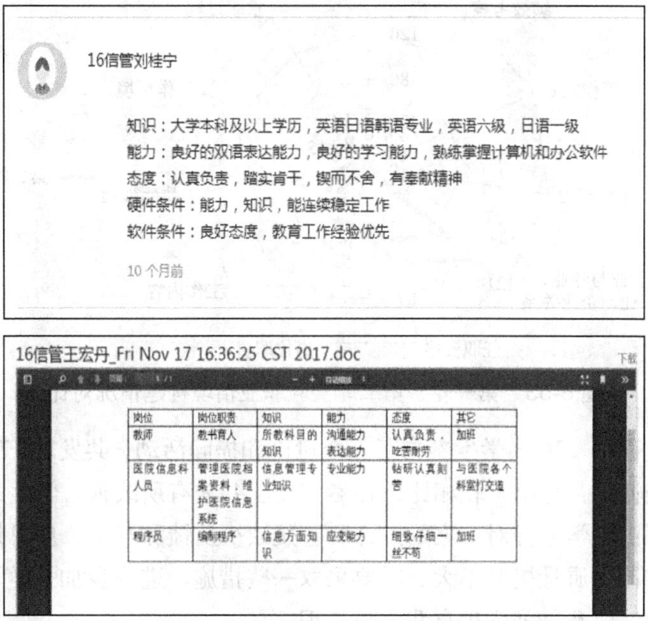

图 6-52　第二轮实验聚焦某个职业的情境构建界面截图

通过对学习者发表的有关职业的帖子进行整理与分析，26 名学习者共进行了 26 次投票，发表了 176 条职业相关的帖子，上传了 52 份岗位调研报告（见表 6-30），可查看两轮学生关于职业情境建构的操作记录对比。专家团主要通过协同编辑、答疑和批阅点评参与了职业情境的构建，共产生 98 条操作记录，其中批阅点评 44 次、答疑 49 次、协同编辑 5 次。表 6-31 所示为两轮实验专家关于职业情境建构的操作记录对比。

表 6-30　第一轮、第二轮实验学生参与职业情境建构操作记录对比

轮　次	讨　论	提　问	数字制品	投　票
第一轮	89	10	25	0
第二轮	120	56	52	26

表 6-31　第一轮、第二轮实验专家参与职业情境建构操作记录对比

项　　目	高校教师 4 人		人事经理 3 人		社会职业人 3 人	
	第一轮	第二轮	第一轮	第二轮	第一轮	第二轮
批阅	9	22	6	17	0	5
答疑	6	28	10	14	0	7
协同编辑	0	0	0	5	0	0

通过对学生和专家帖子和数字制品涉及的职业内容维度进行拆分共得到 378 条单元数目，主要职业情境内容涉及职业名称（某职业的划分）5 条、薪酬待遇 29 条、工作内容 59 条、岗位职责 87 条、工作环境 15 条、任职资格 87 条、职业与专业行业或企业关系 121 条、求职过程 10 条共八个维度，比第一轮职业情境建构只涉及的三个维度更加立体和丰富，如图 6-53 所示。

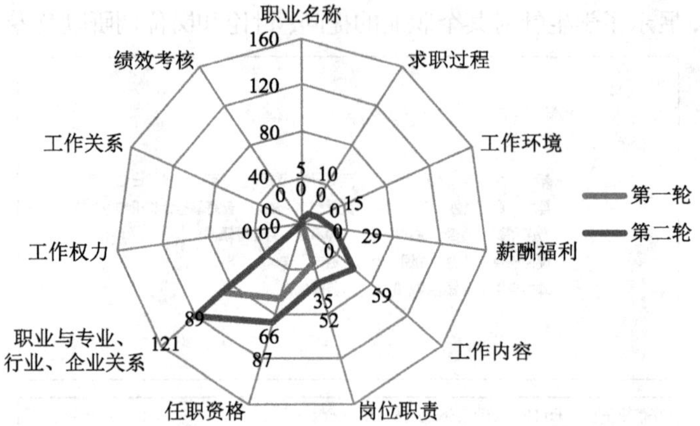

图 6-53　第一轮、第二轮实验职业情境构建情况对比

在第二轮学习过程中，26 名学生参与了五个讨论和提问活动，共发表 176 条帖子，平均每人每个活动发表 1.4 条帖子，与第一轮相比，在参与度上并未有所改善，学生之间也未表现出较好的互动交流。同时，由于学生针对专家的点评和答疑缺少反馈和互动，反思效果也并不是十分理想，二次上传的数字制品质量提升不大。需要采取一些措施，进一步加强学习者之间、学习者与专家之间的互动交流，以及加强学生自我反思意识。

本轮专家参与度相比第一轮有所改善，多出了 67 条，主要产生在答疑和批阅行为上，主要参与群体也集中在高校教师和人事经理，社会职业人的参与度依然不高，而对于职业情境的建构，社会职业人的力量不容忽视，他们能够提供最真实有效实时的职业信息，所以加强社会职业人的参与积极性，依然是需要重点解决的问题。

4．求职社会关系网络建构过程分析

（1）基于人与内容的社会网络分析

学习者和专家作为连接知识网络和社会网络的管道和媒介，如果每个人与网络节点（知识和人）的交互广度和深度越好（可以用贡献度衡量），则他作为管道和媒介能带动其他成员的社会网络越大，从而整个群体的社会网络就会更大。两轮社会化学习过程中基于内容连接的社会网络身份，具体如图 6-54 所示。

在第二轮学习过程中，26 名学习者和 10 名专家有 36 位成为网络中的浏览者身份，6 位成为网络中的收藏者，12 位成为了网络中的贡献者，10 位成为了网络中的协作者，如表 6-32 所示。同第一轮实验相比，第二轮有更多成员成为网络的节点，社会网络连接更广一些，同时第二轮成员贡献与协作的群体有所增加，说明交互程度更深一些。

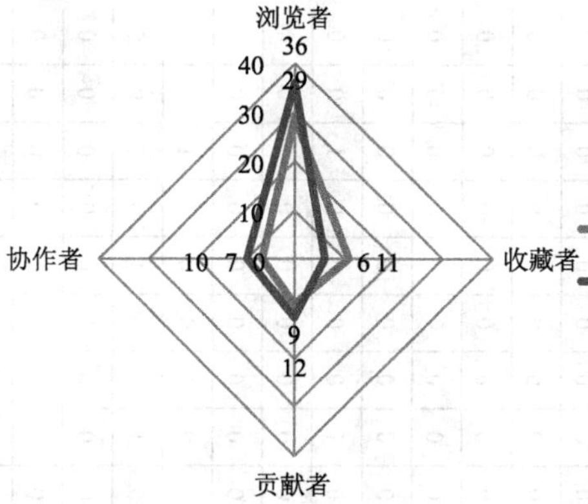

图 6-54 第一轮、第二轮实验成员内容标签类型数量对比图

表 6-32 第一轮和第二轮网络成员对比

轮　次	浏览者	收藏者	贡献者	协作者
第一轮	29	11	9	7
第二轮	36	6	12	10

（2）基于人与人的社会网络分析

在本次学习中，有 26 名学生和 10 名专家参与了交互行为，共计 36 个节点。从学习元平台后台提取本次学习活动的相关交互数据 842 条，剔除重复、乱码、灌水等无意义的数据后，共计 584 条有效交互记录。包括协同编辑 31 条、评论他人创建的学习元 127 条、提问答疑 49 条、回帖 55 条、同伴互评 92 条、专家批阅 227 条，如表 6-33 所示。本轮实验比第一轮增加了 259 条交互记录，专家交互（如批阅）次数显著提升，学生之间出现了主动回复他人讨论或评论等交互行为，具体如图 6-55 所示。

表 6-33 第一轮、第二轮实验交互记录

轮　次	协同编辑	评　论	答　疑	回　帖	同伴互评	专家批阅
第一轮	19	162	16	0	51	77
第二轮	31	127	49	55	92	227

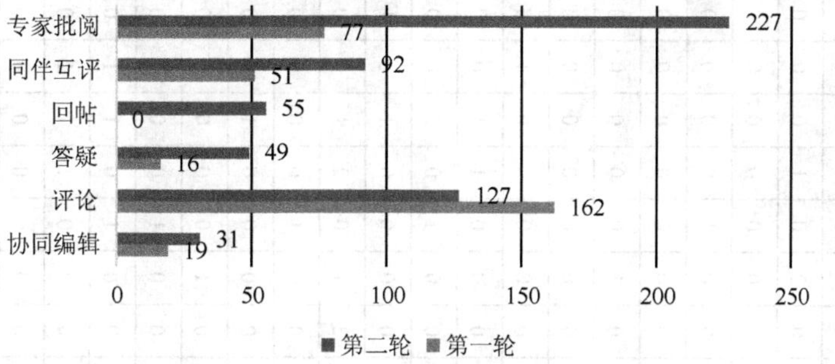

图 6-55 第一轮、第二轮实验交互记录比较

根据成员之间交互的有向性，建立了 36×36 的“学生-专家关系 1-模矩阵，如表 6-34 所示。

表 6-34　第二轮实验“学生-专家关系 1-模矩阵”

—	001	002	003	004	005	006	007	008	009	010	011	012	013	014	015	016	017	018	019	020	021	022	023	024	025	026	ZL	ZJW	CX	ZSS	SY	WL	CYR	GYJ	GHZ	PC
001	0	0	0	1	1	0	1	0	0	0	1	0	0	0	0	0	0	0	0	0	0	0	0	0	1	0	4	0	0	0	0	0	0	0	0	0
002	0	0	0	0	0	0	0	0	0	0	0	0	0	0	0	0	0	0	0	0	0	0	0	0	0	0	4	0	0	0	0	0	0	0	0	0
003	0	0	0	0	0	2	0	1	0	0	0	0	0	0	0	0	1	0	0	0	0	0	0	0	0	0	12	0	1	0	1	0	0	1	0	0
004	1	0	0	0	0	0	0	0	0	0	0	0	0	1	0	0	0	0	0	0	0	0	0	0	0	0	2	0	0	0	0	0	0	0	0	0
005	1	0	0	1	0	0	1	0	0	0	0	0	0	0	0	0	1	0	0	0	0	0	0	0	1	0	9	0	0	0	0	0	0	0	0	0
006	0	0	0	0	0	0	0	0	0	0	0	0	0	0	0	0	1	0	0	0	0	0	0	0	0	0	4	0	0	0	0	0	0	0	0	0
007	1	0	0	1	0	1	0	0	0	0	0	0	0	0	0	0	0	0	0	0	0	0	0	0	1	0	4	0	0	0	0	0	0	0	0	0
008	0	1	1	1	0	0	0	0	0	0	0	0	0	0	0	1	0	0	0	0	0	0	0	0	0	0	4	0	0	0	0	0	0	0	0	0
009	0	0	0	0	0	0	0	0	0	1	0	1	2	0	1	0	0	1	1	0	0	1	0	0	0	0	6	0	0	0	0	0	0	0	0	0
010	0	0	0	0	0	0	0	1	1	0	0	0	0	0	1	0	0	1	1	0	0	0	0	1	0	0	6	0	0	0	0	0	0	0	0	0
011	0	0	0	0	0	0	1	0	1	0	0	1	0	0	0	0	0	0	0	0	1	0	1	1	0	0	5	0	0	0	0	0	0	0	0	0
012	0	0	0	0	0	0	0	0	1	0	1	0	0	0	1	0	0	1	0	0	1	0	1	0	0	0	7	0	1	0	0	0	0	1	0	0
013	0	0	0	0	2	1	0	2	1	0	0	0	0	2	0	1	1	0	0	0	0	1	0	0	0	0	6	0	0	0	0	0	0	0	0	0
014	0	0	0	0	0	0	1	0	0	0	0	0	1	1	0	1	1	0	1	0	0	0	0	0	0	0	2	0	0	0	0	0	0	0	0	0
015	0	0	0	0	0	0	0	0	1	0	0	1	1	0	0	0	1	0	0	0	0	0	0	0	0	0	8	0	0	1	0	0	0	1	0	0
016	1	0	0	0	0	1	0	0	0	0	0	0	1	1	0	0	0	1	1	0	0	0	0	0	0	0	10	0	1	0	0	1	0	1	0	0
017	0	0	1	0	0	0	1	0	0	1	0	0	2	0	2	0	0	0	0	0	1	0	0	1	1	0	7	0	0	0	1	0	0	0	0	0
018	1	1	0	0	0	0	1	0	1	1	0	2	0	0	0	0	0	0	1	0	0	1	1	0	0	0	6	0	0	1	0	1	0	0	0	0
019	0	0	0	0	0	0	0	1	1	1	0	0	0	0	0	0	0	1	0	0	0	0	0	0	1	0	7	0	1	0	0	0	0	1	0	0
020	0	0	0	0	0	0	0	0	0	0	0	0	0	0	0	0	0	0	0	0	0	0	0	0	0	0	4	0	0	0	0	0	0	0	0	0
021	0	0	0	0	0	0	0	0	1	1	1	1	0	0	0	0	1	0	0	0	0	1	1	1	0	0	6	0	0	0	0	0	0	0	0	0
022	0	0	0	1	0	0	0	0	0	0	0	0	0	0	0	0	0	0	0	0	0	0	0	0	1	0	5	0	0	0	0	0	0	0	0	0
023	0	0	1	0	0	0	0	0	0	0	0	0	0	0	0	0	0	0	0	0	1	0	0	0	1	0	7	0	0	0	0	0	0	0	0	0
024	0	0	0	0	0	0	0	0	1	1	1	1	0	0	1	0	0	0	0	0	1	0	1	0	0	0	5	0	0	0	0	0	0	0	0	0

续表

—	001	002	003	004	005	006	007	008	009	010	011	012	013	014	015	016	017	018	019	020	021	022	023	024	025	026	ZL	ZJW	CX	ZSS	SY	WL	CYR	GYJ	GHZ	PC
025	0	1	0	1	1	0	1	0	0	0	1	0	0	0	0	0	0	0	1	0	1	0	1	1	0	0	5	0	0	0	0	0	0	0	0	0
026	0		0	0	1	0	0	0	0	1	0	0	0	0	0	0	1	0	0	0	0	0	0	0	0	0	2	0	0	0	0	0	0	0	0	0
ZL	2	2	2	1	2	2	1	2	3	2	1	2	3	2	2	2	1	2	1	2	1	2	2	2	2	1	0	0	0	0	0	0	0	0	0	0
ZJW	0	1	1	2	1	1	1	0	2	0	3	0	2	0	3	1	2	1	0	1	2	0	2	2	0	1	2	0	0	0	0	0	0	0	0	0
CX	2	2	2	2	3	2	2	2	1	1	1	2	2	2	2	0	0	3	0	2	0	1	2	3	1	1	3	0	0	0	0	0	0	0	0	0
ZSS	0	1	0	2	1	0	1	1	0	2	0	1	1	2	1	0	2	1	0	2	1	0	1	0	0	1	1	0	0	0	0	0	0	0	0	0
SY	0	1	0	1	0	1	0	1	0	0	1	0	1	1	0	1	0	1	0	0	0	1	0	0	2	0	0	0	0	0	0	0	0	0	0	0
WL	1	2	1	1	1	2	1	2	0	1	2	1	1	2	0	2	1	2	0	2	2	2	2	2	2	1	3	0	0	0	0	0	0	0	0	0
CYR	1	2	2	0	2	1	1	1	0	1	1	0	1	2	1	2	1	2	1	0	0	1	1	0	1	1	2	0	0	0	0	0	0	0	0	0
GYJ	1	0	2	2	1	1	0	1	0	1	2	1	2	1	2	0	2	0	1	1	1	0	2	1	2	1	0	0	0	0	0	0	0	0	0	0
GHZ	0	1	0	1	0	0	2	1	0	2	1	2	1	0	0	1	1	1	0	0	0	1	0	1	0	0	0	0	0	0	0	0	0	0	0	0
PC	1	1	1	0	1	0	1	2	0	1	0	0	1	0	1	1	0	2	1	0	1	0	1	2	2	0	0	0	0	0	0	0	0	0	0	0

根据“学生-专家关系 1-模矩阵”生成第二轮实验的成员交互社群图，如图 6-56 所示。从社群图来看成员之间的交互较为密集和均衡，体现了一定的网状结构和凝聚性。在群体中处于中心位置依然以 ZL 为主，除此之外，中心位置又聚集了一些专家，如 CX、WL、CYR，他们分别是高校就业处教师和人事经理。还有一些学生，如 013、017、025 等也成了社群中的焦点，受到其他成员的关注。中心人物比第一轮有所增加，越来越多的社会专家和优秀学生成为社群的“新意见领袖”。本轮实验，所有网络节点均发生了交互连接，但仍有一些节点，如 020、026、SY、GHZ 等成员处于相对边缘的位置。

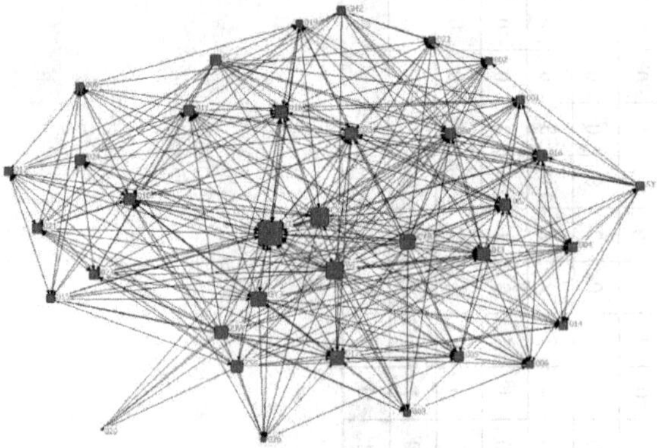

图 6-56　第二轮实验成员社群图

网络密度分析：通过 Ucinet 软件计算得出本轮网络密度为 0.463 1（标准差为 1.042 0），比第一轮网络密度有所增加，如表 6-35 所示。

表 6-35　第一轮、第二轮实验网络密度比较

网络密度和标准差	第一轮实验	第二轮实验
网络密度	0.273 1	0.463 1
标准差	1.069 1	1.042 0

中心度分析：根据“第二轮实验学生-专家关系 1-模矩阵”，利用 Ucinet 计算出该网络成员的点度中心度，图 6-57 给出了所有节点的绝对中心度和相对中心度。点度中心度前 3 名的是：ZL、CX、WL，中心度分别是 158、46、39，其中 ZL 为就业指导教师，依然处于该网络的主导位置。出现了一些活跃的专家群体，如 CX 高校就业处教师，WL 高级人事经理，他们愿意分享心得、给予学习者建议，同时也得到了其他群体的关注，主要交互行为以批阅和答疑为主。点度中心度排名后 4 名的是学生 026、020 和专家 SY、GHZ，中心度分别是 11、12、14 和 16，与高中心度的成员差距较大。其中，SY 来自省就业指导中心公务人员，GHZ 是社会职业人，虽然所有专家均产生了交互行为，但是政府公务员群体和社会职业人群体仍然表现出较低的参与度，处于社群的边缘状态。

在本轮学习过程中，26 名学习者共出现 2 次好友申请操作记录，虽然产生了一些互动行为，学生之间、专家与学生之间的连接具有一定的广度，但是除与就业指导教师 ZL 交互达到 10 条以上之外，其他成员之间均未出现 10 条以上的深度交互。群体的社会标签，如好友、密友的关系没有形成，成员之间形成朋友圈的意识薄弱，还需要多加强群体互动，激发同伴互助、同伴合作、共同探讨的主动性和积极性。另外，还要继续挖掘社会职业人的参与积极性。

		1 Degree	2 NrmDegree	3 Share
27	ZL	158.000	37.619	0.160
29	CX	46.000	10.952	0.047
32	WL	39.000	9.286	0.040
13	013	32.000	7.619	0.032
28	ZJW	31.000	7.381	0.031
17	017	31.000	7.381	0.031
18	018	30.000	7.143	0.030
34	GYJ	29.000	6.905	0.029
33	CYR	28.000	6.667	0.028
3	003	27.000	6.429	0.027
16	016	27.000	6.429	0.027
25	025	27.000	6.429	0.027
5	005	27.000	6.429	0.027
24	024	25.000	5.952	0.025
23	023	25.000	5.952	0.025
15	015	25.000	5.952	0.025
11	011	24.000	5.714	0.024
10	010	24.000	5.714	0.024
8	008	23.000	5.476	0.023
12	012	22.000	5.238	0.022
21	021	22.000	5.238	0.022
30	ZSS	22.000	5.238	0.022
7	007	22.000	5.238	0.022
9	009	20.000	4.762	0.020
4	004	20.000	4.762	0.020
36	PC	20.000	4.762	0.020
14	014	19.000	4.524	0.019
19	019	18.000	4.286	0.018
6	006	18.000	4.286	0.018
2	002	18.000	4.286	0.018
22	022	17.000	4.048	0.017
1	001	17.000	4.048	0.017
35	GHZ	16.000	3.810	0.016
31	SY	14.000	3.333	0.014
20	020	12.000	2.857	0.012
26	026	11.000	2.619	0.011

图 6-57　第二轮实验成员网络点度中心度

5．学习成就分析

学习结束后，对所有学习者进行后测，配对样本 T 检验，对学习成就进行测试，结果如表 6-36 所示。

表 6-36　第二轮实验学生成就配对样本 T 检验

变　量	平 均 值	标 准 差	差　值	t	P
同组学生均值比较分析			−13.66	-8.223	0.000*
前测成绩	45.88	4.97			
后测成绩	59.54	8.37			

本书使用了配对 T-检验法对第二轮实验中学生在初始和学习后分别提交的三份作业的成绩（岗位调研报告、个人简历、面试自我介绍三份作业通过邀请专家批阅所得的成绩平均值）的综合均值之间是否存在显著统计差异进行了分析。结果表明，从表 6-37 可以看出：总共 1 组配对数据，全部呈现出差异性（$P<0.05$），前测成绩和后测成绩之间呈现出 0.01 水平的显著性（$t=-8.22$，$P=0.00$）。对于这一组学生，前测成绩的平均值（45.88），会明显低于后测成绩的平均值（59.54）。学生的第二次测验优于第一次测验，说明取得了较为显著的指导效果。

6.5.4　讨论与分析

1．实施成果

与第一轮实验相比，本轮实验中学生的参与度有了明显提升，其有效操作记录数据比第一轮增加了 740 条。在知识的贡献和创造方面也有所提升，说明学生已经从被动接受知识转向主动分享和贡献知识，并能在此基础上对知识进行改进和创造。

从协同知识建构过程来看，针对第一轮实验知识建构层次较低，主要集中在第一层次，缺少质疑、总结、补充、反思、应用等深层的知识建构，在本轮实验中进行了改进，增加了反思、反馈、推送优秀作品等环节。第二轮学习活动的群体知识建构水平有所提升，尤其在第四、第五层次产生了比较好的效果，群体建构水平逐步向高层次发展。

从职业情境建构过程来看，本轮实验学生开始关注某个职业的具体问题，如“程序员每天的工作是什么？”“需要具备什么条件能应聘人力资源岗位？”等，与第一轮学生大多谈论“本专业适合什么职业？”“我这个专业就业前景如何？”等大而泛的问题相比，本轮实验学生探讨的职业话题越来越聚焦，说明通过课程的学习学生已初步建立了职业生涯规划意识和明确了职业目标，职业认知越来越清晰具体。并且通过讨论、提问答疑、岗位调研等活动，发表的帖子和数字制品能够比较全面地展现职业的各个维度，如某职业的工作内容、薪酬待遇、岗位职业、工作环境、任职资格等。

从求职社会关系网络建构过程来看，第二轮学习者的网络角色也从简单的浏览者逐步走向贡献者和协作者，学习者对知识内容的连接逐步向深度发展。另外，在第二轮同行互评次数有所增加并且出现了一些跟帖回复，学习者之间可以主动浏览同伴的作品和发帖，并开始进行群体互动，互动频率较第一轮有所提升。专家群体全部参与了交互行为，以高校教师和人事经理为中坚力量，参与交互形式多以专家批阅和答疑为主。随着个体参与率和群体互动率的提升，社会关系网络也会随之逐渐形成。

与第一轮实验相比，专家的整体活跃度也有所提升。高校教师依然是专家团中参与度最高的群体，其次是人事经理。但是，本轮实验中社会职业人开始能够进行少量批阅和答疑，比第一轮零参与有所突破，人事经理也突破性地参与了协同编辑学习元。在保持专家团协同知识建构的高水平基础上，同时进一步提高专家团社会化协同建构和社会交互的参与度，将会更有利于社会性知识网络更好地发展。

2．存在问题

通过第二轮实验的数据分析，在协同知识建构的水平、职业情境建构的完整、社会化交互的广度和深度方面都比第一轮实验有较大的提升。但是仍存在一些问题：

（1）协同知识建构在第二、第三层次表现不佳

虽然在第二轮实验关于知识建构的数据量远远高于第一轮数据，并且出现了较多的第四、第五层次的建构内容，这与协同活动的设计与策略支持很有大的关系，但是第二、第三层次的知识建构水平尚需提升，学习者发帖内容比较机械和表面，缺少深入的协商讨论，对知识点的差异性分析、多种观点的比较、辨析、整合和补充这类较高质量的帖子仍然相对较少。因此，如何提高第二、第三层次的知识建构水平是第三轮实验需要考虑的问题。

（2）职业情境的构建还不够完整和真实

虽然本轮实验针对职业情境提出的 11 个维度已经出现了 8 个维度，但仍然还不能立体地再现某职业的真实情境。另外，根据学习者和专家的讨论、提问答疑、作品批阅点评的内容来看，对职业的描述更偏重概念性的解释，如程序员的具体职业类别、公务员的种类等，缺少更实际的职业现状描述和介绍，如程序员的工作环境、程序员的工作时间、程序员工作需要接触的工作对象等。可能原因还是社会职业人的参与度较低，对于职业情境的构建来说，目前正在从事该工作的职业人最有发言权，提供的信息也最真实有效，如果能够让职业人讲述自己的职业故事，与学生探讨这个职业的现状与未来发展，那么职业情境的塑造将更加真实、完整。

(3) 社会关系网中的社会角色塑造不佳

虽然本轮实验学习者的学习角色不断深入发展，贡献者和协作者的角色不断增长，但是社会角色的塑造依然不够理想，好友圈并未形成。在提高人与人连接的广度基础上，加强群体交互的深度是促进社会关系网络社会角色形成的关键，社会角色的塑造需要充分地进行群体交互，虽然本轮实验学生的参与率逐步提升，但基本上还处于与内容的交互阶段，与人的交互程度较低，即使浏览了他人的作品、参与了同伴互评，也是较机械地按照规定批阅数目完成课程任务，点评的质量并不是很高。在本轮实验中，也出现了 55 条回复帖子的现象，但是数量极少，并且跟帖数量最高也未超出 3 条，说明针对某一帖子的内容并未展开有来有往的激烈探讨，甚至发帖人也未继续关注自己的帖子回复情况。并且，回复内容多为简单的“同意”“不错”“说得对”等浅层次的交互。可能原因是学习者和专家不能保证实时在线，发表和回复的帖子不能及时看到，对方得不到及时的反馈，也就失去了继续互动的动力，造成交互实时性差、效率低的问题。

3. 改进思路

根据上述存在的问题，通过对模式的进一步改进来提高以学生为主体的知识建构水平、职业情境创设、社会关系互动。本次模式的改进侧重深度挖掘专家在塑造社会性知识网络发挥的最大潜力和功能，从而带动学生更高水平地参与学习和互动交流，并通过制定反思框架和交互程度标准策略，促进学生协同建构层次提升和深度互动交流，最后充分利用 QQ 和微信社交软件的优势功能作为学习元平台的辅助平台，提高交互时效性。修正后的模式如图 6-58 所示。

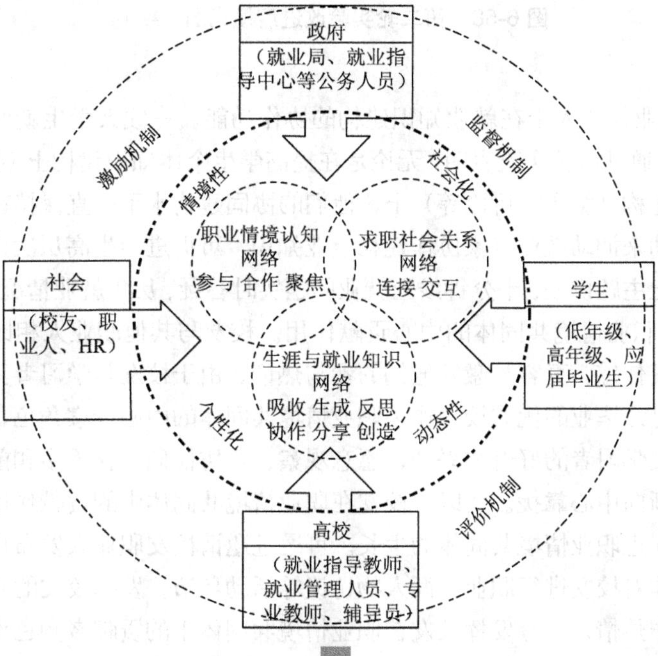

图 6-58 第二轮实验改进后模式图

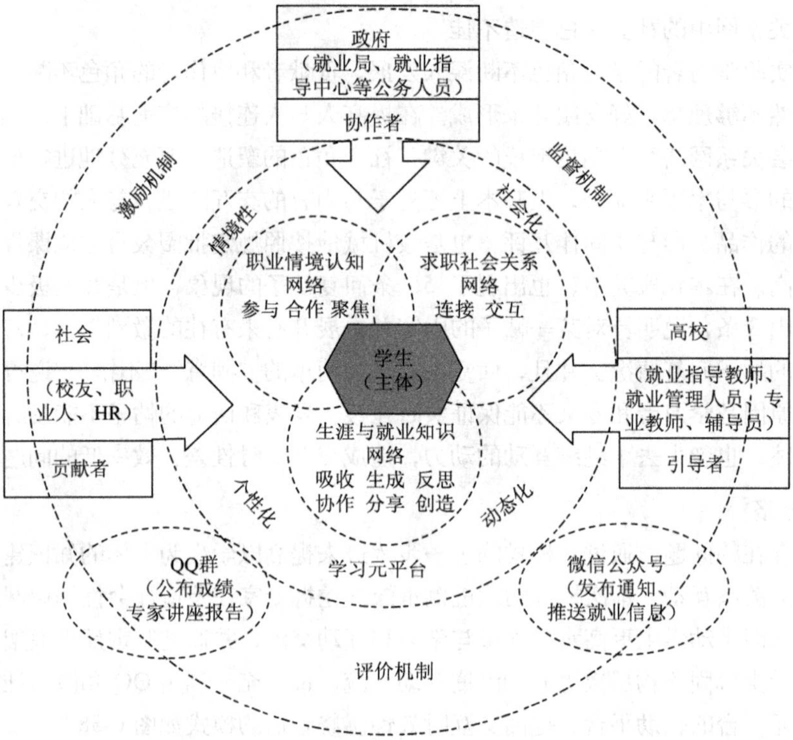

图 6-58　第二轮实验改进后模式图（续）

（1）改进措施

① 充分发挥就业权威人士在就业知识建构的协作功能。一线大学生就业工作者无疑是就业知识最高的建构者，通过两轮实验表明，无论是在提高学生个体知识建构上（批阅点评、答疑等），还是促进群体知识建构（编辑、讨论等）上，他们的协同建构水平一直保持在较高的水平，通过设计丰富的学习活动来调动就业专家协作建构就业知识，可促进学生高层次认知的有效发生。可通过邀请专家做线上主题讲座、十分钟线上就业问题实时答疑、历年就业情况大数据推送等活动。

② 激活校友在职业情境共同体的中心贡献作用。校友与其他职业人相比对母校、对学弟学妹更具有归属感和责任感，更容易激发他们的参与热情。由于校友与学习者具有相同的学校和专业背景，邀请学校已经毕业的优秀校友作为职业情境共同体的中心专家角色，更具有说服力和亲和力，也更容易引发学习者的好奇和兴趣，愿意观察、模仿他们，喜欢多和前辈交流互动，从而展开边缘性活动逐渐向中心靠拢。所以，校友在职业情境共同体中的贡献作用非常大，充分利用校友资源，有利于促进职业情境共同体的生长。可通过邀请校友职业人发布自己的求职和职业故事、学习者小组合作对校友进行职业生涯人物访谈等活动环节，发挥校友的共同体中心作用和提高学习者的参与合作热情，充分发挥校友在职业情境共同体中的贡献者角色作用。

③ 充分发挥教师引领群体深度交互的引导作用。社会性知识网络的就业指导课程打破了学生习惯的自上而下接受教学资源的学习方式。这种自下而上的学习，并不是完全放任自流，让学生在学习元平台上肆意生长，如果这样，即使参与率再高，发帖量再大，也不会有深度的、高水平的交互内容产生，所以需要注重教师多进行过程性的引导，适当的引导能够把握方向，拔高认知层次，增加交互频率。由于教师在学生心中的高影响力，教师在讨论、评论、批注等学习活动

中的引导性语言会带动一批学生互动跟帖，从而提高了群体的交互程度。

（2）策略支持

① 提供反思框架。在本轮实验中，为了提高知识建构层次，增加了有关学习反思的学习活动，如撰写反思笔记、修改后二次上传数字制品等学习活动。但是，通过对反思内容分析和两次生成的数字制品版本对比发现，反思和应用效果并不是很好。为此，研究者为学习者制定了反思框架，通过对自己学习过程和学习结果的反思进一步提升学生的协同构建。学习者应该进行三个层次的反思：第一层作为学习者，反思自己在课程内容上的获得和不足；第二层作为求职者，反思课程单元内容对自己在职业生涯规划或求职过程中的影响，反思总结自己学习之前的行为有哪些不足，学习后自己应该如何做好职业生涯规划和求职准备。第三层作为合作者，反思自己与其他学习者的互动交流情况，如自己发布的作品其他学习者为你提供了哪些建议，自己在其他学习者身上学到了什么，自己又为其他学习者提供过哪些帮助。

② 细化交互程度标准。在讨论、同伴互评、批注或评论等交互环节，进一步细化交互程度评价标准（见表 6-37），给出深度互动和浅层互动的评价指标，学习者进行对照，进而提高互动交流的深度。

表 6-37　进一步细化交互程度标准[①]

程　度	反　馈	现 象 分 析
浅度交互	简单回应	少量文字回答，如同意、不错等
	摘录原文	摘录作者语句，用来表达个人态度
中度交互	粗略回答	对内容进行简单分析，加入少量个人观点
	综合阐述	结合主题对内容进行阐述，简要表达主题看法
深度交互	总结反思	总结观点基础上，运用批判性思维看待问题
	内化迁移	深入思考内化为自己的知识，实现迁移

③ 充分利用 QQ、微信等社交软件作为有利补充。目前大学生使用率较高的社交软件 QQ 和微信，利用这两款软件的实时性好、使用率普及、操作性便捷等功能，可以辅助学习元平台，促进深度交互和社会网络的形成。研究者创办了“幸福职业人”微信公众号，每日向学习者推送就业信息、求职技巧、招聘信息、就业形势等短文，邀请一线就业工作者担任公众号编委不定期编辑相关文本作为推送资源。通过 QQ 群，定期邀请人事经理（HR）、校友、生涯咨询专家等做线上主题讲座、就业报告、生涯咨询，每次邀请的专家会提供 10 分钟在线答疑，与学习者进行实时互动交流，有意向深度交流并想成为好友的学生可单独向专家发送好友请求，建立自己的社会关系网络。通过 QQ 和微信平台，可以多渠道建立社会关系网和职业情境共同体。

① 余胜泉. 教育信息化发展前沿报告[R]. 区域性网络教研,2014(12).

6.6 第三轮设计实验

6.6.1 实验对象

参与第三轮“大学生职业发展与就业指导”课程设计性实验的是2016级护理专科班的同学。根据自愿报名参加和一致性选拔原则共选出 24 名学生，他们生源分布广泛、男女比例均衡、学习成绩分布均匀，有班级干部5名。在课程初始对每名学生进行了前测。

参与第三轮课程实验的专家团由10人组成，研究者邀请了高校就业指导专职教师1名、就业处教师1名、专业教师1名、辅导员1名、人事经理3名、校友（护士）3名，每位专家工作均超过5年，具备一定的指导经验、专业水平和行业话语权。

第三轮实验对象的基本情况如表6-38所示。

表6-38 第三轮实验对象的基本情况

—	实验	时间	人数
学生	第三轮	2018年5~6月	24
专家	第三轮	2018年5~6月	10

6.6.2 课程活动流程设计及策略

第三轮课程从2018年5月到2018年6月。本次实验中，为了促进课程更好地实施与参与，研究者建立了3个QQ群和1个微信公众号。在课程开始前，分别在群里发布了学生学习元使用指南和专家学习元使用指南。本轮实验共需要完成 11 个学习元内容，课程内容及学习活动流程如表6-39所示。

表6-39 第三轮课程内容及活动流程

单元模块	单元主题	知识建构 个人知识建构 吸收 生成 反思	知识建构 协同知识建构 协作 分享 创造	职业情境 参与 合作	社会关系网 连接 交互
自我认知 (5.7~5.25)	兴趣	加入学习 浏览 收藏 下载 推荐 绘制概念图 发布作品	分享 引入 编辑 评论 批注 同伴互评		加入好友 好友推荐
	性格	加入学习 收藏 下载 推荐 绘制概念图 发布作品	分享 引入 编辑 评论 批注 讨论交流 同伴互评		回复 同伴互评 加入好友 好友推荐

续表

单元模块	单元主题	知识建构		职业情境	社会关系网
		个人知识建构	协同知识建构		
		吸收 生成 反思	协作 分享 创造		
自我认知 (5.7～5.25)	能力	加入学习 收藏 下载 推荐 撰写成就事件故事 提交作业 撰写反思笔记	分享 引入 编辑 评论 批注 讨论交流 同伴互评 二次提交作业		回复 同伴互评 加入好友 好友推荐
	价值观	加入学习 收藏 下载 推荐	分享 引入 编辑 评论 批注 讨论交流 投票		回复 加入好友 好友推荐
职业探索 (5.28～6.8)	职业认知	加入学习 收藏 下载 推荐 确立求职目标 提交作业	分享 引入 编辑 评论 批注 同伴互评	讨论交流	回复 加入好友 好友推荐
	岗位认知	加入学习 收藏 下载 推荐 岗位调研 提交作业 撰写反思笔记	分享 引入 编辑 评论 批注 专家批阅 二次提交作业	讨论交流 提问答疑 社会化批阅	回复 答疑问题 专家批阅 加入好友 好友推荐 专家推荐
	企业认知	加入学习 收藏 下载 推荐 企业调研 提交作业 撰写反思笔记	分享 引入 编辑 评论 批注 专家批阅 二次提交作业	提问答疑	答疑问题 专家批阅 加入好友 好友推荐 专家推荐
	招聘求职	加入学习 收藏 下载 推荐	分享 引入 编辑 评论 批注 投票	讨论交流	回复 加入好友 好友推荐 专家推荐

续表

单元模块	单元主题	知识建构		职业情境	社会关系网
		个人知识建构	协同知识建构		
		吸收 生成 反思	协作 分享 创造		
职业探索 (5.28～6.8)	校友谈经验	加入学习 收藏 下载 推荐	分享 引入 编辑 评论 批注	讨论交流	回复 加入好友 好友推荐 专家推荐
求职技能 (6.11～6.29)	简历	加入学习 收藏 下载 推荐 制作个人简历 提交作业 撰写反思笔记	分享 引入 编辑 评论 批注 同伴互评 专家批阅 二次提交作业		同伴互评 专家批阅 加入好友 好友推荐 专家推荐
	面试	加入学习 收藏 下载 推荐 训练自我介绍 提交作业 撰写反思笔记	分享 引入 编辑 评论 批注 讨论交流 同伴互评 二次提交作业 专家批阅		同伴互评 专家批阅 加入好友 好友推荐 专家推荐

为了保证在本轮课程实施过程中学生的活跃度和认真度，以及社会专家参与指导的主动性和积极性，特制定如下策略：

① 完成本次网络学习，并且学习成绩达到 60 分以上的同学可申请“大学生职业发展与就业指导”课免修，获得 2 学分。

② 参与课程网上指导，并完成批阅与答疑任务的高校教师按课时工作量核算。

③ 充分发挥校友力量，与学校校友会合作，选聘优秀校友成为学校就业指导教师。

④ 与就业实习单位的人力资源部门签约合作建设“大学生职业发展与就业指导”课程，给予合作单位优先选聘优秀毕业生待遇。

⑤ 为学生提供线上就业讲座与咨询的专家（QQ 群或微信公众号），一次性给予讲座费。

同时，在本轮实验中，新增了 1 个学习元、2 个讨论活动，具体内容如表 6-40 所示。

表 6-40 第三轮课程新增学习元和活动内容列表

学习元	活动类型	活动名称	活动描述
校友谈求职经验	协同编辑	邀请校友职业人协同编辑学习元	通过添加段落编辑内容，讲述当年的求职经历，介绍目前从事的职业情况，将更多的经验传递给学弟、学妹

续表

学　习　元	活动类型	活动名称	活动描述
校友谈求职经验	讨论交流	谈谈你对求职找工作的困惑或疑问	看了学姐、学长们的求职过程，你有什么想法？你对自己的求职还有什么困惑或疑问？分享出来，请小伙伴帮忙解答，老师和已毕业得校友也会给你一些建议
	讨论交流	以小组为单位，合作采访你认识的职业人的求职面试成功故事或工作经历故事，并编辑出来分享给大家	你有没有找工作或者找实习的投递简历、参加面试的经历？把你的经验或教训、总结、感受分享给大家。如果没有这样的经历，就采访一下医院里的医生、护士和学校的老师，请他们讲述一段当年的求职经历，分享出来，给以后求职的小伙伴一些借鉴

6.6.3　实验结果

1. 总体情况分析

第三轮课程学习结束后，学生的总体学习情况为：共有 24 人加入知识群和学习元，共发布了 369 个制品，其中包括概念图 48 个，成就事件故事 48 个，职业规划书 24 份，岗位调研表 62 份，企业调查表 70 份，个人简历 55 份，自我介绍视频 62 段。学生学习过程中共产生操作记录 3 069 条，具体操作数量如表 6-41 所示。

表 6-41　第三轮实验学生操作记录表

知识接受				知识分享		知识贡献							知识创造
加入学习元	收藏	下载	投票	引入学习元	上传资源	讨论	评论	提问	批注	协作	互评	反思	发布制品
288	47	320	48	40	55	289	250	119	488	37	594	125	369

本次课程中，学生采用的主要活动形式依次是同伴互评、批注和发布数字制品等。从知识接受、知识分享、知识贡献和知识创造角度来看，其中有关知识接受层次的操作记录条数为 703 条，占 23%，有关知识共享层次的操作记录条数为 95 条，占 3%，有关知识贡献层次的记录条数为 1 902 条，占 62%，有关知识创造层次的记录条数为 369 条，占 12%，如图 6-59 所示。

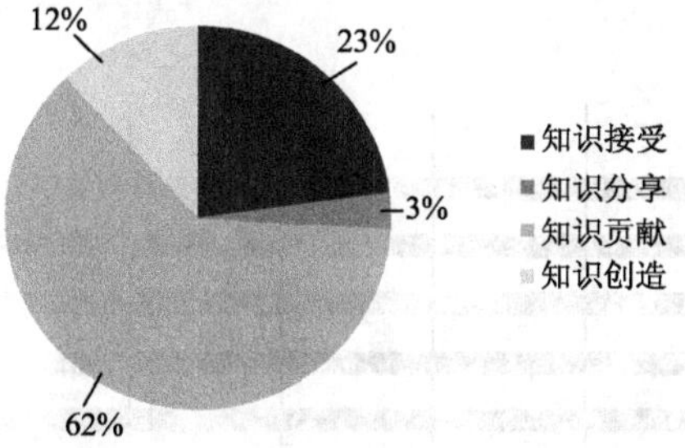

图 6-59　第三轮实验各学习层次的所占比例

与第二轮实验数据相比，第三轮课程学习学生的整体参与度又有所提升，比第二轮的操作频次增加了 325 条。两次实验中最为明显的是第三轮在知识分享和知识贡献方面都有了显著提高，如图 6-60 所示。

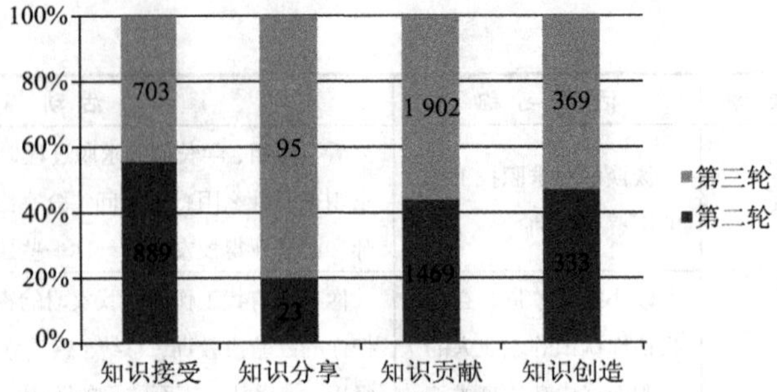

图 6-60　第二、第三轮实验学生操作频次对比

在本轮学习过程中，专家团共产生交互记录 341 条，主要集中在批阅和答疑上，具体操作记录如表 6-42 所示。

表 6-42　第三轮实验专家操作记录表

交互行为	高校教师 4 人	人事经理 3 人	社会职业人 3 人
收藏	0	0	5
分享	0	0	3
协同编辑	2	8	6
批阅	96	65	52
答疑	28	14	24
讨论	12	2	15
评论	3	1	2
批注	0	2	1
加为好友	0	0	0

相比第二轮的专家操作频次，第三轮多了 22 条，差异性不显著。但在参与讨论活动上比第二轮有所提升，说明专家在这一轮与学生的社会交互加深。本轮实验，职业人的参与度也比上一轮提高，基本上参与了所有学习元交互活动，说明通过激发校友潜能的策略起到了作用。由于本轮实验增加了专家协同编辑微信公众号短文、在 QQ 群定期开设主题讲座和答疑等活动，所以学习元平台上的操作频次并没有看到明显增加，但实际上专家的协同共建和深度交互仍然呈发展趋势，如图 6-61 所示。

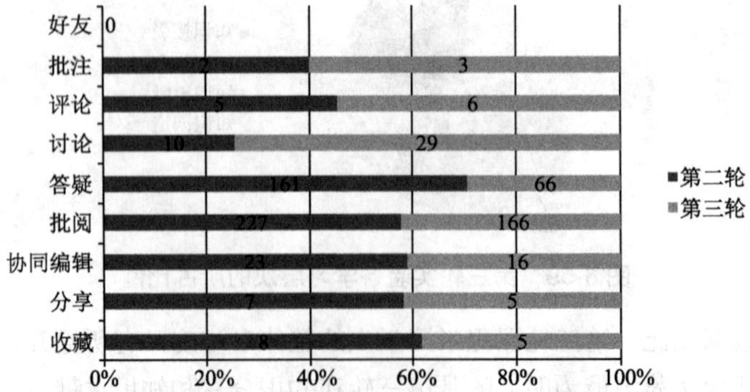

图 6-61　第二轮、第三轮实验专家操作频次对比

2. 协同知识建构过程分析

经过第三轮实验，共获得 2 271 条关于知识贡献和知识创造的纪录，通过剔除无效数据（如重复记录数据、无意义数据的记录等）等，24 名学生的帖子数据为 1 788 条，按照编码准则拆分成相关的意义单元，最终获得 1 811 个意义单元，详细交互类型和建构层次如表 6-43 所示。

表 6-43　第三轮实验交互建构过程类别

交互类型	编码		意义单元数目	百分比	
社会交互（S）	一般社交	S1	0	101（6%）	
	积极情感交流	S2	92		
	消极情感交流	S3	9		
知识建构（P）	分享信息、描述主题、阐述观点	P1A	42	702	1 598（88%）
		P1B	35		
		P1C	325		
		P1D	143		
		P1E	157		
	发现和分析不一致与差异	P2A	30	107	
		P2B	41		
		P2C	4		
		P2D	32		
	协商讨论与知识建构	P3A	61	284	
		P3B	52		
		P3C	19		
		P3D	105		
		P3E	47		
	提炼与反思	P4	136	136	
	创作数字制品	P5	369	369	
管理（M）	课程评价与建议	M1	87	112（6%）	
	学习进展与协商	M2	8		
	监控与评估	M3	15		
	环境技术	M4	2		

通过对上述意义单元进行内容分析发现，社会交互的单元数目为 101 条，比例为 6%，知识建构方面的单元数目为 1 598 条，比例为 88%，学习管理与自我监控的单元数目为条 112，比例为 6%，如图 6-62 所示。

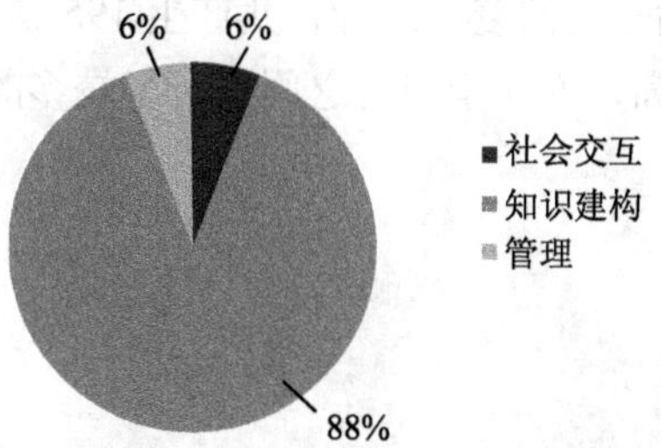

图 6-62　第三轮交互类型分布图

与第二轮实验相比，学生在知识贡献和知识创造方面的参与度大大提升，从第二轮的 1 274 条意义单元增加到 1 811 条意义单元，交互类型分布更加理想，以知识建构为主，辅以情感交流和管理交互。人均 75 条意义单元，表现出了很高的参与率，说明本轮学习过程，产生了频繁的互动行为，如图 6-63 所示。

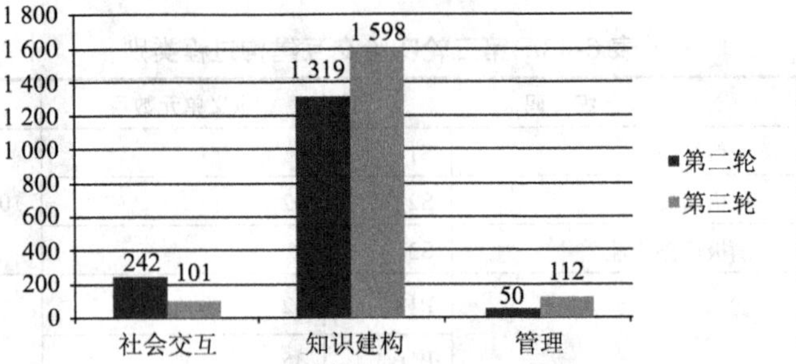

图 6-63　第二轮、第三轮实验的交互类型差异对比

与第二轮实验相比，第三轮在协同知识建构过程方面表现出较高的建构水平，图 6-64 所示为两轮实验的知识建构层次差异对比。

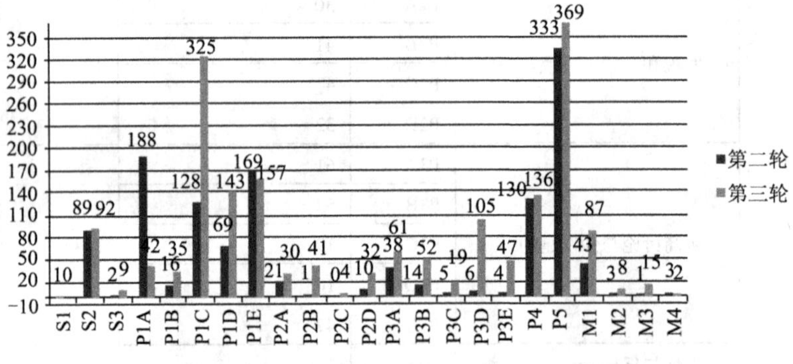

图 6-64　第二轮、第三轮实验的交互层次差异对比

本轮实验知识建构层次更加丰富，每个层次上建构内容也表现出较高的建构水平，尤其在第二层次的 P2B、P2D 和第三层次的 P3B、P3D、P3E 都有显著提升。本轮实验，学习者更具有质疑精神，并且能够清楚详细地分析分歧观点，在协商与讨论层面也更加积极，能够在此基础上提出新的描述并分辨不同观点或多种观点的重要性，其群体协商共建能力更加突出。这与采取充分发挥教师的带动作用有很大关系。由于本轮实验，教师较多地出现在讨论和评论、批注活动中，带动了学习者更加积极地参与互动交流，并且在教师的引导下，交互程度也比第二轮更有深度，不只是简单的“同意”“很好”的交流内容。

在第三轮实验中，通过对帖子的回复量统计，共产生 195 条回复帖子，其中某个帖子最高回复量达到 27 条，互动频率比较高，说明学习者之间进行了较多的互动和交流，如图 6-65 所示。

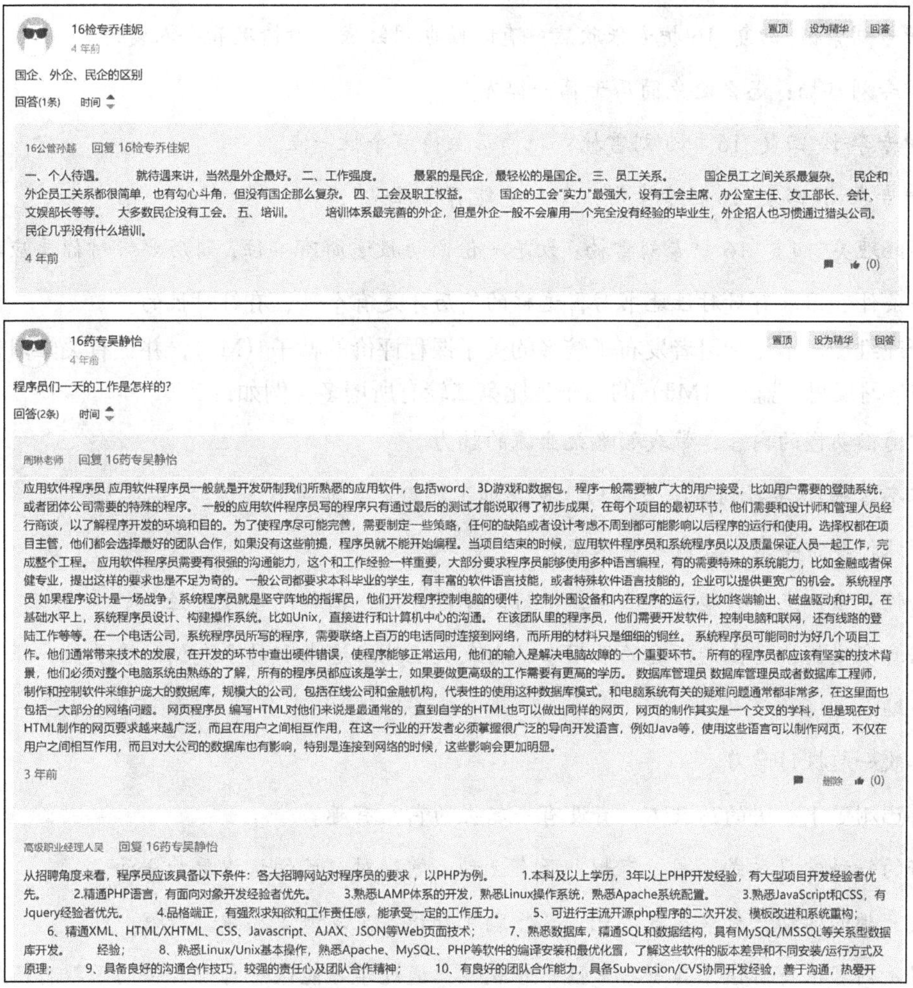

图 6-65　高回复率的讨论截图

通过对帖子内容分析发现，本轮实验中学习者的提问率也比第二轮有所提升，说明学习者在学习过程中能够深度思考和自我反思。而回答问题的不仅仅只有专家，同伴之间也表现出了较好的答疑互助行为。说明第三轮实验群体互动交流程度提高，较好地营造出了协同学习、知识共建的学习氛围。例如：

16 护专阚东旭：简历上用写籍贯吗？

16 护专曹晶 回复 16 护专阚东旭：应该要写吧！

16 护专王倩 回复 16 护专阚东旭：可以看一下简历制作要求。

周琳老师 回复 16 护专阚东旭：一些单位通过你的籍贯来了解你工作的稳定性，如果你是在家乡找工作可以标出。

16 护专张欣然：简历上的照片一般都是什么颜色的底。

16 护专谷莹 回复 16 护专张欣然：蓝底吧！

16 护专杨进 回复 16 护专张欣然：一般蓝底。

16护专刘紫微 回复 16护专张欣然：有时候也用红底，看情况和个人爱好。

16护专刘雪楠：怎么避免简历千篇一律呢？

16护专李彤 回复 16护专刘雪楠：把简历做得有个性一点。

16护专李楠 回复 16护专李彤：如何才能有个性呢？

人事经理吴 回复 16护专刘雪楠：切忌一份简历投递所有单位，简历要针对你要应聘的岗位和单位的条件和需求有针对性地书写，这样的简历才是有个性、有针对性的。

在管理维度，本轮学习者发布了较多的关于课程评价的帖子（M1），并且有关学习合作协商（M2）与学习反思、监控（M3）的帖子也比第二轮有所增多。例如：

非常通俗易懂的内容，带我领略就业课的魅力。

内容丰富细致,学习到了很多技巧，也更加了解自己，非常好。

老师课件非常丰富，让我收获很多。

互动性更多一点，兴趣会多一点，很好的学习方法，简单的学习途径。

根据真实案例，看出老师真的很用心，由表及里地渗透求职对于我们的重要性，课程对我有很大的帮助。

我喜欢一起探讨学习。

给自己测了下想去的岛RIA，有没有一起去的啊？有趣。

很好的一种学习方式，高效有趣，还有互动，觉得对自己的认识更加全面。

通过有趣的活动，大家各抒己见，既学到了知识，又发散了思维，很好。

学习元内容很有价值，具有参考性、客观性，通过学习能认识自己，帮助了解自己的职业兴趣，并且能确定自己的职业发展方向。

这进一步说明，学习者对于课程的内容、形式、平台给予了较高的评价和认可。学习者开始有了主动寻找学习伙伴和共同监控学习进展的意识。并且在学习过程中，学习者对于自己的学习过程进行了及时的反思和评估，这是线上进行就业指导成功的重要环节和要素。

在本轮实验中，10名专家共产生317条关于知识贡献的记录，按照编码准则拆分成相关意义单位最终获得355个意义单元，两轮专家协同知识建构差异对比如图6-66所示。

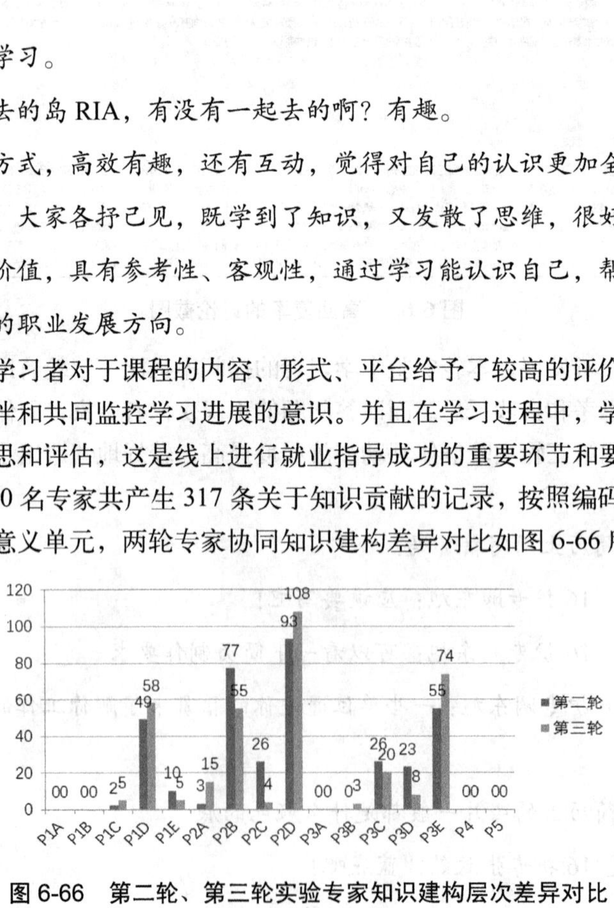

图6-66 第二轮、第三轮实验专家知识建构层次差异对比

可以看出，专家在知识建构方面的层次分布更为均匀，每个层次的建构内容依然呈现较高水准。根据专家发帖内容分析，本轮专家发帖长度虽然有所降低，详细的观点证明和举例分析有所减少，但是给予的修改建议（P2D）和补充内容（P3E）有所增加，原因可能是本轮职业人的参与度增加，他们更倾向直截了当地体现同意或否认态度，而教师本轮把注意力更多地放到了讨论的引领上，发长贴的数量也有所降低，但是职业人的参与和教师的引导却有效地提高了学习者之间的深度交流。

3．职业情境共同体建构过程分析

在第三轮实验中，研究者针对职业情境的创设又增加了一个学习元和两个讨论。通过发动校友职业人协同编辑学习元“校友谈求职经验”、小组合作开展职业生涯任务访谈活动和与校友帮你解答职业困惑等互动活动，对某职业展开了更为具体、立体、完整、真实的情境再现。本轮实验只聚焦了一个职业情境：护士。

在本轮实验的职业情境的建构中，校友和社会职业人发挥了最大的贡献作用，他们的参与提供了最真实、最有效的职业信息。通过校友分享求职经历，（见图 6-67）激发了学生的评论热情（见图 6-68）、通过收集校友求职经验或职业现状等活动（见图 6-69），营造出了良好的就业氛围，建构了真实的护士职业情境。

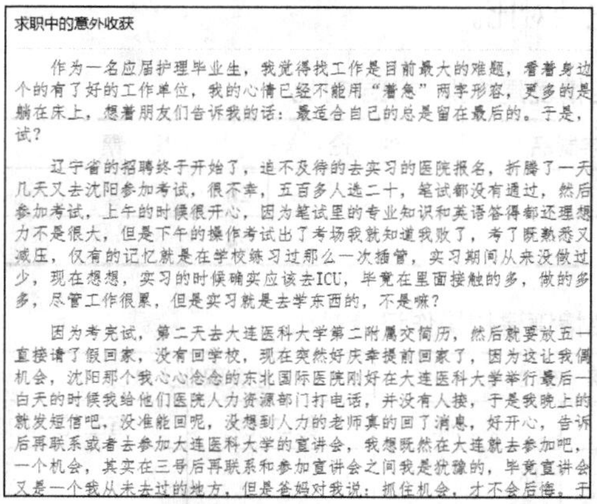
求职中的意外收获

作为一名应届护理毕业生，我觉得找工作是目前最大的难题，看着身边个的有了好的工作单位，我的心情已经不能用“着急”两字形容，更多的是躺在床上，想着朋友们告诉我的话：最适合自己的总是留在最后的。于是，试？

辽宁省的招聘终于开始了，迫不及待的去实习的医院报名，折腾了一天几天又去沈阳参加考试，很不幸，五百多人选二十，笔试都没有通过，然后参加考试，上午的时候很开心，因为笔试里的专业知识和英语答得都还理想力不是很大，但是下午的操作考试出了考场我就知道我败了，考了既熟悉又减压，仅有的记忆就是在学校练习过那么一次插管，实习期间从来没做过少，现在想想，实习的时候确实应该去ICU，毕竟在里面接触的多，做的多多，尽管工作很累，但是实习就是去学东西的，不是嘛？

因为考完试，第二天去大连医科大学第二附属交简历，然后就要放五一直接请了假回家，没有回学校，现在突然好庆幸提前回家了，因为这让我倘机会，沈阳那个我心心念念的东北国际医院刚好在大连医科大学举行最后一白天的时候我给他们医院人力资源部门打电话，并没有人接，于是我晚上的就发短信吧，没准能回呢，没想到人力的老师真的回了消息，好开心，告诉后再联系或者去参加大连医科大学的宣讲会，我想既然在大连就去参加吧，一个机会，其实在三号后再联系和参加宣讲会之间我是犹豫的，毕竟宣讲会又是一个我从未去过的地方，但是爸妈对我说：抓住机会，才不会后悔。于

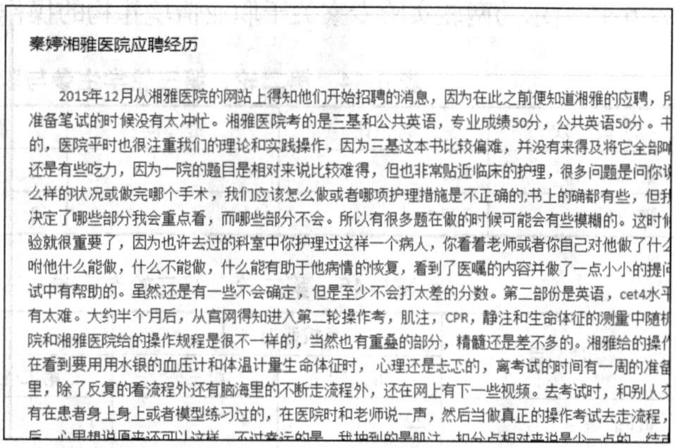
秦婷湘雅医院应聘经历

2015年12月从湘雅医院的网站上得知他们开始招聘的消息，因为在此之前便知道湘雅的应聘，所准备笔试的时候没有太冲忙。湘雅医院考的是三基和公共英语，专业成绩50分，公共英语50分。书的，医院平时也很注重我们的理论和实践操作，因为三基这本书比较偏难，并没有来得及将它全部还是有些吃力，因为一院的题目是相对来说比较难得，但也非常贴近临床的护理，很多问题是问你么样的状况或做完哪个手术，我们应该怎么做或者哪项护理措施是不正确的,书上的确都有些，但我决定了哪些部分我会重点看，而哪些部分不会。所以有很多题在做的时候可能会有些模糊的。这时候验就很重要了，因为也许去过的科室中你护理过这样一个病人，你看着老师或者你自己对他做了什么咐他什么能做，什么不能做，什么能有助于他病情的恢复，看到了医嘱的内容并做了一点小小的提问试中有帮助的。虽然还是有一些不会确定，但是至少不会打太差的分数。第二部份是英语，cet4水平有太难。大约半个月后，从官网得知进入第二轮操作考，肌注，CPR，静注和生命体征的测量中随机院和湘雅医院给的操作规程是很不一样的，当然也有重叠的部分，精髓还是差不多的。湘雅给的操作在看到要用用水银的血压计和体温计量生命体征时，心理还是忐忑的，离考试的时间有一周的准备里，除了反复的看流程外还有脑海里的不断走流程外，还在网上有下一些视频。去考试时，和别人交有在患者身上身上或者模型练习过的，在医院时和老师说一声，然后当做真正的操作考试去走流程，

图 6-67　校友分享求职经历

图 6-68　学生评论校友的经验分享

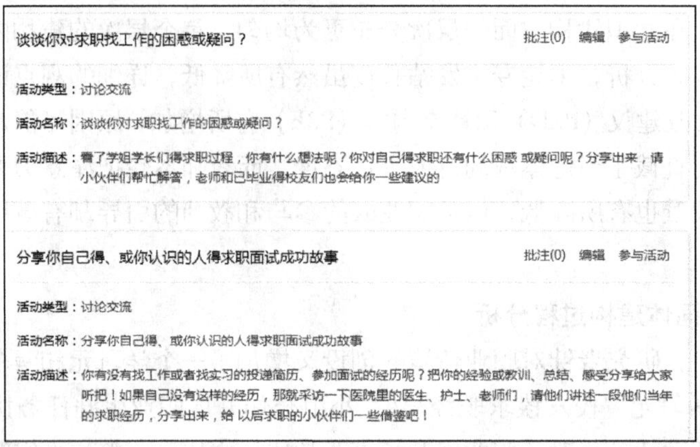

图 6-69　学生关于职业的讨论活动

通过对学习者发表的有关职业的帖子进行整理与分析，24 名学习者共进行了 24 次投票，发表了 366 条职业相关的帖子，上传了 62 份岗位调研报告，如表 6-44 所示，可查看两轮学生关于职业情境建构的操作记录对比。专家团主要通过协同编辑、答疑和批阅、讨论参与了职业情境的构建，共产生 162 条操作记录，其中批阅点评 60 次，答疑 66 次，协同编辑 16 次，讨论 22 次，表 6-45 所示为两轮实验专家关于职业情境建构的操作记录对比。

表 6-44　第二轮、第三轮学生参与职业情境建构操作记录对比

轮　次	讨　论	提　问	数字制品	评　论	投　票
第二轮	120	56	52	0	26
第三轮	207	119	62	40	24

表 6-45　第二轮、第三轮专家参与职业情境建构操作记录对比

项　目	高校教师 4 人		人事经理 3 人		社会职业人 3 人	
	第二轮	第三轮	第二轮	第三轮	第二轮	第三轮
批阅	22	24	17	18	5	18
答疑	28	28	14	14	7	24
协同编辑	0	2	5	8	0	6
讨论	0	5	0	2	0	15

通过对学生和专家帖子和数字制品涉及的职业内容维度进行拆分共得到 623 条单元数目，从职业情境的十一个维度全方位地建构了“护士”这一职业情境。其中职业名称（主要关于职业划分，具体的岗位界定）51 条、薪酬待遇 53 条、工作内容 41 条、岗位职责 81 条、工作权力 6 条、工作环境 62 条、工作关系 14 条、绩效考核 36 条、任职资格 104 条、职业与专业行业或企业关系 60 条、求职过程 115 条共八个维度，比第二轮职业情境建构更为聚焦，更为全面理想，如图 6-70 所示。说明第三轮学习者职业目标更加明确，更多地关注目标职业的求职过程、任职资格、岗位职责，不像第二轮大多数还停留在专业与职业的选择考虑层面上。一是由于本轮实验学习者的专业为护理学，可能从事的未来职业更加清晰明确，二是本轮实验邀请了做护士的校友参与职业故事讲述和求职经历分享，更加清晰地了解该职业探讨的话题，也激发了学习者的讨论热情，讨论内容更加全面和深入。

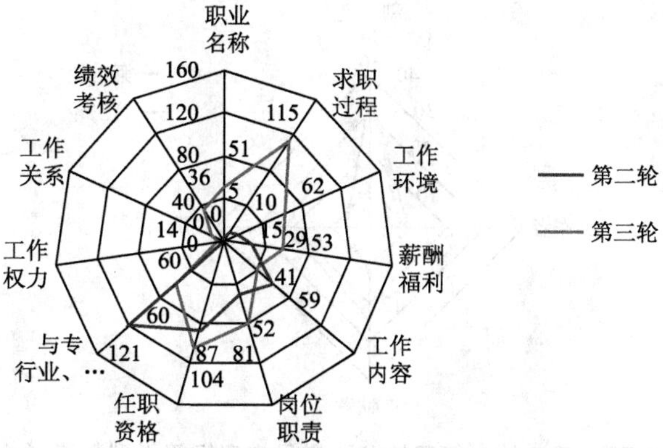

图 6-70　第二轮、第三轮实验职业情境构建情况对比

在本轮实验中，职业情境共同体正逐渐形成，除了研究者邀请的专家处于该共同体的中心位置，协同便捷学习元内容、答疑解惑外，还涌现了一些比较活跃的学习者参与了协同编辑和答疑，并且答疑质量较高，如图 6-71 所示。说明随着学习者在职业情境共同体的观察、参与、提问、互动等行为，逐渐从边缘开始向中心移动，并慢慢进入了专家行列。这也是共同体成发展趋势的重要体现。

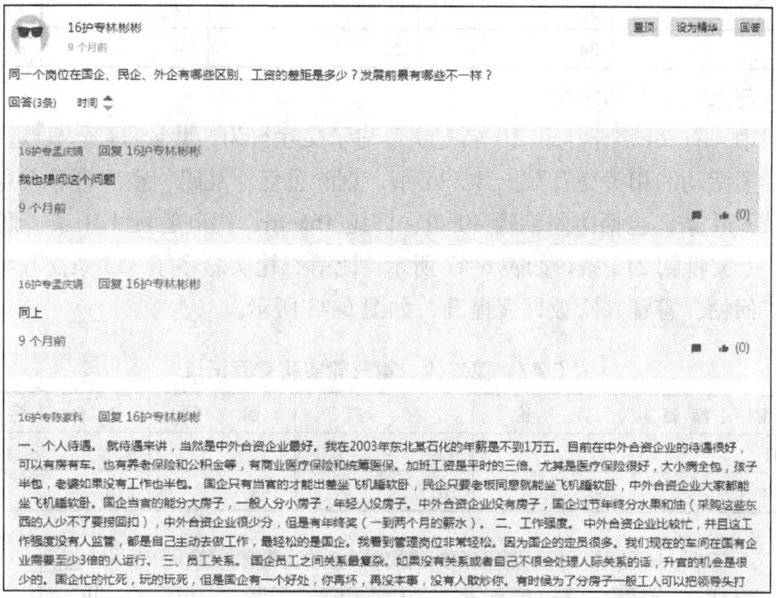

图 6-71　第三轮实验学习者参与答疑

4．求职社会关系网络建构过程分析

（1）基于人与内容的社会网络分析

基于本课程的学习，基于学习者和专家的贡献程度而连接的群体的相关数量及群体的身份，如图 6-72 所示。

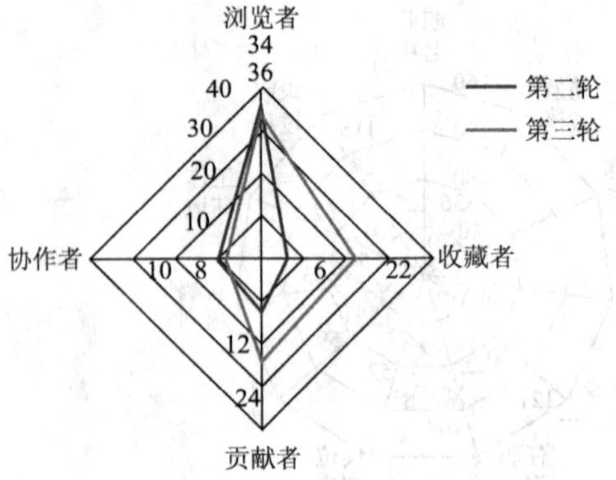

图 6-72　第二轮、第三轮实验成员内容标签类型数量对比图

在第三轮学习过程中，24 名学习者和 10 名专家有 34 位成为网络中的浏览者身份，22 位成为网络中的收藏者，24 位成了网络中的贡献者，8 位成了网络中的协作者。与第二轮实验相比，第三轮收藏和贡献的群体都显著增加，学习广度和学习深度都有所提高，如表 6-46 所示。

表 6-46　第二轮和第三轮网络成员对比

轮　次	浏　览　者	收　藏　者	贡　献　者	协　作　者
第二轮	36	6	12	10
第三轮	34	22	24	8

（2）基于人与人的社会网络交互

在本次学习中，有 24 名学生和 10 名专家参与了交互行为，共计 34 个节点。从学习元平台后台提取本次学习活动的相关交互数据 1 396 条，剔除重复、乱码、空字符等无意义数据后，共计有效交互记录 934 条，包括协同编辑 40 条、评论 166 条、提问答疑 101 条、回帖 198 条、同伴互评 216 条、专家批阅 213 条，如表 6-47 所示。比第二轮实验多了 353 条交互记录，学生之间互动（如互评、回帖、答疑）次数显著提升，如图 6-73 所示。

表 6-47　第二轮、第三轮实验交互记录

轮　次	协 同 编 辑	评　论	答　疑	回　帖	同 伴 互 评	专 家 批 阅
第二轮	31	127	49	55	92	227
第三轮	40	166	101	198	216	213

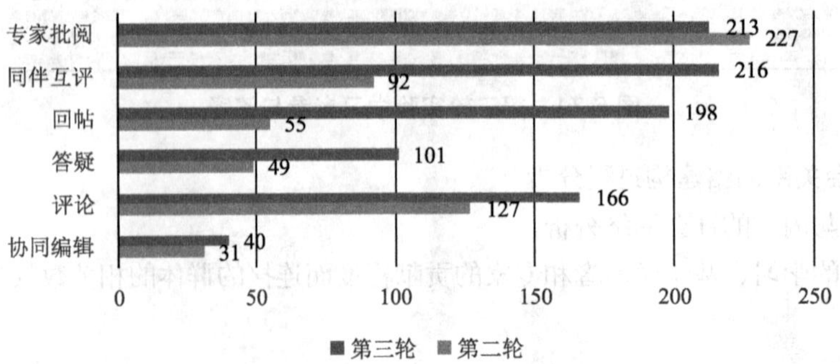

图 6-73　第二轮、第三轮实验交互记录比较

根据成员之间交互的有向性，建立 34 × 34 的“学生–专家关系 1–模矩阵，如表 6-48 所示。

表 6-48　第三轮实验“学生-专家关系 1-模矩阵”

—	001	002	003	004	005	006	007	008	009	010	011	012	013	014	015	016	017	018	019	020	021	022	023	024	ZL	CX	LYJ	HML	WL	CYR	GYJ	WZY	ZLL	QT
001	0	1	0	1	1	2	0	1	0	1	0	0	1	0	0	0	0	1	0	0	0	0	0	1	17	0	1	0	0	1	1	1	1	1
002	0	0	0	0	0	1	0	1	0	0	0	0	0	0	1	0	0	0	0	0	0	0	0	0	8	1	0	0	0	0	0	1	1	1
003	0	0	0	0	0	10	0	0	0	0	0	0	0	0	0	0	0	0	0	0	0	0	0	0	19	1	1	1	0	1	0	1	2	1
004	2	0	2	0	1	1	1	0	0	0	1	2	1	0	0	0	0	0	0	2	0	1	0	0	8	0	0	1	1	0	0	1	1	1
005	0	0	2	0	0	0	2	1	2	0	3	0	0	0	0	1	0	1	0	1	0	1	0	2	7	0	0	0	0	0	0	1	1	1
006	1	3	11	5	1	0	2	1	11	1	0	0	3	0	0	2	0	1	4	0	0	1	1	1	10	0	1	0	1	0	1	2	3	2
007	0	1	1	0	4	0	0	1	0	0	2	0	0	0	1	0	0	0	0	0	0	0	0	1	29	0	1	2	1	0	1	1	1	1
008	0	1	2	0	1	1	0	0	0	0	0	0	1	0	1	0	0	0	0	1	1	0	0	0	8	0	0	0	0	0	0	1	1	1
009	0	0	2	0	1	10	1	1	0	1	0	0	3	1	0	1	0	1	0	1	1	1	0	0	15	1	0	0	1	0	0	1	1	3
010	0	0	1	1	0	0	0	1	2	0	1	0	0	0	0	1	0	1	0	1	0	1	0	0	5	0	0	0	0	0	0	1	1	1
011	1	0	4	0	0	1	0	0	2	0	0	1	1	0	0	0	0	0	1	1	0	1	0	0	2	0	0	0	0	0	0	1	2	1
012	0	0	0	0	0	0	1	1	0	2	3	0	0	3	2	0	0	0	0	1	1	0	0	1	5	0	0	0	0	0	0	1	1	1
013	0	0	1	2	0	3	0	1	1	2	0	0	0	0	1	0	0	1	0	1	0	0	0	0	5	0	0	0	0	0	0	2	1	1
014	0	0	1	0	0	0	0	0	0	0	1	0	0	0	0	0	1	1	0	0	0	0	0	0	6	0	0	0	0	0	0	1	1	1
015	0	1	2	1	1	1	0	0	1	2	3	0	1	0	0	2	2	0	0	0	1	1	1	0	4	0	2	0	1	0	0	1	1	1
016	0	0	0	0	0	1	0	0	1	0	0	0	0	0	0	0	0	1	0	1	1	0	0	0	6	0	0	0	0	0	0	1	1	1
017	0	0	0	0	1	0	0	0	1	0	0	1	0	0	2	1	0	0	0	0	0	0	0	0	2	0	0	0	0	0	0	1	1	1
018	0	1	0	0	0	0	1	0	0	0	1	0	1	0	0	1	0	0	0	0	0	0	0	1	6	0	0	0	0	0	0	1	2	1
019	0	0	0	0	1	0	0	0	0	1	1	0	1	0	0	0	0	0	0	1	1	0	0	0	0	0	0	0	0	0	0	1	1	1
020	0	0	0	0	0	2	0	0	1	0	0	1	0	0	0	1	1	1	0	0	1	1	1	0	8	0	1	0	1	0	0	1	1	1
021	0	0	0	2	0	0	0	0	0	1	1	0	0	0	0	1	0	0	0	1	0	0	0	0	3	0	0	0	0	0	0	1	1	1
022	1	1	0	2	1	2	0	1	2	1	1	0	1	0	0	1	0	0	1	1	1	0	1	1	3	0	0	0	0	0	0	2	3	2
023	0	0	0	0	0	0	0	0	0	1	0	0	1	0	0	1	0	0	1	0	3	1	0	0	4	0	0	0	0	0	0	1	1	1
024	1	0	0	0	2	0	1	1	0	0	2	0	1	0	0	1	0	0	1	0	0	0	0	0	10	0	0	0	0	0	0	1	1	1

续表

—	001	002	003	004	005	006	007	008	009	010	011	012	013	014	015	016	017	018	019	020	021	022	023	024	ZL	CX	LYJ	HML	WL	CYR	GYJ	WZY	ZLL	QT
ZL	2	3	3	2	2	4	4	2	4	4	3	2	3	2	2	3	3	2	3	2	3	2	3	4	0	0	0	0	0	0	0	0	0	0
CX	2	1	1	2	1	1	1	0	2	0	1	0	2	0	2	0	1	1	1	0	2	0	2	0	0	0	0	0	0	0	0	0	0	0
LYJ	2	1	2	2	1	0	1	1	2	1	2	0	1	1	2	1	1	0	2	2	1	1	1	1	1	0	0	0	0	0	0	0	0	0
HML	0	2	1	1	0	2	0	1	0	2	1	1	1	1	0	1	0	2	1	0	2	1	2	0	1	0	0	0	0	0	0	0	0	0
WL	2	3	3	0	3	2	3	3	2	2	2	0	1	1	1	0	2	2	2	0	1	0	1	1	5	0	0	0	0	0	0	0	0	0
CYR	2	0	1	2	0	0	2	0	0	1	2	0	3	0	2	1	0	2	0	1	2	1	2	1	3	0	0	0	0	0	0	0	0	0
GYJ	0	1	0	0	1	1	1	2	0	3	1	1	1	0	1	2	0	1	2	0	1	2	0	2	0	0	0	0	0	0	0	0	0	0
WZY	4	1	1	1	2	2	2	2	1	2	2	0	1	2	0	1	1	0	1	2	0	3	0	1	2	0	0	0	0	0	0	0	0	0
ZLL	3	1	2	1	1	2	2	1	2	2	1	1	0	1	1	1	0	1	1	3	0	3	0	0	2	0	0	0	0	0	0	0	0	0
QT	4	2	1	1	2	2	2	2	1	2	2	0	1	2	0	1	0	0	1	2	0	3	0	0	2	0	0	0	0	0	0	0	0	0

根据“学生-专家关系 1-模矩阵”生成第三轮实验的成员交互社群图，如图 6-74 所示。

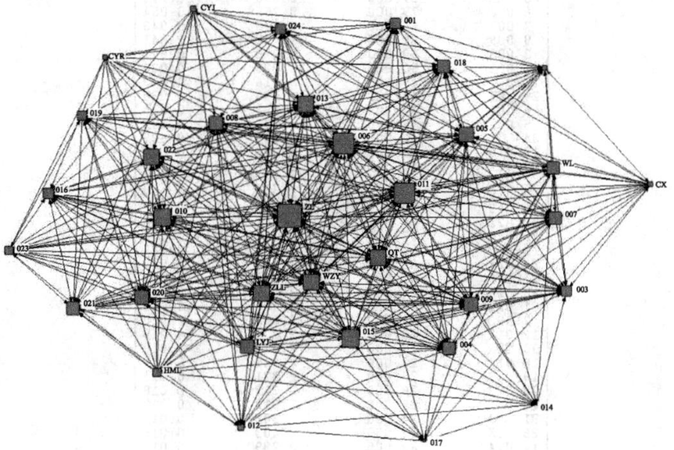

图 6-74　第三轮实验社群图

从社群图来看参与人员交互密集且均衡，体现了一定的网状结构和凝聚性。在群体中出现了多个中心人物，除了就业指导教师 ZL 外，还出现了一些以学生为代表的“意见领袖”，如学生 006、011 等，专家 QT、WZY 也分别聚集了以自己为中心的交互群体。本轮实验所有网络节点均产生了较高的交互连接，“意见领袖”群体更加丰富，一些学生活跃分子带动了更多的社会交互。

网络密度分析：通过 Ucinet 软件计算得出本轮网络密度为 0.8080（标准差为 1.7284），密度值接近 1，说明本次网络密度比较紧密。比第二轮网络密度显著增加，如表 6-49 所示。

表 6-49　第二轮、第三轮实验网络密度比较

网络密度和标准差	第二轮实验	第三轮实验
网络密度	0.463 1	0.808 0
标准差	1.042 0	1.728 4

中心度分析：根据“第三轮实验学生-专家关系 1-模矩阵”，利用 Ucinet 计算出该网络成员的点度中心度，图 6-75 给出了所有节点的绝对中心度和相对中心度。点度中心度前 5 名的是：ZL、006、007、009、003，中心度分别是 211、79、62、60、60，在本轮实验中学生充分体现出了网络学习的自主作用，表现出了较高的活跃度和互动性，主要交互行为以同伴互评和回复为主。点度中心度排名后 3 名的是学生 017、014 和专家 CX，中心度分别是 18、22、23，与中心度平均值差距不大，说明网络所有个体参与度较高。其中，专家 CX 来自高校就业处教师，与前两轮参与度比较并未降低，只是本轮实验中社会职业人参与互动量显著提高，中心度排名分别在第 11、13、14 位。

在本轮学习过程中，24 名学习者和 10 名专家节点全部发生了交互行为。在学习元平台共出现 11 条发起好友申请操作记录，通过高频率的群体互动产生了更加理想的社会关系网络，形成了多个好友圈和密友圈，如表 6-50 所示。

		1 Degree	2 NrmDegree	3 Share
25	ZL	211.000	22.048	0.145
6	006	79.000	8.255	0.054
7	007	62.000	6.479	0.043
9	009	60.000	6.270	0.041
3	003	60.000	6.270	0.041
1	001	50.000	5.225	0.034
11	011	48.000	5.016	0.033
29	WL	44.000	4.598	0.030
4	004	43.000	4.493	0.030
5	005	42.000	4.389	0.029
34	QT	42.000	4.389	0.029
10	010	41.000	4.284	0.028
33	ZLL	40.000	4.180	0.028
32	WZY	40.000	4.180	0.028
15	015	39.000	4.075	0.027
13	013	39.000	4.075	0.027
22	022	37.000	3.866	0.025
20	020	37.000	3.866	0.025
8	008	36.000	3.762	0.025
24	024	32.000	3.344	0.022
27	LYJ	31.000	3.239	0.021
18	018	31.000	3.239	0.021
21	021	30.000	3.135	0.021
2	002	29.000	3.030	0.020
12	012	28.000	2.926	0.019
30	CYR	28.000	2.926	0.019
16	016	28.000	2.926	0.019
19	019	27.000	2.821	0.019
23	023	26.000	2.717	0.018
28	HML	25.000	2.612	0.017
31	GYJ	24.000	2.508	0.017
26	CX	23.000	2.403	0.016
14	014	22.000	2.299	0.015
17	017	18.000	1.881	0.012

图 6-75　第三轮实验成员点度中心度

表 6-50　基于人与人之间的社会标签类型

好友和密友	数量（对）	具体成员关系
好友	5	006-ZL、009-ZL、024-ZL 、003-006、006-009
密友	3	001-ZL、003—ZL、007-ZL

注：共同关注的学习元、回复量或共同好友数量达到一定标准。

本轮课程开展过程中，在 QQ 群开展了两次邀请专家做职业专题讲座和在线咨询，互动交流效果较好，通过 QQ 互相发起好友申请的学习者达到 13 人次，后续通过 QQ 学习者之间、学习者与专家之间进行深度交互有 39 次，主要交互内容包括修改简历、职业生涯咨询、面试咨询等，如图 6-76 所示。

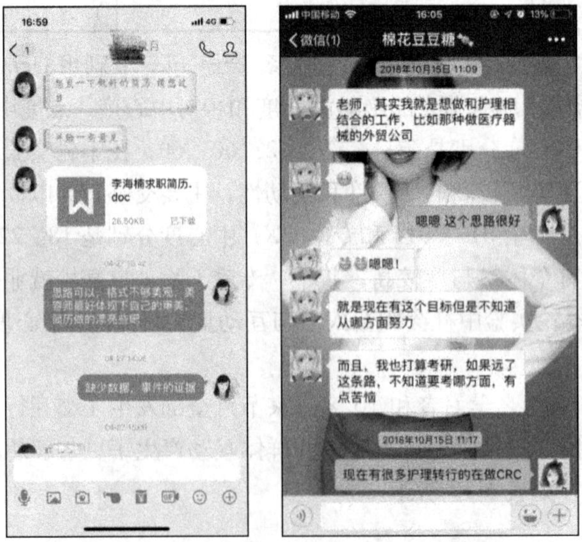

图 6-76　使用 QQ 等社交软件学生与教师、校友进行深度互动

5．学习成就分析

学习结束后，对所有学习者进行后测，通过配对样本 T 检验，对学习成就进行测试，结果如表 6-51 所示。

表 6-51　第三轮实验学生成就配对样本 T 检验

变　量	平 均 值	标 准 差	差　值	t	P
同组学生均值比较分析			−23.95	−8.779	0.000*
前测成绩	41.04	3.90			
后测成绩	64.99	13.65			

本次研究使用了配对 T 检验法对第三轮实验中学生在初始和学习后分别提交的三份作业的成绩的综合均值之间是否存在显著统计差异进行了分析。结果表明，前测成绩和后测成绩之间呈现出 0.01 水平的显著性（t=−8.779，P=0.00），其中前测成绩的平均值（41.04），会明显低于后测成绩的平均值（64.99）。第三轮学生，他们的第二次测验明显优于第一次测验，说明课程取得了较为显著的指导效果。

6.6.4　问卷调查结果分析

通过不断对模式和课程的修正和改进，在第三轮实验中，从协同知识建构、职业情境建构和社会网络建构三方面都取得了较理想的效果。在课程结束后，对学习者和专家团发放了问卷，进一步了解学习者通过这种模式的就业指导带来的指导效果，以及对这种指导模式的满意度等。调查的学习者数量为 49 名，专家团数量为 10 名。

1．就业指导效果调查

在课程结束 1 个月后，研究者通过问卷星线上调研方式，对参加第三轮实验的 24 名学生再次发放了《职业生涯发展管理量表》和《可就业能力量表》（在参加课程学习之前，每名学生进行了相应的前测），主要从职业目标、职业认知、职业关系网络建立、职业准备、求职能力五个维度进行后测。通过配对 T 检验法对学习者在初始前测和课程结束后的后测结果其综合均值之间是否存在显著统计差异进行了分析。结果表明，从表 6-52 可以看出：前测和后测之间呈现出 0.01 水平的显著性（t=−9.703，P=0.00），其中前测的平均值（3.45），会明显低于后测的平均值（4.54）。说明学习者通过参加课程学习，可就业能力和生涯管理能力比之前有了显著提高，就业指导取得了明显效果。

表 6-52　学生成就配对样本 T 检验

变 量	平 均 值	标 准 差	差　值	t	P
同组学生均值比较分析			−1.09	−9.703	0.000*
前测成绩	3.45	0.3			
后测成绩	4.54	0.5			

2．学习满意度调查

课程结束后，研究者对参加三轮实验的学习者随机抽取了 49 名进行了学习满意度的相关调查。根据调查结果显示，学习者的满意度较高，总平均分达到 5.88 分。大多数学习者表示喜欢用这种方式进行就业指导，并且愿意推荐这种就业指导方式给更多的同学。在通过这种就业指导方式能够帮助生涯发展并且提供新的角度解决求职问题上，平均值分别为 5.88 和 5.9。总体来说，学习者的学习满意度很高，学习体验也有兴趣，如表 6-53 所示。

表 6-53　学习满意度调查数据

题目/选项	强烈赞同 7	中等赞同 6	轻微赞同 5	中性 4	轻微不赞同 3	中等不赞同 2	强烈不赞同 1	平均分
1.使用这种方式接受就业指导，比以前的方式更有趣味性	30.61%	38.78%	12.24%	16.33%	0%	0%	2.04%	5.76
2.使用这种方式就业指导，可以帮助我更加认识自己，提高探索职业的兴趣	34.69%	34.69%	16.33%	12.24%	2.04%	0%	0%	5.88
3.使用这种方式就业指导，能让我用新的角度接受就业知识和解决求职问题	38.78%	32.65%	10.2%	16.33%	2.04%	0%	0%	5.9
4.喜欢用这种方式进行就业指导	36.73%	34.69%	12.24%	14.29%	2.04%	0%	0%	5.9
5.希望其他课程也可以通过这种方式学习	34.69%	34.69%	16.33%	12.24%	0%	0%	2.04%	5.84
6.推荐这种就业指导方式给其他同学	46.94%	26.53%	12.24%	12.24%	0%	0%	2.04%	6

3. 社会性知识网络的有用性调查

在关于社会性知识网络对促进就业指导的有用性和易用性方面，研究者通过问卷调研做了进一步分析，如表 6-54 所示。结果显示，学习者普遍反映社会性知识网络有效促进了群体互动(4.06)，社会性知识网络对线上指导和个人职业发展起到了积极作用（4.04），同时社会性知识网络能够让学习者了解同伴的学习情况（4.04），起到相互促进、鼓励的作用。其次通过社会性知识网络，学习者懂得了帮助他人，分享经验（4.02）等合作学习带来的积极效果，让学习不再孤独。这说明社会性知识网络在就业指导过程中起到了有用性效果，大多数学习者也在社会性知识网络中学到了互动、合作、协助和分享等新的学习方式。

在易用性方面，学习者表示理解社会性知识网络提供的信息需要费些功夫，快速寻找到想要信息也存在一定难度。在社会性知识网络环境的使用上还需要进一步提高其便捷性和清晰度，对社会性知识网络的含义和理解还需要展开进一步培训和宣传。

表 6-54　社会性知识网络的有用性调查数据

题目/选项	非常同意 5	同意 4	一般 3	不同意 2	非常不同意 1	平　均　分
1.需要花费很大的功夫才能够理解社会性知识网络的相关信息	18.37%	40.82%	34.69%	6.12%	0%	3.71
2.能够理解社会性知识网络提供的所有信息	18.37%	32.65%	36.73%	12.24%	0%	3.57
3.社会性知识网络能够让我更容易意识到自己和他人的交互情况，以及协作学习中的角色	24.49%	51.02%	20.41%	4.08%	0%	3.96
4.社会性知识网络能够帮助我更快地找到就业相关资源	20.41%	57.14%	16.33%	6.12%	0%	3.92
5.社会性知识网络让我更容易意识到他人的贡献和他人的互动学习情况	24.49%)	55.1%	20.41%	0%	0%	4.04
6.社会性知识网络促进了我和其他成员的互动	22.45%	61.22%	16.33%	0%	0%	4.06
7.通过本次学习，让我更有信心和其他人互动学习，互相评论	26.53%	46.94%	24.49%	2.04%	0%	3.98
8.通过本次学习，让我更有动力帮助他人、分享经验	26.53%	51.02%	20.41%	2.04%	0%	4.02
9.通过本次学习，让我更容易向他人请教就业指导问题	22.45%	51.02%	24.49%	2.04%	0%	3.94
10.通过本次学习，让我更喜欢和同伴一起进行职业规划，共同督促激励，效果更好	26.53%	48.98%	22.45%	2.04%	0%	4
11.社会性知识网络对我的在线学习和职业发展起到了积极的作用	26.53%	53.06%	18.37%	2.04%	0%	4.04
12.我对自己的在线参与表示满意	26.53%	46.94%	24.49%	2.04%	0%	3.98

通过问卷调研的主观题还发现，学习者还是很赞同和认可这种互相交流、共同学习的社会性知识网络的就业指导。此外，学习者还提出了“应该线下线上相互链接，多进行问题答疑，解决现有问题，促进以后的学习内容的吸收”“老师也可以发一些自己的建议（用视频的方式，而不是打字）”“可以线上建立聊天方式，加个好友”等。总体来说，学习者希望能够增强平台的实时交互功能，使交互形式更加丰富多样，不只是单纯的文字交流。

4．专家问卷调查

课程结束后，对参与就业指导的专家团进行了问卷调研，从多角度了解社会性知识网络下的大学生就业指导模式的有用性及学习系统的易用性。调查结果显示，在易用性方面专家建议社会性知识网络的操作应该简单便捷，增加实时交互功能和更新提醒功能。在有用性方面，76%的专家认为通过社会性知识网络能够解决就业指导现状问题，让他们及时有效地了解学生的就业困惑和问题，也方便专家实施就业指导。81%的专家认为该种方式促进了各方的互动交流。84%的专家认为该模式对大学生的职业发展起到了积极促进作用。95%的专家表示希望更多的学生接受该种就业指导方式，并愿意推荐给更多的同学。课程实施过程中，专家也发现了一些问题，比如，学生提交作业出现雷同敷衍现象；为了获得分数发布重复帖子、复制他人帖子等现象；对专家的回复、批阅点评缺少反思和反馈等问题，直接影响了专家团的参与热情和批阅心情。

6.7 三轮实验的小结与反思

6.7.1 三轮实验小结

经过三轮的设计研究，对基于社会性知识网络下的大学生就业指导模式进行了改进和完善。在第一轮实验后，确立了模式三个网络（就业知识网络、职业情境共同体、社会关系网络）的构建原则，在协同构建就业知识网络过程中要强调个人就业知识网络的吸收、生成和反思，群体就业知识网络的协作、分享和创造；在构建职业情境共同体时要强调参与、合作和聚焦；在构建社会关系网络时要强调群体之间的连接和交互；并且确立了三项机制：监督机制、评价机制和奖励机制。在第二轮实验后，明确了社会性知识网络中不同群体的内容角色定位，学生作为整个社会性知识网络的核心主体，高校教师应该成为促进群体深度交互的引导者，充分发挥校友职业人在职业情境共同体的核心贡献者作用，提高政府在协同就业知识建构的协作者功能；提供反思框架；进一步细化交互程度标准；扩展了促进深度交互的平台软件，充分利用 QQ、微信等社交软件作为社会性知识网络的有利补充。图 6-77 所示为三轮设计研究的模式改进过程。

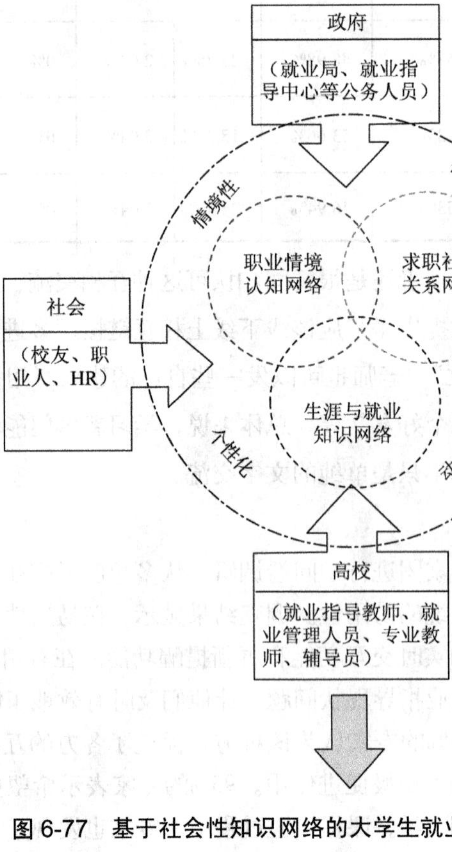

图 6-77　基于社会性知识网络的大学生就业指导模式的过程设计

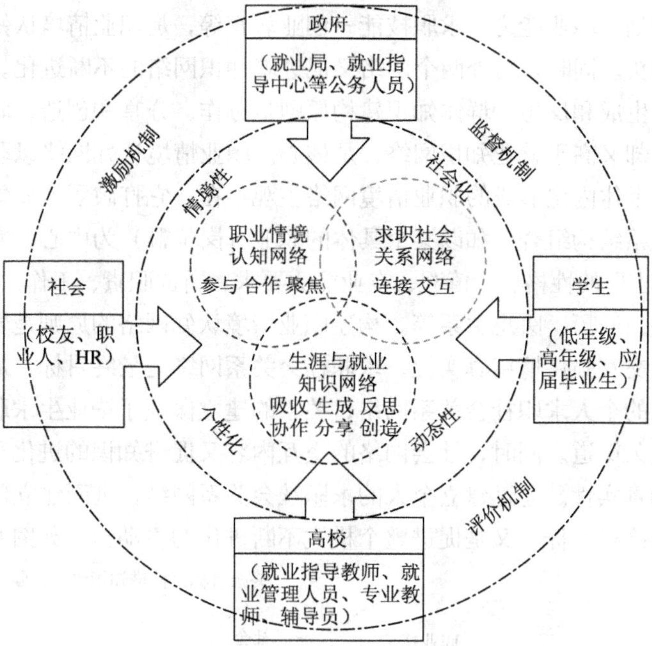

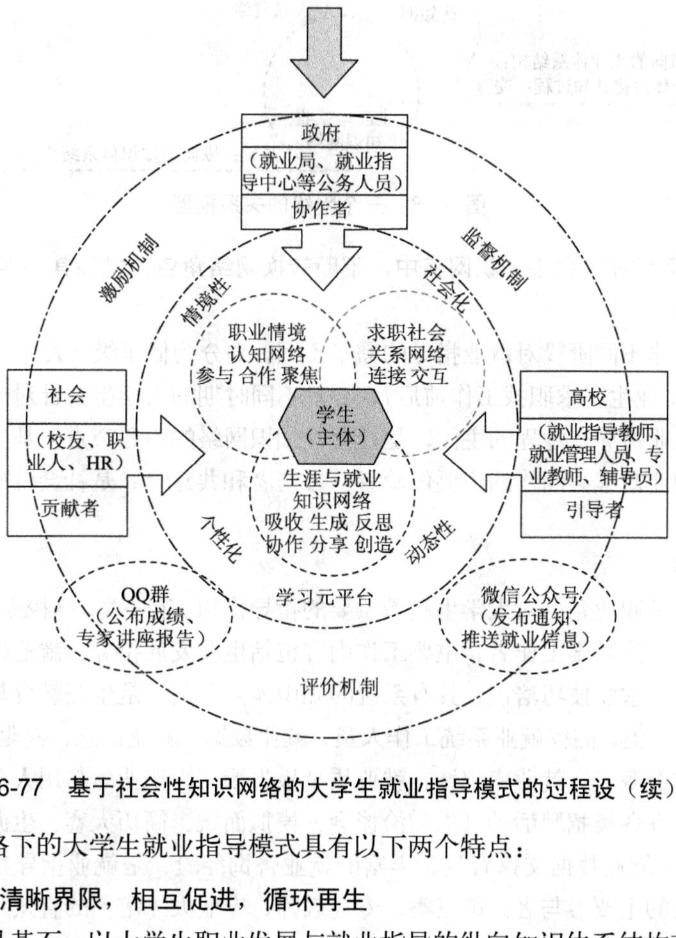

图 6-77　基于社会性知识网络的大学生就业指导模式的过程设（续）

社会性知识网络下的大学生就业指导模式具有以下两个特点：

1．三个网络无清晰界限，相互促进，循环再生

就业知识网络是基石，以大学生职业发展与就业指导的纵向知识体系结构存在，如自我认知

—职业探索—职业规划—职业能力—求职技能—创业教育等，是职业情境认知网络和求职社会关系网络能够实现的源头。同时，另外两个网络又促进着知识网络的不断进化。知识网络的个人知识构建原则是吸收、生成和反思，群体知识建构原则是协作、分享和创造；职业情境认知网络来源于就业知识网络，却又高于就业知识网络，是核心。职业情境认知网络以职业情境网络共同体的形式客观存在，以个体内化形成的职业情境网络主观存在，它打破了就业知识网的纵向知识结构，以发散的知识体系结构组合，如以某个具体的职业（岗位群）为中心，发散与其相关的所有知识点，如关于“护士”的性格、价值观、专业能力要求、岗位职责、工作内容、工作发展前景、职业道德、薪酬水平、简历、医患关系等。构建职业情境认知网络的原则是聚焦、参与和合作，通过各类角色的深度交互强化情境真实性。求职社会关系网络是最终目标、最高境界。通过连接和交互，建立每个人的个人求职社会关系网络，关系的建立保证了毕业生求职时获取就业知识、资源或求职信息的长久渠道。同时，社会网络的交互内容又促进知识的进化和丰富知识的再生，不断强化职业情境的真实性。通过建立个人的求职社会关系网络，进而建立群体社会职业关系网络，它既是学习者的终极目标，又是促进整个模式不断进化的主动力，如图 6-78 所示。

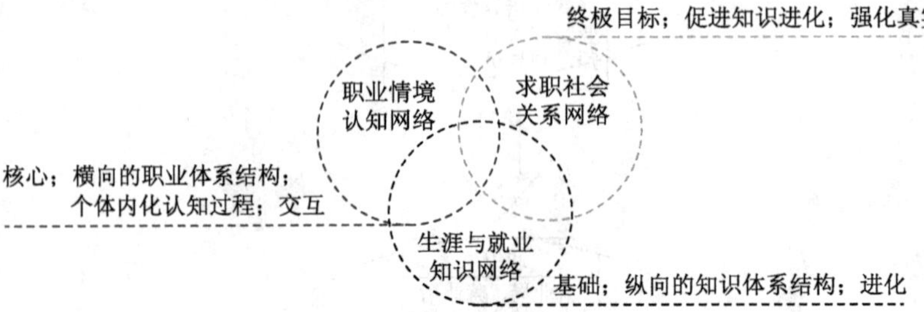

图 6-78　三个网络的关系模型

2．四类社会角色在社会性知识网络中，不断转换网络角色，发挥其功能最大化

（1）学生层面

根据大学生群体不同阶段对就业指导的需求不同，划分为低年级（大一、大二）、高年级（大三、大四）、应届毕业生（求职找工作前后），针对不同时期的大学生有针对性设计就业指导内容和活动。他们是就业指导全过程的主体，是社会性知识网络的中心节点，是知识内容的主要学习者、共建者；是职业情境共同体的主要体验者、参与者和共建者；是社会性知识网络的主导者、连接者。

（2）高校层面

高校层面有四类职业角色对大学生起着重要的指导作用。第一类，高校专兼职就业指导教师、大学生就业指导的一线教学工作者，主要工作内容包括生涯发展指导、就业咨询与指导、就业讲座、就业能力测评、求职技巧培训，具有系统的知识体系背景，是生涯教育与就业指导知识内容的主要贡献者。第二类，高校就业系统工作人员，就业数据、就业信息、就业政策的直接接触者。每年从事毕业生就业派遣、就业率统计、就业质量报告撰写、毕业生与用人单位信息收集、上级就业部门会议、举办各类招聘活动（供需洽谈会、模拟面试、简历大赛、生涯规划大赛、创业大赛等），具有准确的就业数据支撑背景和丰富的就业咨询经验，是就业指导知识内容的主要贡献者和职业情境创设的主要参与者。第三类，专业教师，专业人才培养的直接践行者。学生的就业离不开专业培养，一直以来大学生就业指导忽略了专业教师的重要作用，将专业教学和就业指导分割开，这是最不应该的，如果能够将专业教学融入就业指导，就业指导结合专业课程，才是珠联璧合。专业教师具有深厚的专业背景，对专业的发展前景和市场定位有较好的理解，并且具有丰富的专业领域的人脉圈，可以结合专业进行有针对性的职业指导，是就业指导知识内容的协同共建者，是职业情境创设的主要参与者。第四类，辅导员，大学生思想政治教育的一线工作者。大学生就业指导很重要的一部分是就业观、价值观、人生观、就业心态等思想、心理的辅导，辅导员是高校里与学生距离最近的教师群体，最了解学生的思想动态，也是每年毕业生求职找工作、办理毕业手续的直接接触者。辅导员是就业指导知识内容的协同共建者。

（3）政府层面

政府层面主要包括就业局或者大学生就业指导中心部门的工作人员。政府就业相关部门更能超越某个专业、某所高校，站在一个地区、一座城市、一个省份的高度，从宏观上把握就业形势，制定就业政策。他们每年进行毕业生就业形势报告与分析、行业就业情况调研与报告、用人标准与制度研究与分析、就业指导师资培训等。这些数据更具有前瞻性和预测性，可以指导学生在校期间的职业规划路径和职业目标定位等。他们是大学生就业指导知识内容的主要协同共建者。

（4）社会层面

社会层面共细分为三类角色：校友、成功职业人、人力资源部门（人事部门或者招聘部门的工作人员）。校友，其实也是社会职业人士，单独划分出来是因为这部分群体，是参与到大学生就业指导中最可能、最可靠、最积极的社会力量。由于对母校的情感，对大学生活的回忆，对学弟学妹的惺惺相惜，他们会更愿意分享当年的求职经历，介绍自己的职业发展历程等。他们是构建职业情境共同体的主要贡献者。第二类，成功职业人，他们是某行业领域的领军人物。由于具有多年的从业经验，对该行业、职业的描述和看法具有一定的权威和影响，也能在大学生中起到榜样作用。第三类，人力资源主管或者从事招聘的工作人员。他们对于职业准入标准、市场需求定位、招聘人才原则、简历标准、面试形式和标准等招聘知识具有丰富的经验和案例，这部分内容也是目前大学生最需要了解的。他们是就业指导知识内容和职业情境的协同共建者。

三个网络中的角色转换如图 6-79 所示。

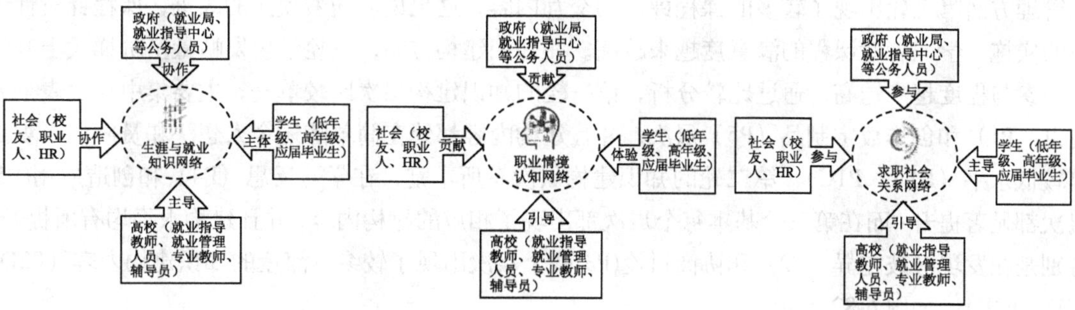

图 6-79　三个网络中的角色转换

3．三轮总体情况比较

三轮课程开展过程中学生在知识接受、知识分享、知识贡献和知识创造方面的操作频数的比较分析如图 6-80 所示。从图中可以看出，从第一轮学习主要集中在知识接受到后来的知识分享、知识贡献和知识创造的逐渐提升，直到第三轮达到了比较理想的效果。说明经过不断的模式修正和改进，加之课程策略的跟进，学习者的学习程度呈深度发展趋势。

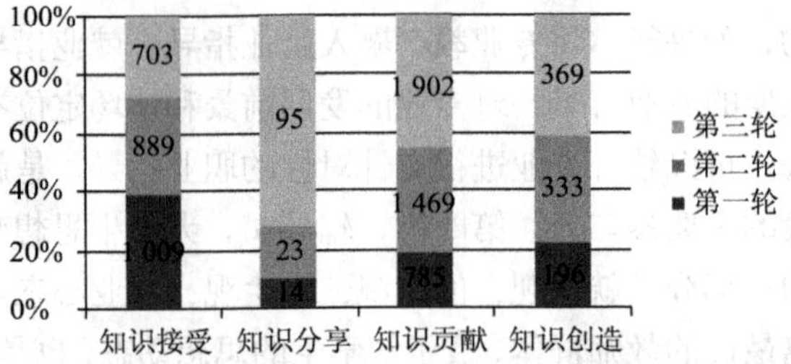

图 6-80 三轮实验的学生操作频次比较

在三轮实验过程中，专家的操作频次也呈逐渐增长趋势，如图 6-81 所示。其中第二轮专家的答疑和批阅活动参与程度提升最为显著，这与建立奖励机制和明确批阅、答疑任务的课程策略有很大直接关系。较之第三轮专家虽然答疑和批阅有所降低，但是在讨论活动上参与度显著上升，这也是第三轮着重要增加深度交互方面改进的效果，并且第三轮在 QQ 群和微信公众号增加了专家参与的内容，学习元平台相对减少了批阅和答疑条目，也是正常现象。

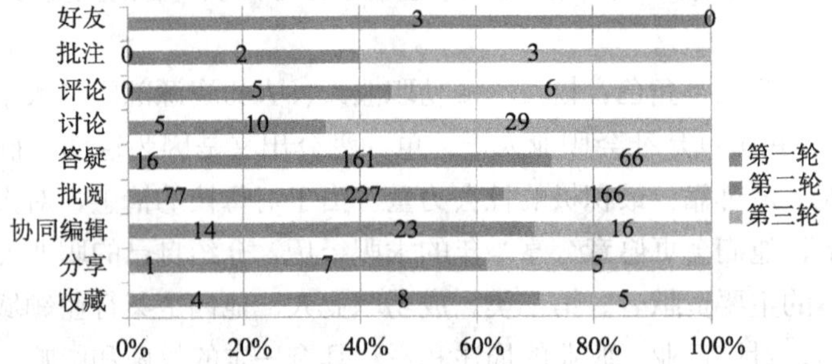

图 6-81 三轮实验专家操作频数比较

4．协同知识建构分析

三轮实验学生交互建构情况比较，在社会交互方面第二轮和第三轮出现了较多的社会交互，在管理方面第三轮出现了较多的课程评价的交互内容，这也说明随着模式的改进，课程针对性策略的实施，学习者对课程的满意度越来越高。在知识建构方面，三轮学生发帖量呈阶梯式上升状态，参与程度越来越高。通过比较分析，第一轮的知识建构层次比较单一，主要集中在发表个人观点（P1）和创作数字制品（P5）层次，并且建构内容都处在简单陈述个人想法和赞同他人观点等较低水平（P1A、P1C）；第二轮的知识建构层次有所丰富，在学习反思（P4）和创造应用(P5)层次都显著提升；而在第三轮基本每个层次都出现了相应的建构内容，并且建构水平均有所提升，特别是在发现分歧差异（P2）和协商讨论(P3)两个层次出现了较多有深度的知识建构内容（P2D、P3D、P3E），如图 6-82 所示。

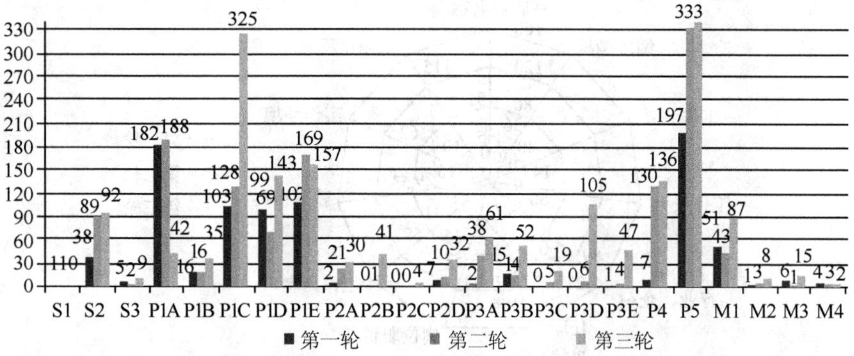

图 6-82　三轮实验学生的社会化交互建构过程比较

专家团在知识建构方面一直呈现较高水平和深度，主要集中在回答问题澄清问题（P1D）、分析不同观点差异程度（P2B）、提出具体的修改建议（P2D)和整合补充(P3E)等高水平阶段。并且，三轮实验专家的知识建构发帖量成阶梯式相互间上升状态，如图 6-83 所示。

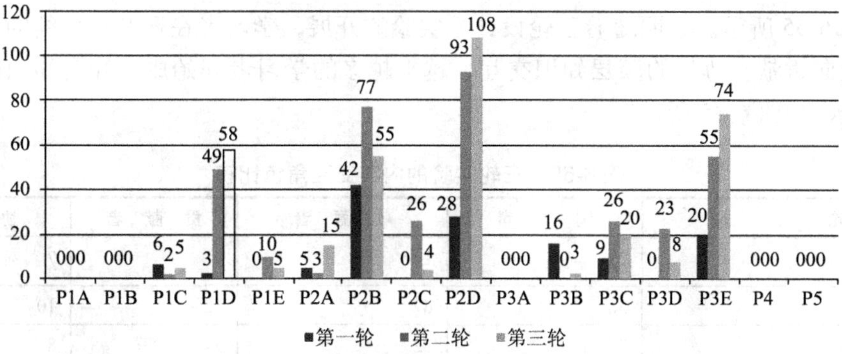

图 6-83　三轮实验专家知识建构过程比

5．职业情境认知网络过程分析

比较三轮实验的职业情境共同体建构情况，通过图 6-84 可以发现，第一轮实验关于职业情境的话题主要集中在专业与职业、职业与企业的关系与选择上，说明学生还未形成较明确的职业目标，由于建构的职业没有聚焦，以至于无法针对某一具体职业开展多维度讨论；第二轮实验相对第一轮在职业的任职资格、工作内容、岗位职责等维度有所开展，但是由于聚焦度不够，也没有深入展开；第三轮实验职业情境建构较为合理，设计职业维度较完整，针对“护士”这一职业，主要集中在任职资格、求职过程、岗位职责和薪酬福利等方面展开了深入的讨论，说明学习者求职目标明确，更多的关注点已经放在了解该职业的求职过程和未来工作可能遇到的各种情况。另外护士校友的参与，也有效提高了第三轮的职业情境建构的真实性。

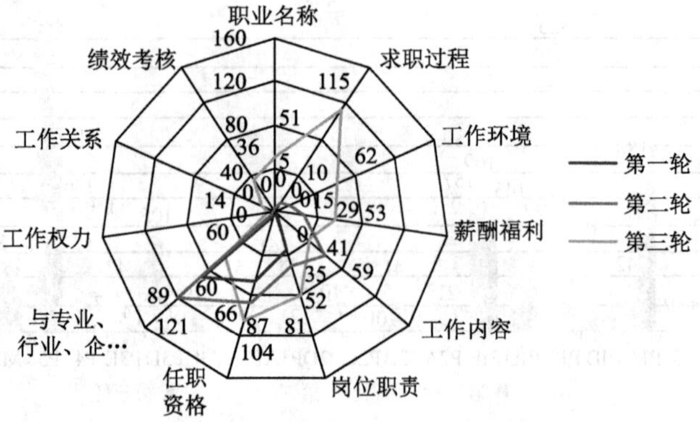

图 6-84　三轮实验职业情境建构比较

6. 求职社会关系网络分析

比较三轮实验基于内容交互形成的社会网络角色发现，第一轮实验，学习者主要作为浏览者存在，而在第二轮实验中，贡献者和协作者开始增多，第三轮实验收藏者和贡献者显著增多，如表 6-55 所示。说明随着三轮设计性实验的开展，学习者在逐渐从单纯的浏览等浅层知识交互走向贡献、协作的深层知识交互，越来越多的学习者开始成了社会知识网络的塑造者和引领者，如图 6-85 所示。

表 6-55　三轮实验的内容交互角色比较

轮　次	浏 览 者	收 藏 者	贡 献 者	协 作 者
第一轮	29	11	9	7
第二轮	36	6	12	10
第三轮	34	22	24	8

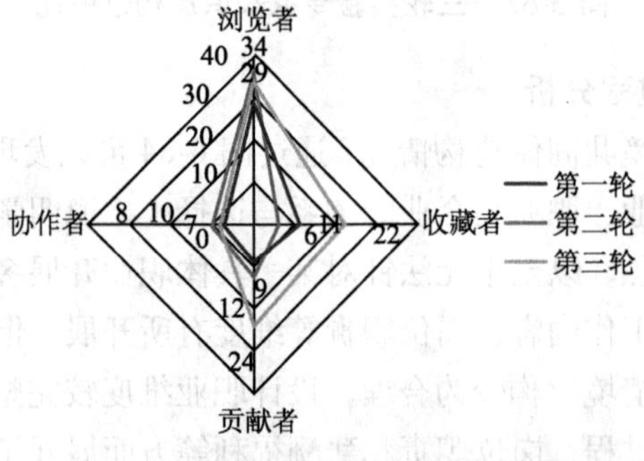

图 6-85　三轮实验成员内容标签类型数量对比图

比较三轮实验基于人的交互形成的社会关系网络发现，第一轮实验群体之间处于建立朋友圈意识薄弱，缺少互动交流，习惯独立学习，各自发言，没有交集的状态。第二轮实验群体之间开始有意识关注其他学习伙伴，并愿意回复他人帖子，通过互动交流建立合作学习关系。第三轮实验群体之间在建立朋友圈和深度互动方面都显著提升，逐渐形成了个人社会关系网络和群体社会关系网络，如表 6-56 所示。

表 6-56　三轮实验基于人的交互的社会网络比较

轮　　次	交互记录数	网 络 密 度	加 为 好 友
第一轮	325	0.273 1	5
第二轮	584	0.463 1	2
第三轮	934	0.808 0	24

6.7.2　总结与讨论

本书提出的社会性知识网络的大学生就业指导模式，强调在构建生涯与就业知识网络、职业情境认知网络和求职社会关系网络的过程中实现大学生就业指导内容的社会性来源、指导过程的社会化参与以及全员的社会性属性。通过设计内容单元、学习活动、多种角色和社会性知识网络环境来实现线上就业指导功能，通过监督机制、评价机制和奖励积金来促进全员的积极参与和深度交互，通过学习元平台和社会性软件的应用完成社会化就业指导的全过程。目标是实现我国大学生就业指导的网络化、情境化和社会化。

在具体的课程实施过程中，通过观察学习者和专家的学习过程、学习活动和学习方式来进一步分析学习者和专家在社会性知识网络的参与情况和学习效果，从而验证该模式的有效性。

基于三轮的设计性实验发现：第一轮初步验证了模式的有效性；第二轮实验设计，通过相应的学习策略，侧重提高知识建构水平和聚焦职业情境建构上；第三轮设计则侧重促进过程的群体互动，促进建立群体紧密社会联系。根据设计性实验的三轮迭代，发现了一些问题，进而提炼出几点该模式实施过程中需要处理好的矛盾关系和内部联系。

1．学生与专家在社会性知识网络中既是相互促进又是相互制约的关系

通过观察学习过程以及问卷调研发现，学生与专家双方在社会性知识网络中的积极参与和认真态度是可以互相促进、激励的，学生的深入思考、反思以及认真完成的高质量作业会激发专家参与指导的热情，同时专家的积极回复、答疑、点评也会引导学生全身心投入到学习中，认真完成学习活动和创造数字制品。相反，学生的敷衍了事、消极懈怠会减少专家的参与度，同时由于专家的答疑不及时、批阅数不够，也会降低学生发帖质量和作品水平。这种相互促进又相互制约的关系，需要通过活动设计、学习策略、相应机制共同调动双方的参与频度和交互程度，否则就无法实现真正的社会性知识网络下的就业指导。在这个过程中，增加学生的参与频数相对容易，但是提高参与质量需要进一步提高学习系统对发帖内容的识别度和评价能力；而社会专家的参与质量基本不存在问题，一旦参与就会呈现高质量发帖，但是其参与频数显然调动起来难度较大。通过设计性实验研究发现，建立情感友谊网络，让对学校、对学生、对教师有特殊情感的社会专家（如校友、学生亲属、教师朋友等）加入进来是一个能够保证参与率的路径。另外，不断培养网络中学习者的“学习领袖”、“积极分子”节点，也可加入专家行列，给予专家权限，这种自培养的专家更具有成就感和归属感，其参与性会更高。

2．职业情境共同体的发展实际上是诞生越来越多社会专家的过程

在职业情境共同体中，通过聚焦某一职业，全方位立体塑造该职业模式，真实再现该职业情境，最开始可由该职业以从业人员作为中心人物回答学习者问题，发布职业现状、求职经过等帖子，学习者作为观察者、模仿者、提问者。在这个过程中，会有比较出色的学习者快速地融入该职业情境中掌握职业要素，并能迅速内化形成自身的某职业情境认知网络，甚至在毕业时成功进入该职业领域，此时这部分人就可成为新一代社会职业专家，帮助更多的学习新手解答疑惑，发表职业感言。而随着越来越多的中心人物增多，越来越多新手的加入，该职业情境的共同体也在越来越壮大，因此职业情境共同体的壮大过程实际上也是社会职业专家诞生的过程。这一点和第一条提出的树立“学习领袖”是一致的。在学习过程中，学习系统应该能够自动识别学习者群体中的活跃分子（如高质量发帖、高质量回帖、高质量发布数字制品的学习者），并把这些佼佼者推送给学习成就较低的其他学习者或者新手学习者，让他们以新一代专家的角色参与答疑、批阅点评等指导活动，从而不断扩大社会性知识网络中的专家团队。

3．生涯与就业知识网络和求职社会关系网络是相辅相成、共同成长的关系

生涯与就业知识网络强调知识内容之间的关系，社会性知识网络下的就业指导期望能够构建出包括职业生涯、职业信息、就业指导、就业政策等全部就业知识的多重关系网络，可以是关于某一职业的纵向知识网，也可以是某一模块（系统）的横向知识网，当然这种就业知识网络不能只靠就业指导教师一人来建立，需要各界的学生和专家协同共建，形成知识进化的生态系统。而在成员连接知识内容的同时，就是求职社会关系网络形成的开始，人与内容建立的连接就拥有了具有内容标签的社会身份。内容节点越多，人与内容产生的连接就越多，其形成的社会网络就会越大。而当人开始了知识贡献和知识创造的协同知识共建行为时，就业知识网络节点也在不断丰富和增加，从而知识网络也在不断扩大。这就是共同成长的关系与过程。人又通过内容，连接了内容背后的人，从而又获得了社会标签，通过与具有共同职业目标的伙伴、感兴趣的社会职业人、能够帮助自己就业的专家教授等群体建立起了求职社会关系网络，又连接到好友相关联的更多的知识内容，这就是两个网络的相辅相成的关系。

4．社会性知识网络平台是促进社会性知识网络不断成长的催化剂

前文提到基于社会性知识网络的学习元平台是整个模式的基础、基石，承载所有的物化资源和人力资源，人们通过频繁的交互连接，逐渐在这片沃土上建立起各自的社会性知识网络。图 6-86 所示为学习者建立的社会性知识网络。

学习元平台解决了现实生活中无法实现的社会关系的连接，同时平台可视化了所有人与内容的关系，能够快速定位到每一个人要找的物和人，提高了学习效率和学习精度。那么，如何能够保持社会知识网络扩大的可持续性呢？根据问卷调研，研究者对“对于如何更好地利用社会性知识网络平台促进学习者之间、学习者与教师、与社会职业人之间的交流和资源分享，您的建议（看法）是？”开放性问答进行了内容归类整理，被试者主要从四个方面提出了对社会性知识网络平台的建议：关于技术方面，六成用户认为系统的稳定性决定了是否持续使用该平台，七成用户认为界面的友好、操作便捷决定了是否持续使用该平台；关于知识内容的呈现，学习者希望有更生动的形式，除了文字、文件、声音、图像、视频等静态知识，增加虚拟课堂、模拟实验、课堂互动等动态知识。知识分类更详细，可快速定位到要找到的知识；关于社会交互方面，学习者提出讨论交流除了打字外，增加语音或视频功能。线上交流更方便自由，可快速建立小组讨论群，快速建立好友圈，并能直接交流对话，提高交流对话实时性；关于网络角色方面，有学习者建议抛开学生、教师、家长等现实角色，每位社会性知识网络的成员根据网络贡献度或活跃度等重新拥有网络角色。虽然人是建立社会网络的主体且也具备主观能动性，但是平台是促进人们不断扩大社会网络的催化剂。作为支持社会性知识网络的学习元平台，既要承担知识的传播功能，又要承载社会关系圈建立的责任，只有平台淋漓尽致地发挥了上述功能，才能持续留住老用户，不断吸引新用户。

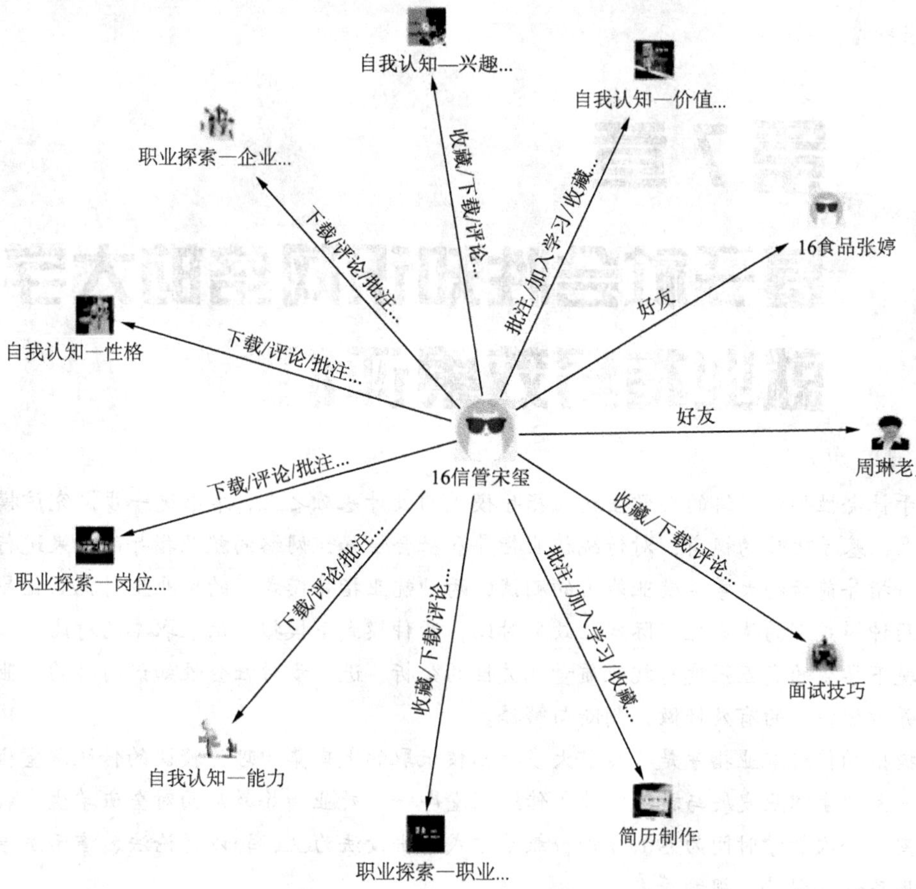

图 6-86　学习者建立的个人社会性知识网络

第7章 基于社会性知识网络的大学生就业指导效果评价

在基于社会性知识网络的大学生就业指导模式的设计基础之上，本书进一步探究该模式的就业指导效果，基于比较的视角，对传统就业指导和社会性知识网络的就业指导的效果进行分析。通过对参与指导前后的大学生就业能力的测试、两种就业指导模式下的毕业生对就业指导满意度的对比、两种模式下的毕业生实际就业效果对比，两种模式下模拟面试录取率的对比，社会性知识网络环境下学生的交互强度与就业质量相关性的分析，进一步对社会性知识网络的就业指导进行验证，并对该模式的有效性做出判断与解释。

本书提出的传统就业指导是指目前大多数高校采取的大班集中理论授课的传统课堂模式。本书采用的《大学生职业发展与就业指导》传统课堂即一名就业指导教师面对全班学生，教学场地为阶梯教室，一次教学时间为 90 分钟，教学方式以讲授法为主，辅以讨论法、演示法等，教学手段多采用多媒体课件、视频等。

7.1 研究假设

本书以大学生就业指导目标为验证该模式效果的主要依据，大学生就业指导的目标是：实现学生就业能力的全面提升，促进学生的全面发展，达到人职结合、人职匹配、人职和谐[①]。因此，本书假设基于社会性知识网络的大学生就业指导模式能够有效提升大学生可就业能力、提高大学生实际就业效果、提高学生对大学生就业指导的满意度。

1. 基于社会性知识网络的大学生就业指导能够提高大学生就业能力

就业指导是一个系统复杂的过程，其目的是提升大学生的能力和素质。目前，大学生普遍存在职业认知能力弱、求职能力差、职业适应力弱，就业指导作用不大、效果不明显的主要原因是因为并未对症下药。所以，基于社会性知识网络的大学生就业指导主要从这三个方面做了调整和

①顾晓明.大学生就业指导目标简析[J].人才资源开发,2014(24):158-159.

改良。因此，假设基于社会性知识网络的大学生就业指导能够提高大学生的可就业能力。

2. 基于社会性知识网络的就业指导能够提高大学生实际就业效果

就业率一直是衡量一所高校教育教学质量和实际就业效果的一项重要指标。然而，就业率仅揭示了大学生就业某一阶段“量”的成果，无法对大学生实际就业的“质”进行评估。为了系统深入地了解高校毕业生的就业实际效果，2013 年 11 月，教育部向我国各级教育机关和部属高等学校下发了《教育部办公厅关于编制发布高校毕业生就业质量年度报告的通知》①，正式提出大学生就业质量与就业率同样是检验毕业生实际就业效果的重要指标②。本次研究提到的大学生实际就业效果主要包括就业数量（就业率）和就业质量两个层面。关于“大学生就业质量，”史淑桃教授对这一概念进行说明：大学生就业质量主要包括大学生的工作收入、工作地点、工作环境、专业对口和对工作的满意程度等内容③。本文以研究毕业生就业主观满意度为主，如从业者对就职单位的工资待遇、专业匹配度、工作环境、工作地点、工作时间等方面的满意度。本文认为有针对性的就业指导会提升大学毕业生的就业能力，就业能力强的毕业生实际就业效果会相对更好。并且基于社会性知识网络的就业指导强调人与人的交互，形成学生个体的强大就业求职社会关系网，其社会化学习过程中交互越强，则职业情境体验就越真实，就业信息、职业信息、市场需求信息渠道也会更加丰富，这些都会提升大学生的就业成功率。因此，本书提出两点假设：第一，社会性知识网络就业指导后的毕业生实际就业效果要高于传统就业指导后的毕业生；第二，学生在该学习元平台下，甚至超越学习元平台下的交互强度与其就业质量成正相关性。

3. 基于社会性知识网络的大学生就业指导能够提高学生对就业指导的满意度

本书通过对大学生就业指导满意度的问卷调查，通过分析其满意度低的具体原因，有针对性地解决传统就业指导的症结，提出了基于社会性知识网络的大学生就业指导模式。因此，本书假设，该模式下能够提高学生对就业指导的满意度。

7.2 实验设计

7.2.1 实验背景

《大学生职业发展与就业指导》课程是大学生在高校期间接受就业指导最重要的一个环节。大学生在校期间是否进行了一定的职业发展准备、具备职业发展技能与就业基本技能主要也体现在该门课程上。该课程内容由三大模块构成，第一模块大学生职业生涯规划篇，包括自我认知（兴趣、性格、能力、价值观）和职业探索（行业、职业、岗位、企业）；第二模块是大学生就业指导篇，包括就业能力培养（自我管理能力、可迁移技能）和求职技巧提升（简历制作、面试技巧）；第三模块创业教育（创新人格、创业基础、创业计划）。共划分三个模块类知识群。其中，模块类知识群内的子知识群或学习元又可与其他模块类知识群内的学习元形成职业类知识群。学生根

①周志微,童欣,于丽丽.大学生就业质量问题研究述评[J].中国大学生就业,2015(15):40-45.

②教育部办公厅教育部办公厅关于编制发布高校毕业生就业质量年度报告的通知[ED/OL].2015-3-22. http://www.moe.edu.cn/business/htmlfiles/moe/s3265/201311/xxgk_159491.html.

③史淑桃.大学生就业质量评价指标体系及其测算[J].郑州航空工业管理学院学报,2008(1):139-141.

据自身就业创业需求可以完成所有模块类知识群的学习，也可以完成某个或多个职业类知识群的学习，最后通过提交课程作业，表示学习结束。

本实验选择的是课程内容第二模块求职技能提升：简历制作和面试技巧。采取前后测设计的研究方法，首先对参加研究的学生发放“大学生可就业能力问卷”进行就业能力前测。之后向两组学生分配同样的任务：同样的学习目标、学习期待、时间要求等。最后对两组被试进行就业能力后测、就业指导满意度调查以及实际就业效果跟踪。

学习任务 1：制作自己的求职简历。

学习任务 2：准备一份 3 分钟面试自我介绍。

学习时间：1 个月。

学习内容：学习简历制作方法和内容——制作自己的求职简历；学习面试技巧——撰写面试 3 分钟自我介绍。实验组和对照组学生的教材、课程教学大纲以及教学课件、教学资料、作业内容均保持一致。

实验组要求学生线上学习，按照要求完成学习内容、学习活动等，并且鼓励学生查阅和下载知识群所推荐的相关资源以及参与互评、讨论、在线交流，并搜集课外的资料及相关案例，分享上传资源。对照组采用传统课堂讲授模式，也鼓励学生自己寻找人脉资源和课堂外资料及案例。

实验对象是某医药大学的学生、教师、相关职业人，学科背景为医药相关类，提前沟通所有学生、教师和职业人的学习条件，保证他们能够进行网络互动、交流与创造等学习活动并具备相应的在线学习技能。

7.2.2 实验流程

1. 实验抽样

学生：考虑到除了就业指导，影响就业效果的因素还有很多，如性别、经验、专业、地区、家庭背景、个人综合素质等都会影响大学生的实际就业，应注意热门专业与冷门专业的比例；男女学生比例；学习成绩优劣比例；学生干部比例；城市与农村生源比例等，在实验组与对照组的分组上尽量保持同质性。本次实验选择某医药大学 2018 届毕业生其中三个专业期班，进行为期 1 个月的求职技能提升陪训，分别是市场营销专业（上一年度该专业毕业生就业率排名前三）39 人、预防医学 160 人（上一年度该专业毕业生就业率排名中等）、食品卫生与营养学专业（上一年度该专业毕业生就业率排名后三）51 人，对三个专业期班进行样本抽取，最终选取实验组和对照组各 67 人，如表 7-1 所示。

专家团：邀请就业指导专职教师 1 名，招生就业处工作人员 1 名，专业教师 3 名，相关专业职业人 3 名，企业人力资源经理 3 名，吉林省大学生就业指导中心工作人员 1 名共 12 人组成实验组专家团参与答疑、批阅等交互活动。对照组就业指导授课教师由一名具有 10 年以上就业指导教学经历和丰富就业一线工作经验的优秀教师担任。

表 7-11　有效被试基本信息

分　组	性别（人）		专业（人）		
	男	女	市场营销	预防医学	食品卫生与营养
对照组	25	42	17	32	18
实验组	20	47	15	32	20
总计	45	89	32	64	38

2. 实验流程

本次实验将学习者分为实验组（社会性知识网络环境下的就业指导课学习）、对照组（传统大班授课形式下的就业指导课），实验总体设计思路如表 7-2 所示，具体的实验流程如图 7-1 所示。

表 7-2　对比实验总体设计思路

<table>
<tr><th rowspan="2">实 验 时 间</th><th rowspan="2">实 验 任 务</th><th colspan="2">实 验 内 容</th></tr>
<tr><th>实　验　组</th><th>对　照　组</th></tr>
<tr><td rowspan="2">第一阶段
(2018.4)</td><td rowspan="2">前期准备</td><td colspan="2">自我认知：形成自我评估 SWOT 分析表；
职业认知：进行职业（岗位）调研，形成岗位或企业调研表；
确定自己的职业目标</td></tr>
<tr><td>熟悉学习元平台操作</td><td>发放授课课表</td></tr>
<tr><td>第二阶段（2018.5）</td><td>前测</td><td colspan="2">大学生就业能力量表测试；一份个人求职简历；一份面试自我介绍</td></tr>
<tr><td rowspan="4">第三阶段
(2018.6.1—6.30)</td><td rowspan="4">对比实验</td><td rowspan="2">6.1—6.15：完成学习元《招聘求职快递站》《简历制作》学习任务</td><td>6.6：解读招聘广告（2 学时）</td></tr>
<tr><td>6.13：简历制作（2 学时）</td></tr>
<tr><td rowspan="2">6.16—6.30：完成学习元《校友谈求职经验》《面试技巧》学习任务</td><td>6.20：求职礼仪（2 学时）</td></tr>
<tr><td>6.27：面试技巧（2 学时）</td></tr>
<tr><td>第四阶段
(2018.7)</td><td>后测</td><td colspan="2">大学生就业能力量表测试；简历大赛；模拟面试；就业指导满意度问卷调研</td></tr>
<tr><td>第五阶段
(2018.7—2018.12)</td><td>就业跟踪</td><td colspan="2">就业率、就业质量</td></tr>
</table>

① 采取自愿选组和比例平衡调配的形式将学生分组为两个组。

② 前期知识准备：自我认知，形成自我评估 SWOT 分析表——职业认知，进行职业（岗位）调研，形成岗位或企业调研表——确定自己的职业目标。

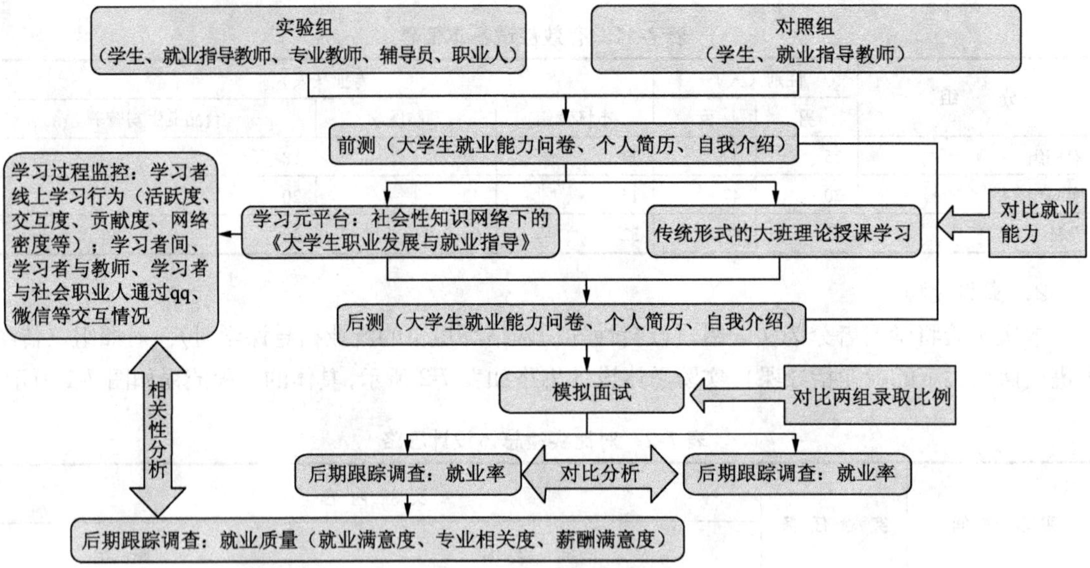

图 7-1　实验流程图

③ 对实验组学习者进行导学说明，发放学习元使用指南说明书，如图 7-2 所示，对本次培训的内容及相关要求等进行说明，发放学习元平台的操作指南；手机安装学习元 APP，为有个人计算机的同学提供学习元网站链接地址，要求所有参与实验组的人员实名注册。对照组按照正常授课进度安排每周集中 2 学时理论授课，4 周共计 8 学时理论授课，作业课后完成。

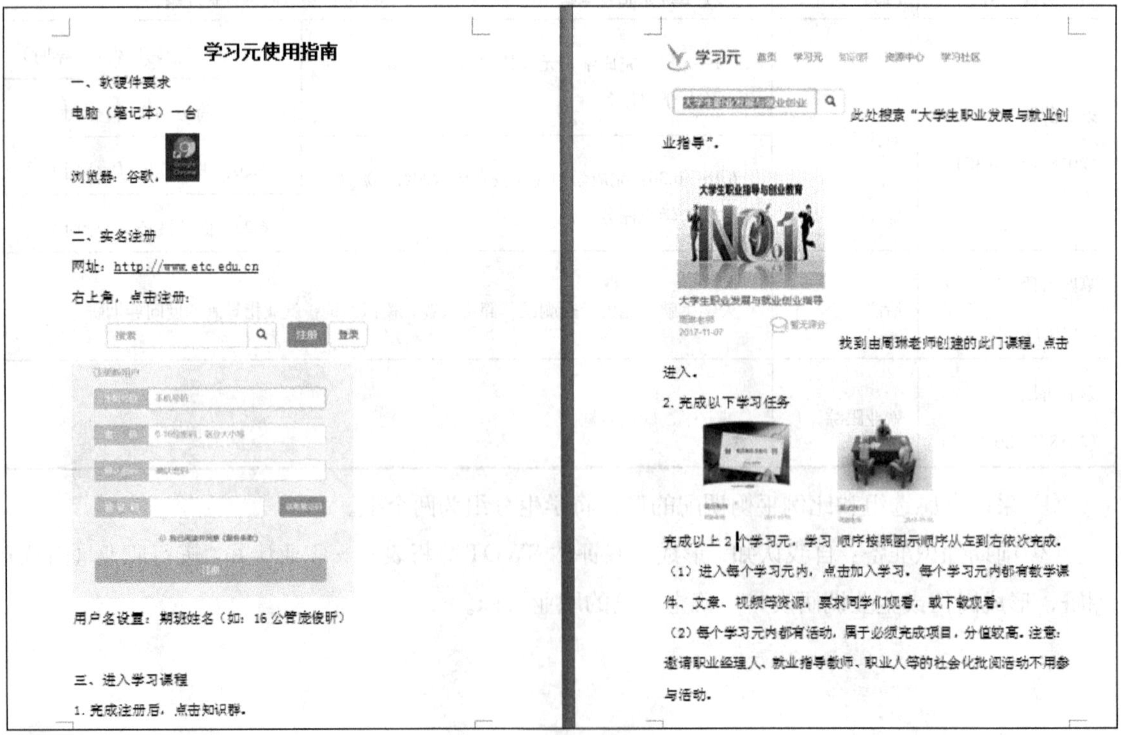
学习元使用指南

一、软硬件要求

电脑（笔记本）一台

浏览器：谷歌。

二、实名注册

网址：http://www.etc.edu.cn

右上角，点击注册：

用户名设置：期班姓名（如：16 公管庞俊昕）

三、进入学习课程

1. 完成注册后，点击知识群。

此处搜索“大学生职业发展与就业创业指导”。

找到由周琳老师创建的此门课程，点击进入。

2. 完成以下学习任务

完成以上 2 个学习元，学习顺序按照图示顺序从左到右依次完成。

（1）进入每个学习元内，点击加入学习。每个学习元内都有教学课件、文章、视频等资源，要求同学们观看，或下载观看。

（2）每个学习元内都有活动，属于必须完成项目，分值较高。注意：邀请职业经理人、就业指导教师、职业人等的社会化批阅活动不用参与活动。

图 7-2　学习元使用指南

④ 进行先验知识的测量，一份个人求职简历；一份求职面试自我介绍；大学生就业能力测试量表。

⑤ 实验组进行线上学习。对于实验组（社会性知识网络视角）的学习，分两个阶段开放线上学习内容，第一周和第二周要求线上完成简历制作学习元的所有内容，第三周和第四周要求线上完成面试技巧学习元的所有内容，具体学习时间安排不限，学习者根据自己的学习情况、个人能力和需要，建构个性化的课表（针对当前的学习任务），可以有针对性地、个性化地开展学习，但是要完成每个学习元布置的学习活动和随堂作业，进行知识的重构，并且根据社会性知识网络观察自己及他人的贡献度和学习进展，为其他同学的随堂作业进行同伴互评。通过线上学习内容和学习活动，完成学习任务，上传个人简历作品和面试自我介绍。就业指导教师会邀请相关专家进行社会化批阅、点评。要求学习者根据专家意见，不断修改和完善作品，在规定时限内完成反思和二次上传作品。参照第 6 章设计性实验改进的模式，学习者通过完成交互活动实现三个网络的建构：就业知识网络、职业情境认知网络和求职社会关系网络，具体学习活动设计如表 7-3 所示。

表 7-3　实验组课程活动设计

项　目		简　历		面　试	
		招聘求职快递站 	简历制作 	校友谈求职经验 	面试技巧 
就业知识网络	吸收	加入学习/收藏/浏览	加入学习/收藏/下载/浏览	加入学习/收藏/浏览	加入学习/收藏/下载/浏览
	生成		制作个人简历/提交作业		训练自我介绍/提交作业
	反思		撰写反思笔记		撰写反思笔记
	协作	编辑/评论/批注	编辑/评论/批注/同伴互评/专家批阅	编辑/评论/批注	编辑/评论/批注/讨论交流/同伴互评/专家批阅
	分享	推荐/分享/引入/上传	推荐/分享/引入/上传	推荐/分享/引入/上传	推荐/分享/引入/上传
	创造	发布新招聘信息	二次提交作业	创建求职小故事	二次提交作业
职业情境认识网络	参与	投票：你最想求职的岗位 讨论：解读招聘广告		讨论：分享你自己的、或你认识的人的求职面试成功故事	讨论：面试视频中，面试者为何失败

续表

项　目		简　历		面　试	
		招聘求职快递站 	简历制作 	校友谈求职经验 	面试技巧 
职业情境认识网络	合作	发布招聘信息		提问答疑：谈谈你对求职面试的困惑或疑问	讨论：总结参加面试应该注意的礼仪。 讨论：收集面试可能到遇到的 10 个问题，并邀请同伴、专家一起解决这些面试问题
社会关系网络	连接	加入好友/好友推荐/专家推荐	加入好友/好友推荐/专家推荐	加入好友/好友推荐/专家推荐	加入好友/好友推荐/专家推荐
	交互	回复	同伴互评/专家批阅/QQ线上指导/回复	讨论/回复/QQ或微信求助职业专家	同伴互评/专家批阅/讨论/回复

⑥学习结束之后，再次发放大学生就业能力测试量表，作为学习效果的后测依据。为实验组和对照组发放就业指导满意度问卷。组织简历大赛和模拟面试，实验组和对照组同比例参加，比较大赛成绩和模拟录取比例。

此外，根据学习元的过程性评价功能以及后台记录功能，学生的所有网上学习行为，如参与讨论、进行活动、协同编辑、提问答疑、在线交流等的相关情况，内容的浏览以及知识贡献的程度等均可以通过交互日志的方式进行分析和观察。学习过程中，通过跟踪学习者之间、学习者与教师之间、学习者与社会职业人之间的深度交互情况（如 QQ、微信等），记录和分析社会化学习的交互深度，进行学习者在社会化学习中的交互程度与其实际就业质量（就业满意度、薪酬程度、专业相关度）的相关性分析。继续跟踪参与实验的实验组和对照组实际就业情况，并进行就业率和就业质量的对比分析。

7.2.3　研究工具与评估

1. 可就业能力评估

大学生可就业能力测试问卷改编自翁清雄的《自我职业生涯管理量表》和于海波的《可就业能力量表》[①]，划分三个维度：职业认知能力（1～6）、求职通用能力（7～19）和职场适应能力

①于海波，郑晓明，许春燕，等.大学生可就业能力与主客观就业绩效:线性与倒 U 型关系[J]. 心理学报，2014(46):807-800.

(20～28)，共 28 道题，总体内部一致性系数为 0.86，具有较高的可靠性。采用李克特 5 点量表的形式进行（5=非常同意，4=同意，3=不好确定，2=不同意，1=非常不同意），学习者进行每个条目的选择，按每个维度所包括题目的总分计算。

针对个体学习者求职技能的提升，在学习始末要求学习者制作个人求职简历，邀请四位评委进行打分（2 名就业指导专职教师、2 名人事经理，四位专家均具有较丰富的就业指导经历和招聘面试经验），提供专家评委简历评分标准，分别从简历的设计风格、内容要求、结构问题和格式四方面进行评分。在前测实验中，通过 Kappa 检验发现，0.793>0.75，说明具有较高的内部一致性，在后测实验中，通过 Kappa 检验发现，0.786>0.75，具有一定的可靠性。

从市场营销专业实验组和对照组各随机抽取 5 名学生，组织参加模拟面试，邀请四位面试官（2 名就业指导专职教师、2 名人事经理，四位专家均具有较丰富的就业指导经历和招聘面试经验），比较两组面试通过率，并分析面试官给予参赛者的评语比较两组学生可就业能力水平情况。模拟面试结束后，对 10 名学生分别进行了访谈（研究者预设好提纲，实际访谈中根据实际情况对提问顺序、提问方式做出调整），访谈内容主要包括三个维度：就业认知情况、就业准备情况和接受就业指导情况，共 6 个开放性问题，进而对实验组和对照组访谈对象的数据进行分析，比较两组学生就业指导效果差异。

2．实际就业效果评估

就业率是反映大学生实际就业效果的重要指标和参考依据，高校毕业生的就业率的计算公式为：毕业生就业率=（已就业毕业生人数 ÷ 毕业生总人数）× 100%。已就业毕业生包括签就业协议形式就业、签劳动合同形式就业、其他录用形式就业、国家基层项目、应征义务兵、升学、出国（境）、自主创业及自由职业[①]。

就业质量分为客观就业质量和主观就业质量（主要体现毕业生对工作的自我满意度上）进行评估。客观就业质量评估采用吴芳编制的就业质量问卷[②]，问卷划分为工作场所、单位情况、薪酬福利水平、工作本身四个维度，共设计了 11 个问题。在本问卷中，Cronbach α 系数为 0.81，说明具有较高的可靠性。主观就业质量评估采用郭琦编制的大学生工作满意度量表[③]，包括八个维度：薪酬、晋升、上级、工作流程、同事、工作本身、工作稳定性和福利待遇。所有问题均采用李克特 5 点量表的形式进行（非常同意=5、比较同意=4、不确定=3、比较不同意=2、非常不同意=1）。工作满意度总量表的 Cronbach α 系数为 0.89,说明具有较高的可靠性。

3．就业指导课满意度

自编《就业指导课满意度》问卷，共设计 5 个问题，从就业指导内容、就业指导方式、就业指导人员、就业指导时间、就业指导效果了解毕业生对就业指导的看法。该问卷设计了一道总体评价的题目："你对我校就业指导课总体满意度：很满意、比较满意、感觉一般、不太满意、很不满意"。 所有问题均采用李克特 5 点量表的形式进行（5=非常满意，4=满意，3=一般，2=不满

①从一.当代大学生就业现状研究-以中山大学为例[D].广州：中山大学,2015.

②吴芳.经管类硕士毕业生就业能力与就业质量的关系研究[D].厦门:厦门大学,2008.

③郭琦. 劳动者福祉视角下的大学毕业生就业质量研究[D].大连：东北财经大学,2016.

意，1=非常不满意）。

7.3 数据分析

7.3.1 实验组与对照组前后测可就业能力水平

1. 可就业能力自我感知前后测比较情况

在学习前后，分别对实验组和对照组进行了可就业能力自我感知测试，在前后测基础上，首先采用配对样本 T 检验分别比较实验组前后测和对照组前后测各项可就业能力水平变化。从表 7-4 可知，实验组前测和后测之间呈现出 0.01 水平的显著性（t=−0.74，P=0.00），具体对比差异可知，前测的平均值（1.80），会明显低于后测的平均值(2 .54)。从表 80 可知，对照组前测和后测之间呈现出 0.05（P<0.05）水平的显著性（t=−3.42，P=0.03），具体对比差异可知，前测的平均值（1.86），会低于后测的平均值（1.96）。可见，实验组和对照组可就业能力水平后测均较前测有所提升，而实验组的提升水平更为显著，特别是在职业认知方面明显比对照组效果更好，这说明了在社会知识网络下的就业指导，由于 HR、职业人等社会群体的参与和指导，学生在职业认知、职业探索方面得到了更充分的体验和训练，每一位同学也可以根据自己感兴趣的职业展开提问、讨论，得到教师、专家有针对性的回答，其职业目标也更加明确。而对照组在职业认知方面的培训上并未有提升（见表 7-5），由于在传统课堂大班上课，一位主讲教师在有限的时间内既要完成教授任务又要模拟职业体验、现场点评等课堂活动，参与活动体验的学生只能是少数，教师无法兼顾到每一位学生的职业认知需求，更无法做到为每一位学生提供其感兴趣职业的信息，致使培训过后，学生对职业前景依然茫然。

表 7-4 实验组可就业能力前后测配对样本 T 检验

项 目	测 验	人 数	平 均 值	标 准 差	t 值	P
职业认知	前测	67	1.54	0.03	-17.762	0.000**
	后测	67	2.66	0.51		
求职能力	前测	67	1.86	0.52	-0.72	0.000**
	后测	67	2.58	0.66		
职业适应	前测	67	2.00	0.44	-0.42	0.000**
	后测	67	2.42	0.50		
总体	前测	67	1.80	0.23	-0.74	0.000**
	后测	67	2.54	0.29		

表 7-5 对照组可就业能力前后测配对样本 T 检验

项 目	测 验	人 数	平 均 值	标 准 差	t 值	P
职业认知	前测	67	1.78	0.63	−0.609	0.545
	后测	67	1.81	0.49		
求职能力	前测	67	1.92	0.44	−5.101	0.000**
	后测	67	2.22	0.53		
职业适应	前测	67	1.85	0.36	−0.11	0.002**
	后测	67	1.96	0.37		
总体	前测	67	1.86	0.30	−3.42	0.03*
	后测	67	1.96	0.29		

其次，采用独立样本 T 检验，比较两组被试的前测可就业能力水平的差异，根据表 7-6 所示，发现实验组和对照组前测可就业能力水平无显著差异（$P>0.05$）。说明实验组和对照组在进行实验前的可就业能力处于同等水平，均处于平均 1.80 和 1.86 的平均分数。

表 7-6 两组被试可就业能力前测独立样本 T 检验

检验方式	组 别	人 数	平 均 值	标 准 差	t 值	P
前测	实验组	67	1.80	0.23	−1.275	0.205
	对照组	67	1.86	0.30		

最后，对实验组和对照组的可就业能力水平后测进行独立样本 T 检验，如表 7-7 所示，由表中实验组和对照组可就业能力水平后测成绩呈现出 0.01 水平显著性（t=11.57，P=0.00），以及具体对比差异可知，实验组的平均值（2.54），会明显高于对照组的平均值（1.96）。总体而言，经过 1 个月的就业指导，在两组被试可就业能力水平基本相同的情况下，实验组与对照组后测可就业能力水平均有提升，而实验组能力提升水平更为显著，说明社会性知识网络下的大学生就业指导在提高大学生可就业能力水平上效果更佳。

表 7-7 两组被试可就业能力后测独立样本 T 检验

检验方式	组 别	人 数	平 均 值	标 准 差	t 值	P
后测	实验组	67	2.54	0.29	11.570	0.000**
	对照组	67	1.96	0.29		

2.《个人简历》前后测比较情况

根据学习者前后制作的求职简历情况，邀请专家组进行评阅，评阅原则主要为：简历设计风格简约性、内容针对性、结构合理性、格式美观性四方面。基于简历的前后测成绩，进一步比较实验组和对照组的就业能力提升差异。采用独立样本T检验分别比较实验组与对照组前测和后测简历成绩，由表7-8可知，不同分组样本前测成绩差异不显著（$P>0.05$），说明实验组和对照组样本对于前测成绩表现出一致性。而对于后测成绩呈现出差异显著性（$P<0.05$），说明实验组和对照组样本对于后测成绩均有着差异性，分组对于后测成绩呈现出0.01水平显著性（t=3.237，P=0.00），根据具体对比差异可知，实验组的平均值（77.884）明显高于对照组的平均值（73.881）。说明实验组和对照组前测简历水平在基本一致的情况下，经过分组培训后，实验组的简历水平明显高于对照组。由于实验组每位学生的个人简历都经历了同伴互评—专家评阅—自我反思—二次修改—二次提交简历的打磨过程，每一位学生都接受了个性化的简历指导，并且在互评其他伙伴的简历时又学到了更多的简历制作技巧，提高了自己的简历制作水平，所以实验组学生简历制作水平整体提升较高。而对照组接受的传统课堂讲授，虽然教师能够很系统地讲解简历的类型、结构、内容并分享优秀简历、现场点评简历，但是缺乏个性化的简历指导，无法兼顾到每一位学生的求职目标，学生很难制作出有针对性的求职简历。同学之间缺乏交流简历制作技巧和经验的主动性，所以对照组中学生简历制作水平无明显提高。

表7-8 两组的简历成绩独立样本T检验

检验方式	人数	组别	均值	标准差	t 值	P
前测	67	实验组	62.418	3.640	−0.061	0.951
	67	对照组	62.463	4.775		
后测	67	实验组	77.884	6.179	3.237	0.002**
	67	对照组	73.881	8.016		

3. 模拟面试录取情况比较

实验组和对照组分别随机抽取5名学生，参加模拟招聘大赛，实验组录取率为60%，对照组录取率为40%。根据整体评委评语，结果发现实验组学生在简历针对性方面更显突出，在面试自我介绍和问答环节实验组对求职岗位需求更为了解，整体准备更为充分。

模拟面试结束后，分别对上述10名同学进行了访谈，访谈内容主要围绕三个维度：职业认知、就业准备、职业指导。包括六个主要问题：为何选择这个求职目标；是否了解求职的工作；求职最自信的方面；求职面临的主要困难；本次就业指导培训带来哪些求职帮助；对就业指导的看法和要求。每位同学接受访谈时间大约30～40分钟，对访谈过程进行了笔录和录音。整理结果分析如下：

（1）职业认知

访谈中发现，实验组学生基本上都有明确的职业目标，并且能够较准确地描述出岗位职责、工作内容、初级薪资水平、入职条件等职业信息；而对照组只有2名学生职业目标明晰，另外3名学生表示此次参加模拟面试的求职岗位只是“听别人说我们毕业都做销售，我就这么写上了”，说不清自己想从事的具体工作，并且期待的薪资水平与实际就业市场不符，高于实验组学生的薪金期待。由此可见，实验组的学生职业目标更明确，职业信息掌握更准确。在职业决策方面，实验组学生主要从专业能力、社会环境、个人能力、综合素质、价值观取向五方面展开分析自己的职业决策；对照组学生更多从个性特点、理想抱负、家人意愿、工作强度环境四方面进行职业决策。不难看出，在职业规划与决策时实验组学生更客观理性、更主动积极，对照组学生更主观感性、更被动消极。社会性知识网络大学生就业指导为学生营造了一个真实的职业环境，培训学生对自己的预期职业有了更为科学的设定，对自己的个人能力有了更为理性的认知，能够端正态度，树立正确的就业观，积极主动地为求职做准备。反观对照组的学生，一方面承受着就业难，僧多粥少的就业形势压力，一方面还在异想天开地想象未来高薪白领的工作状态，这种矛盾的心理状态使得自己越来越不敢面对现实，不成熟的就业心态直接影响了职业规划与决策。综上社会性知识网络的大学生就业指导，以帮助学生提高职业认知、体验职业情境为第一突破口，进而实现学生树立科学的择业观和正确的就业观。

（2）就业准备

访谈资料表明，在求职准备方面，实验组学生全部表示求职之前进行了岗位调研、精心制作求职简历、充分准备面试问题，并详细阐述了自己的简历制作过程："我的简历一共修改 5 个版本，一开始不明白怎么写简历，一股脑地把能写上的都写了，经过老师、专家、同伴的指导建议，渐渐知道简历一定要有针对性，要体现符合目标岗位的需求。"面试中 5 位同学根据岗位需求有的放矢地展示优势特长，如管理岗位担任过学生干部、技术岗位有多次的实践经历等；对照组学生简单介绍了从服装、简历、礼仪、自我介绍做了准备，有 2 名学生对自己的语言表达比较自信，介绍了自己班级干部经历、主持经历等锻炼了自己的语言表达，还有一名学生对自己的成绩很自信，介绍了自己的奖学金获得情况和专业成绩，另外 2 名学生在这个问题上比较为难，对自己不是很自信，经过引导谈了一下自己比较能够吃苦耐劳，人缘关系比较好。分析两组回答内容，实验组每位学生在线上就业指导培训过程中接受到了个性化的指导，并且受益较深，而对照组学生在课堂上只是了解到求职面试的程式化内容，并未个性化开展，优势展示缺少岗位针对性。问及求职最大的困难时，对照组和实验组学生主要从不了解自己适合做什么、专业目标不清晰、获取职业信息少、不了解职业要求、缺少就业技能、缺乏社会实践、社会竞争不公、性别、学历歧视、毕业生多，岗位少、所学专业不符合社会需求等多方面谈了自己的就业困惑，而实验组学生与在职业目标不明确、职业需求不了解等方面很少涉及。综上分析，社会性知识网络的大学生就业指导基本实现了线上个性化、全员化就业指导，能够帮助学生更加充分地做好求职前准备。

（3）就业指导培训情况

在谈及参加本次就业指导培训的感受时，实验组学生表现出对网络学习的极大兴趣，认为"教学资料非常丰富和充分"，"第一次尝试合作学习、共同打分的学习方式，越来越喜欢在网上发言"，"接触到了很多学长和老师，听了很多他们的求职故事，很受鼓舞和感动"，"第一次感受到 HR 犀利的点评，刚开始有点接受不了"等，总体感受为新鲜、感兴趣、喜欢、有意思、生动、受益匪浅；对照组学生主要谈了"喜欢授课教师的风格""喜欢课堂互动活动""老师讲课非常好""课上很轻松、很欢乐，觉得时间不够用"等，教师的个人魅力对学生的影响较大。通过学生对培训感受发现，在社会性知识网络中学生接收就业信息的来源更丰富，可以从平台上、教师、社会职业人等多渠道获取想要的知识内容，并且社会性知识网络更容易让学生把注意力集中到内容、主题和行动上，而传统形式的就业指导课堂上，获得信息资源的渠道只有教师，教师的个人能力强弱直接影响课堂效果，预期的就业效果不稳定。在涉及对就业指导的需求时，实验组和对照组结果类似，最强烈的是就业信息，其中需求最多的企业的真实情况，获得更多的同行评价；其次是了解专业前景、发展方向；再次是模拟面试、虚拟企业、虚拟招聘环境，希望能够更真实地体验求职过程和未来职场；最后，实验组的学生提出希望教师、职业人、HR 能够完全抛开自己的身份，真正以学生的角度融入集体讨论，希望社会专家能分享工作经验，经常和学生交流。总之，社会性知识网络的大学生就业指导正在朝着学生真正的需求方向努力，切实可行地提高了大学生就业指导效果。

7.3.2 实验组和对照组实际就业效果比较

1. 就业率比较

学习结束后，研究者对参与本次实验的实验组和对照组两组学生进行了实际就业跟踪调研，本书所统计的就业率截至 2018 年 12 月 31 日。两组具体就业情况如表 7-9 所示。

表 7-9　三个专业就业情况统计表

专　业		签就业协议形式就业	签劳动合同形式就业	升　学	待就业	就业率
市场营销	实验组	14	0	0	1	93.3%
	对照组	13	0	3	1	94.1%
预防医学	实验组	20	2	5	5	84.3%
	对照组	20	0	6	6	81.2%
食品卫生与营养	实验组	13	0	1	6	75.0%
	对照组	12	0	2	4	77.7%

由于专业不同，市场需求量不同，各专业之间的就业率差别较大，市场营销专业就业率高于预防医学专业，预防医学专业就业率高于食品卫生与营养专业。但是同一专业，实验组和对照组就业率差别不大，如图 7-3 所示，其中市场营销专业和食品卫生与营养专业的对照组就业率略高于实验组。实验组和对照组总体就业率显示对照组略高，如图 7-4 所示，对照组就业率为 83.5%，实验组就业率为 82.1%。但是通过表 7-9 可以发现，对照组就业率略高的主要原因是升学数量较多，拉高了整体就业率。因此，两组在就业率方面没有显著差异。

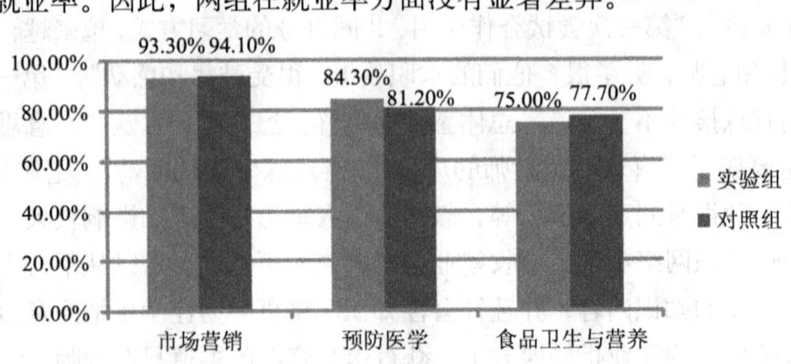

图 7-3　三个专业实验组和对照组就业率比较

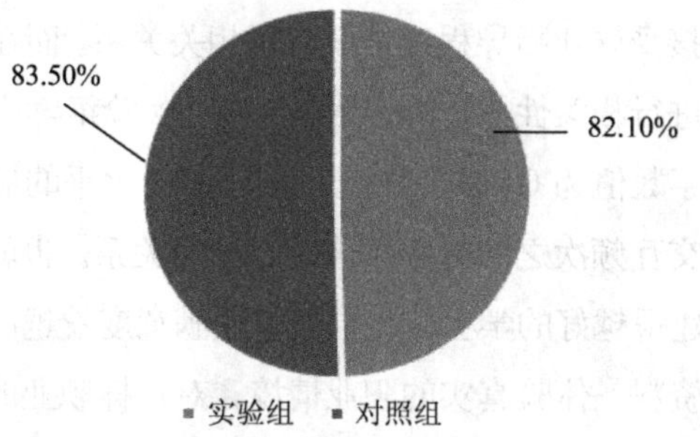

图 7-4 实验组和对照组总体就业率比较

2. 就业质量比较

（1）实验组和对照组就业质量比较

研究者对实验组和对照组中已就业的学生（除去升学、待就业，统计时间截至 2018 年 12 月 31 日）进行了就业质量跟踪调研，包括客观就业质量评价和主观工作自我满意度评价。参与调研的实验组 49 人，对照组 45 人。结果发现：在客观就业质量上实验组和对照组并未呈现出差异性（$P>0.05$）。而在工作自我满意度方面，实验组自我就业满意度评价的平均值（3.75），明显高于对照组自我就业满意度评价的平均值（3.27），实验组与对照组呈现出 0.01 水平的显著性（$t=8.38$，$P=0.00$），如表 7-10 所示。

表 7-10 两组被试组的就业质量比较

项目	组别	人数	均值	标准差	t 值	P
客观就业质量	实验组	49	3.25	0.32	-0.277	0.783
	对照组	45	3.27	0.24		
就业自我满意度	实验组	49	3.75	0.34	8.385	0.000**
	对照组	45	3.27	0.24		

（2）实验组个体社会化学习交互程度与就业质量相关性

学习元平台的交互频次，代表了学生在接受社会性知识网络的就业指导培训时的参与度和活跃度，交互频次越高说明个体在平台上的连接线越多，构建的个人知识网络和社会关系网络就会越好。研究假设个体社会性知识网络构建得越好，达到的就业指导效果就越好，其实际就业质量就会越高。针对实验组，研究者根据学生接受就业指导时在学习元平台的交互频次与其实际就业质量进行了相关性分析（由于就业数据统计时间为 2018 年 12 月前，未对升学和待就业学生进行就业质量调研，本次参与分析的实验组学生为 49 人）。利用相关分析法研究实验组学生主、客观就业质量和其在学习元平台交互频次的相关关系，使用 Pearson 相关系数表示相关关系的强弱情况，如表 7-11 所示。实验组学生客观就业质量评价和其学习元平台交互频次之间的相关系数值为 0.184，接近于 0，并且 P 值为 $0.206>0.05$，因而说明实验组学生客观就业质量评价和其学习元平台交互频次之间并没有呈现出相关关系。由于客观就业质量其他干扰因素较多，如专业热门、家庭环境、行业现状、职业标准、个人求职取向等就业指导所无法改变和影响的，所以实验结果表明学生实际客观就业质量与接受就业指导程度并没有正相关关系。而在实验组学生主观就业满意度和其在学习元平台交互频次进行相关性分析时，结果发现：实验组学生自我就业满意度和其在学习元平台交互频次之间的相关系数值为 0.824，并且呈现出 0.01 水平的显著性，说明实验组主观就业满意度评价和其学习元平台交互频次之间有着显著的正相关关系。也就是说，在学习元平台上活跃度越高、社会性知识网络构建得越好的学生，其主观就业满意度就越高。由于学生在平台上获得社会各方提供的一手职业信息资料，体验真实的职业情境，对目标职业的工作内容、工作环境、工作关系、薪酬待遇等了解更加充分翔实，不会再存在异想天开、眼高手低的职业空想，当真正面临现实职场时，也就不会有落差感和陌生感，所以自我工作满意度也就会较高。社会性知识网络的大学生就业指导能够有效帮助大学生提升职业认知能力，体验未来职业情境，有效的职业认知能够提升学生就业时的自我工作满意度，进而提高大学毕业生的职业适应性和工作稳定性。

表 7-11　就业质量与学习元平台交互频次相关性分析

就 业 质 量		学习元平台交互频次
客观就业质量	Pearson 系数	0.184
	P	0.206
主观就业质量（工作自我满意度）	Pearson 系数	0.824**
	P	0.000

*P<0.05 **P<0.01

7.3.3　实验组和对照组就业指导课满意度比较

学习结束后，两组被试均进行了《就业指导课满意度》问卷调查，独立样本 T 检验表明，对就业指导课总体满意度，实验组略高于对照组。实验组和对照组在就业指导课的方式的评价差异显著（t=−2.982，P<0.01），实验组对此次就业指导方式更为满意。两组被试对就业指导内容满意度和就业指导人员满意度的评价没有显著差异，如表 7-12 所示。

表 7-12　实验组与对照组对就业指导课满意度的评价

项　目	组　别	人　数	平 均 值	标 准 差	t 值	P
内容	对照组	67	1.38	0.41	0.859	0.392
	实验组	67	1.45	0.41		
方式	对照组	67	1.68	0.46	−2.982	0.004**
	实验组	67	1.97	0.49		
人员	对照组	67	1.51	0.45	0.187	0.852
	实验组	67	1.49	0.42		

续表

项 目	组 别	人 数	平 均 值	标 准 差	t 值	P
总体	对照组	67	1.18	0.39	−0.278	0.782
	实验组	67	1.21	0.41		

7.4 结 论

1. 在提升大学生可就业能力方面

基于社会性知识网络的就业指导要比传统的就业指导效果更为显著。特别是在可就业能力模型中社会认知方面，社会性知识网络的就业指导达到了更好的效果。而在简历制作和面试问答等求职技能方面，通过社会性知识网络就业指导的学生职业目标更明确，对职业需求了解更清晰，简历和面试针对性更强，职业匹配度更高。因此，综合来看，社会性知识网络视角的就业指导绩效较高。

基于社会性知识网络的就业指导更强调人与人之间的交互，人与人之间建立起连接，学生通过不断地与内容交互、与他人交互来完成学习任务，在这个过程中，提高了学生的社会交往沟通能力，丰富了个体的社会关系网。通过同伴互评简历，同行专家批阅简历，再次聚合了具有相同职业目标、职业背景、职业兴趣的共同体，使得个体在执行职业规划的过程中，获得更多的社会支持，产生更大的求职动力。并且，基于社会性知识网络的就业指导创造了学生与职业人、人事经理直接接触对话的机会，使得学生对未来的职业有了更加清晰和准确的认识，在求职准备方面也做得更突出。因此，这种强调人与人连接的就业指导在建立学生群体社会关系与明确职业目标和需求方面起到了非常重要的作用。

2. 在实际就业效果方面

本次实验，在实际就业率和客观就业质量评价方面，实验组与对照组并未出现显著差异，由于实际就业成功的影响因素较多，如家庭背景、专业热门、地域限制、市场需求等，并非高校就业指导所能左右和改变。但是，结果发现实验组毕业生在主观就业满意度方面要显著高于对照组。由于实验组学生的职业期望值与实际就业情况吻合度较高，心理落差小，满意度就高。而对照组学生还是对未来职业抱有不切实际的期待，以至于实际就业后，心理落差较大，对就业满意度较低。这说明，基于社会性知识网络的就业指导提高了学生的职业认知与自我认知，通过邀请校友、职业人、专业教师共同创设职业情境，让学生在校期间即了解到未来职业的实际情况，不会对职业环境、薪酬待遇、职业发展等抱有不切实际的幻想，一旦实际就业情况符合认知范围，则主观满意度就会较高，从而解决了应届毕业生工作稳定度不高和职业适应性不强的问题。

刘新华等认为高校毕业生就业质量应该更多从毕业生个体的微观层面着手，即各种主观评价要素等内容。毕业生主观就业满意度是衡量就业质量的主要标准，也是实际就业效果的主要依据①。可见，大学生的实际就业效果应以毕业生主观就业满意度为主要衡量标准。因此可以认为，在实际就业效果方面，基于社会性知识网络的就业指导的毕业生实际就业效果要高于传统就业指导的毕业生。

3. 在大学生对就业指导满意度方面

本次实验中，实验组与对照组对就业指导方式的评价差异显著，实验组对社会性知识网络接

① 刘新华,杨艳.家庭社会资本与大学生差异就业[J].教育学术月刊,2013(5):66-68.

受度和认可度较高，更喜欢这种方式的就业指导。在对就业指导人员的评价上虽没有显著差异，但是对照组分值略高于实验组。分析原因一是本次实验参与对照组授课的教师教学经验丰富，多次在国家级、省级讲课比赛中获奖，授课水平很高、亲和力强，与学生建立起了良好的师生关系，学生对授课教师非常喜爱和接受，给予的评价也较高。而实验组学生与教师以及社会专家并未有见面接触机会，情感交流不如对照组的师生关系强烈，并且在学习元平台上，教师与专家的主导角色十分弱化，更多的是学习者自主完成学习进度和任务，教师参与较少，可能会给被试造成学习过程中对指导人员的印象不深刻，故分析对照组在对指导人员满意度调查存在高估的可能。两组被试对就业指导内容和总体满意度的评价没有显著差异，说明被试对学习元平台的就业指导满意并接受，通过线上就业指导具有一定的可行性。

本次实验研究者对实验组和对照组在进行就业指导后发现，社会性知识网络的就业指导被试的参与度更广更高，时间更充裕自由，平均每人发帖达到 15 条，各项交互活动能够保证被试全部参与。而对照组 36.5%的人均提到“增加互动、增加参与机会、增加时间”等建议，而实验组无该类建议。总的来说，通过本次实验验证了之前的三个假设：基于社会性知识网络的大学生就业指导能够提高大学生就业能力；基于社会性知识网络的就业指导能够提高大学生实际就业效果；基于社会性知识网络的大学生就业指导能够提高学生对就业指导的满意度。

第8章 总结与反思

本次研究依托支持社会性知识网络的学习元平台进行，并且通过基于设计的研究方法和对比实验来不断修正和完善模式并验证其可操作性和有效性，最终构建基于社会性知识网络的大学生就业指导模式。

8.1 研究成果

8.1.1 构建基于社会性知识网络的大学生就业指导模式

本书通过分析社会性知识网络的学习特征、学习框架等，构建了基于社会性知识网络的大学生就业指导模式，通过三轮基于设计的实验，修正和完善了该模式，并初步验证了基于社会性知识网络的大学生就业指导的可行性。该模式以学生为主体，高校、政府、社会各层面参与大学生就业指导，以学习元平台为主、QQ、微信等社交软件为辅，构建三大网络：生涯与就业知识网络、职业情境认知网络、求职社会关系网络，如图8-1所示。

该模式可简单概括为三个网络融合、十一个构建原则保障、四类角色转换、三项机制辅助。

三个网络融合是指三个网络融会贯通，无清晰界限，相互促进，循环再生。生涯与就业知识网络是基石，职业情境认知网路是核心，求职社会关系网络是最终目标。在以职业生涯规划与就业指导纵向知识体系为基础的就业知识网，通过主题聚焦，升级为以岗位群为中心的横向体系的职业情境认知网。在职业情境共同体中，随着参与者的交互，凸显出专业背景相同、职业行业相同、兴趣相投、职业目标相似的群体，演化成了人与人之间直接交互的求职社会关系网络。建立的社会关系网络，在相互交互过程中，又更新完善了已有知识，甚至再生了新的知识，使得就业知识网发生了进化和再生。反观，社会关系网越庞大、交互越频繁，就会越强化职业情境网的真实性，从而促进就业知识网体系的健全，最终人与知识之间的关系升华成了人与人的直接社会关系。三个网络融合关系如图8-2所示。

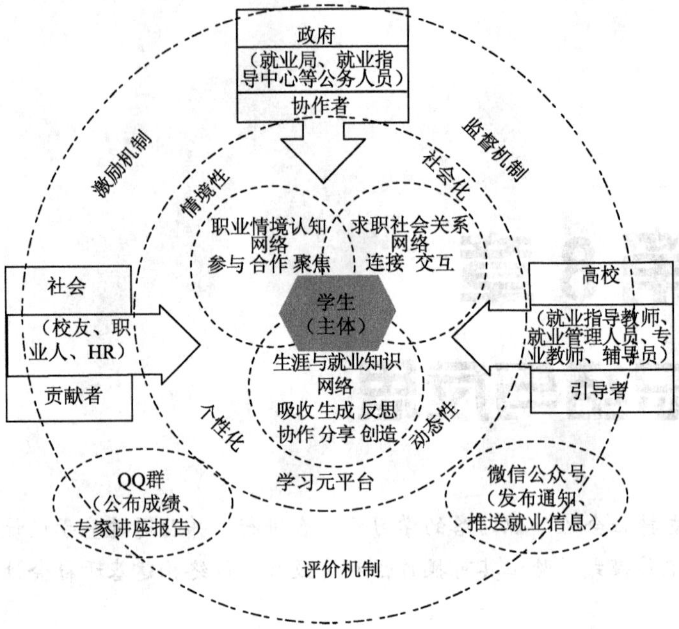

图 8-1　基于社会性知识网络的大学生就业指导模式图

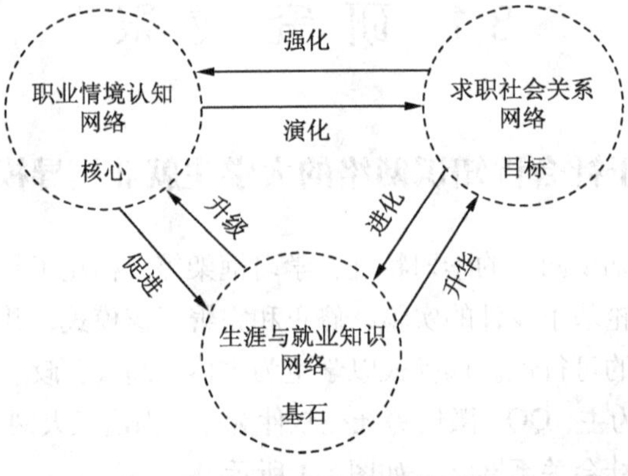

图 8-2　三个网络融合关系图

十一个构建原则支持和保障了三大网络的生成与构建，其中个人知识构建原则是吸收、生成和反思。吸收是知识接收的过程，生成是知识提炼的过程，反思是知识检验的过程；群体知识共建的原则是协作、分享和创造。协作是知识共建的过程，分享是知识传播的过程，创造是知识进化的过程；职业情境认知网络的构建原则是聚焦、参与和合作。职业话题聚焦可以形成以某岗位群为中心的职业共同体，社会职业人的参与可以加强职业情境的真实性，合作可以使中心专家持续增加，共同体不断扩大；求职社会关系网络构建原则是连接和交互。连接包括“人”与“内容”的连接和“人”与“人”的连接，“人”与“内容”的连接把对相同知识感兴趣、有相同学习习惯的群体聚合起来，形成了以知识为中心的社会关系网。“人”与“人”的连接把互相感兴趣、互相有好感、互相有帮助的人聚合起来，形成了以人为中心的社会关系网络，而交互保证了连接的持续性发生。十一个构建原则与对应学习活动的举例说明如表 8-1 所示。

表 8-1 十一构建原则与对应学习活动的举例说明

网络构建		构建原则	对应活动（举例）
就业知识网络	个人知识网络建构	吸收	浏览、收藏、下载
		生成	作业提交、制概念图
		反思	撰写反思笔记
	群体知识网络建构	协作	协同编辑
		分享	上传资源、推荐资源
		创造	创建学习元、学习社区
职业情境网络共同体建构		参与	提问答疑
		合作	讨论
		聚焦	投票
社会关系网络建构		连接	内容标签、社会标签
		交互	回帖、批阅、点评、批注

四类角色转换是指学生、高校、政府、社会各层面扮演着主导者、引导者、协作者、贡献者等多种角色，在三大网络中不断转换网络角色，发挥其功能最大化，如表 8-2 所示。在生涯与就业知识网中，学生是学习知识的主体，就业指导教师是知识的建设者，其他高校教师和社会人员是知识建设的协作者；职业情境认知网络中，学生是职业情境的体验者，社会职业人是职业情境的创设者和贡献者；求职社会关系网络中，学生是关系建立的主导者，高校教师是促进关系建立的引导者，社会职业人是促成关系建立的配合者。

表 8-2 角色在三个网络中的转换

三个网络	真实角色	网络角色
生涯与就业知识网络	学生	主体
	教师	建设者、促进者
	社会职业人	协作者
职业情境认知网络	学生	体验者
	教师	发起者
	社会职业人	创设者、贡献者
求职社会关系网络	学生	主导者
	教师	引导者
	社会职业人	配合者

三项机制辅助，包括监督机制、评价机制和激励机制，可进一步提高协同知识构建的层次水平，促进职业情境共同体中心专家的不断生成，拓宽个人与群体的社会关系网络。

通过该模式实现了大学生就业指导的“网络化”、“社会化”和“情境化”。

① 通过学习元平台构建的大学生就业指导方式，实现无时间、无空间界限的“网络化”就业服务指导。

② 通过搭建“学生、高校、政府、社会”的社会性知识网络，实现了就业指导的“社会化”，增加了学生的社会互动机会，建立了学生个人社会关系网络。

③ 根据社会性知识网络的交互性与情境性特点，营造以岗位群为基本方向的职业环境，达到大学生就业指导的“情境化”。学生能够更好地认知职业、理解职业、体验职业。

8.1.2 开发基于社会性知识网络的“大学生职业发展与就业指导”新型在线课程

本书实现了以社会性知识网络的视角设计大学生就业指导课程并开展了课程实施。课程分别从课程内容、学习活动、课程角色，以及学习流程四方面进行设计，构建了社会化学习视角下的大学生就业指导课程活动设计策略。新形态的大学生就业指导课程特点可以总结如下：

1. 开放性

该课程允许任何对课程感兴趣的人进行浏览、下载资源和加入学习，并且选择合适的学习形式参与其中。在学习过程中，学习者产生的数字制品以及评阅、反馈都可开放给登录课程的任何人。只要是注册该课程的学习者就可以浏览到课程的发展过程，并可以参与到学习实践共同体中，作为新手对其他成员进行观察、学习和模仿。

2. 共建性

课程初始状态可由就业指导教师创建，随着课程的实施，所有加入课程学习的人均可参与课程内容编辑、上传课程相关资源、引入有关联的内容单元、创建相关的新内容单元等。每一位加入课程的用户既是课程的学习者又是课程的建设者。课程在群体协同共建的基础上越来越丰富，不断地得到进化和再生。

3. 合作性

该课程所有的学习活动均需要通过合作才能完成，学生修完课程的成绩也以合作程度作为主要评价依据。例如，小组开展生涯人物访谈、同伴互评简历、合作建立某岗位说明书等。社会性知识网络强调学习过程中交互和创造，而合作能够促进群体交互，当交互达到一定程度时，便可产生知识再创造。

4. 情境性

课程内容、学习活动强调还原真实的职业世界和就业环境。知识内容要能够运用到实际就业中，不能只是理论层面，呈现方式多为视频、音频、模拟场景等；学习活动要设定职业情境任务，通过问题情境、案例情境、合作情境、社区情境的创设，充分还原真实职业场景，激发学生探索职业世界的兴趣和热情，让课程在各种职业情境下进行和开展。

5. 社会性

该课程体现了更多元的社会关系，打破了传统课程只有教师和学生教与学的关系。课程中引入了多种社会角色，各角色在进行不同的交互行为时，会有不同的关系转换，如当学生在协同编辑课程内容时，和教师产生了协作关系；当对课程内容批注时，和教师就产生了评价关系；当学生与社会职业人共同讨论完成职业认知时，就是合作关系；当学生向社会专家发起好友申请时，就成了朋友关系，等等。群体之间发生各种关系交互的过程中形成了具有一定社会属性的社群。每一类角色在课程中都发挥着自己的最大优势，同时吸取着自己的最大需求，多元的社会关系体现了课程的社会性。

8.1.3 验证基于社会性知识网络的大学生就业指导效果

在设计性研究实验之后，本书进一步对该模式进行了实际效果验证。通过对比试验，分析了传统就业指导模式与基于社会性知识网络的就业指导模式在提升大学生可就业能力、实际就业效果，以及大学生对就业指导满意度三方面的区别。结果发现：

① 通过对比实验，记录实验组和对照组的可就业能力前后测成绩、实验组和对照组的就业率和就业质量情况，以及两组对就业指导的满意程度，比较分析就业指导效果，在社会性知识网络环境下的就业指导效果要更好。

② 通过对实验组的学习过程的社会互动（学习元平台上的交互和平台下其他形式的交互）跟踪和实际就业效果跟踪，证明社会化学习中交互强度与就业质量成正相关性。

8.2 研究创新

本书首次以社会化学习理论视角实现大学生就业指导，借助可视化学习技术，对社会性知识网络的大学生就业指导进行了研究，目的是提高大学生就业指导效果，促进大学生有效就业。本次研究的创新点有以下几方面：

① 本书把社会性知识网络的社会化学习范式引入大学生就业指导，构建社会性知识网络下大学生就业指导的三大网络：生涯与就业知识网络、职业情境认知网络、求职社会关系网络，通过就业知识网络人与内容的“连接”构建职业情境共同体和社会关系网，又通过人与人交互后的“创造”，使就业知识网络不断进化、更新和生成，从而形成大学生就业指导网络生态系统。该模式突破了传统就业指导的管理模式、指导模式和服务模式，构建了大学生就业指导的社会化学习模式，为大学生就业指导模式创新提供了新的理论依据，为就业指导网络化与信息化提供了新的思路和方向，为实现大学生就业指导网络化、情境化和社会化找到了一条路径。

② 本书把高校就业指导中只是学校连接学生的指导扩展到了用人单位连接学生、政府连接学生、高校连接用人单位、高校连接政府、学生连接学生等。“学生、高校、社会、政府”四方联动共同完成大学生就业指导。开发了基于社会性知识网络的《大学生职业发展与就业指导》课程，新形态的就业指导课程解决了就业知识内容更新缓慢，与就业市场脱轨；学生缺少个性化职业路径指导；高校就业指导师资队伍匮乏、职业掌握有限、招聘经验不足等实际问题。

③ 基于社会性知识网络的大学生就业指导，搭建了一个高校与社会人员共建就业指导知识内容的平台，实现了全员参与高校就业指导课程建设、职业信息建设、就业政策建设等，通过社会 HR 和职业人的参与，使得高校就业指导内容与社会紧密连接，与时俱进，紧跟就业市场变化。

④ 基于社会性知识网络的大学生就业指导为学生提供了一个提前了解职业社会的平台，通过与社会职业人的沟通、讨论、问答、建立朋友圈，让学生直接认知未来职业社会，使学生尽快与社会接轨。本书为实现大学生就业指导社会化找到了一条捷径，比社会实践和实习见习等方式更经济、更省时、更直接。

8.3 研究不足和未来研究

本书构建了基于社会性知识网络的大学生就业指导模式，探索了在该模式下如何实现就业指导知识共建、创设职业情境、搭建求职关系网络，并通过对比试验验证了社会性知识网络下的大学生就业指导效果。仔细回顾整个研究过程，仍然存在着不足和局限。

首先，大学生就业指导是高校一项系统的、复杂的就业工作之一，其内容包括就业政策指导、就业信息指导、职业规划咨询、自我认知与定位、职业价值观指导、探索职业世界、职业能力培养、求职技巧训练、就业心理辅导、创业指导等。完成上述就业指导内容的方式也是多种多样，主要有就业指导课、讲座、个体咨询、团体辅导、校园招聘会、企业家讲座/校友交流会、就业信息网、职业资料图书馆、企业参观、职业规划、简历面试大赛、职业测评等。围绕学生就业问题涉及的部门也很广泛，如招生就业处、学生处、团委、教务处、各二级学院等。本书在模式设计和效果验证时，只以就业指导课为例，就业指导的内容、方式和相关职责人员难免涵盖不全，对于模式的完整性和效果的准确性尚需要进一步研究和论证。以后需要在社会性知识网络尝试其他更多的就业指导内容和方式，进一步完善和修正模式，验证其有效性。

其次，本书设计的实验对象较多，除了学生之外，还包括高校就业指导教师、专业教师、辅导员、HR、职业人（统称为社会专家），这些群体共同组成了一个社会网络。通过三轮的设计性实验研究，不断改进模式和课程设计与策略，来提高知识共建层次，丰富职业情境和拓宽社会关系网络，并且三轮实验也呈现出了越来越好的效果。但是，三轮实验的样本学生群体和专家团都发生了变化，是模式的改进与课程策略和设计的调整促进了实验效果呈上升趋势，还是被试群体的差异（如三轮学生的优秀程度不同，专家的专业素养、表达能力、责任心等方面的不同）导致的结果，还需要进一步观察和证明。

再次，本书在设计性实验和对比实验过程中，主要关注学生与学生之间、教师之间、社会职业人之间的交互频度和交互深度，从而提高知识构建层次，完善职业情境和搭建社会关系网络。但是，忽略了就业指导教师、专业教师，以及社会职业人之间的交互。由于各角色的专业成熟和经验丰富，会对就业知识的协同共建和职业情境的构建做出更大的贡献，出现更好的效果。在接下来的研究中，可以通过设计符合这类角色深度交互的活动和策略，建立起更为活跃的中心专家的就业指导实践共同体。

最后，通过对比实验发现，虽然基于社会性知识网络的大学生就业指导基本实现了三个研究假设，在一定程度上提高了高校就业指导效果，但是传统就业指导在某些方面还是保留了一些优势和特点，比如就业指导人员与学生的面对面接触，更容易增进情感交流；通过 90 分钟的教学课堂，对学生还是起到了一定监督与监控作用，保证了学习的集中性和高效率。而线上的就业指导也出现了一些问题，如学生不会合理安排自主学习时间，学习过于散漫、有抄袭雷同发帖或作业现象、与教师或社会专家难以产生情感和信任等。鉴于上述现象，可以尝试采用基于社会性知识网络的就业指导与传统就业指导混合就业指导模式，取长补短，提高就业指导效果，这将是今后的研究方向。

参考文献

[1] 曹乐平.高校大学生就业指导现状分析及对策研究[J].创新与创业教育,2015(10):28-34.

[2] 余胜泉,杨现民.泛在学习环境中的学习资源设计与共享："学习元"的理念与结构[J].开放教育研究,2009(1):47-53.

[3] 池中军,张晓虹.大学生就业指导的现状分析[J].煤炭高等教育,2003(3).

[4] 李冬平,周小明.大学生就业指导工作的实践与思考[J].湘潭师范学院学报,2003,25(1):1.

[5] 邹维忠.大学生就业指导体系研究[D].北京:中国石油大学,2007.

[6] 齐美尔.社会是如何可能的:齐美尔社会文轩[D].桂林：广西师范大学出版社,2002.

[7] 白照坤.浅析"社会化"理论视域下的"90 后"大学生就业指导课程及教育体系的建设[J].法制与社会,2016(5):227-231.

[8] 杨延林.大学生的社会化问题研究决策探索[J].决策探索,2005(7).

[9] 李小豹.从社会学角度看大学生社会化问题思想教育研究[J].思想教育研究,2009(7).

[10] 肖进.美国高校就业指导的社会化对我国高等林业院校的启示[J].中古林业教育,2011(5):76-78.

[11] 徐启生.美国高校毕业生面临就业挑战[N].光明日报,2008-11-27(8).

[12] 陈力.美国公共就业服务鸟瞰[J].中国人才,2008(5):65-67.

[13] 刘广明.美国高校毕业生就业指导服务体系研究的新进展[J].河南工作大学学报,2006,6(1):108-112.

[14] 王显芳,洪成文,李然.美国大学生之类生涯规划服务质量研究[J].比较研究教育,2008(2):56-60.

[15] 张涛.发达国家高校就业指导给我们的启示[J].文教资料.2008(22):89-91.

[16] 刘和忠.德国大学生就业服务体系及启示[J].外国教育研究,2001(10).

[17] 肖进,黄国华.美国高校就业指导的社会化对我国高等林业院校的启示[J].中国林业教育,2011(5):76-78.

[18] 朱玉涛,王佳.大学生就业指导现状与社会化路径分析[J].河北农业大学学报,2013(6):20-37.

[19] 王凯,刘文涛.基于社会化的就业指导相关课程问题及解决方案研究[J].前沿,2014 (10):203-204.

[20] 高文.情境学习与情境认知[J].教育发展研究,2001(8).

[21] 王晓辉.加强职业情境创设,提高学生职业指导实效性研究[J].理论探索,2008(1):18-19.

[22] 郝美玲,黄新亮.情境教学法在职业生涯规划课堂中的应用[J].科技信息,2009(9):401-412.

[23] 何洁,吴育飞.试探高职院校职业指导课程教学中的职业情境的创设[J].教育导刊,2012(3):62-64.

[24] 张迎,易萍.情境教学在就业指导课程中的运用[J].中国成人教育,2010(16):148-149.
[25] 林榕斌.营造职业情境,培养中职学生职业精神[J].科技风,2016(6):2015-2016.
[26] 刘治军.积极探索高校网络化就业指导模式[J].中国大学生就业,2005(12).
[27] 迟涛.探索高校网络化就业指导模式[J].中国大学生就业,2006(4).
[28] 王保义.中欧大学生就业指导比较研究[J].黑龙江高教研究,2007(3):64-67.
[29] 唐小璐.中日高校大学生就业指导的比较研究[J].高等教育与学术研究,2008(9):90-94.
[30] 肖建彬,杨帆.关于我国高校利用网络进行就业指导的调查研究[J].高教探索,2005(5):86.
[31] 狄鑫.谈大学生就业工作的网络化[J].北方文学,2012(8).
[32] 章昌平,黄梅芳,陈洁.社会化学习背景下的研究生个人终身学习体系构建[J].高教论坛,2010(10):105-107.
[33] 王根顺,吴长城.网络学习社区的自组织研究[J].电化教育研究,2011(10):35-39.
[34] 杨谨忠.社会化学习：企业学习的新趋势[N].人民政协报,2011-08-10(11).
[35] 毛新勇,建构主义学习环境的设计[J].外国教育资料,1999(1):59-62.
[36] 王帆.微时代社会化学习新解[J].中国电化教育,2013(10):14-18.
[37] 余胜泉,程罡,董京峰.e-learning 新解:网络教学范式的转换[J].远程教育杂志,2009(3):3-15.
[38] 顾小清.社会性学习及其研究趋势综述[J].开放教育研究,2010(2):32-39.
[39] 段金菊.基于社会性知识网络的学习模型研究[D].北京:北京师范大学,2015.
[40] 杨现民,程罡,余胜泉.学习元平台的设计及其应用场景分析[J].电化教育研究,2013(3):55-61.
[41] 杨现民,余胜泉.泛在学习环境下的学习资源进化模型构建[J].中国电化教育,2011(9):80-86.
[42] 吴峰,李杰."互联网+"时代中国成人学习变革[J].开放教育研究,2015(5):112-120.
[43] 彭兰.从社区到社会网络：一种互联网研究视野与方法的拓展[DB/OL].国际新闻界,2009(5):87-92.
[44] 马红亮.虚拟学习社区中的社会学分析[J].中国远程教育,2006(9).
[45] 伊列雷斯.我们如何学习：全视角学习理论[M].孙玫璐,译. 北京：教育科学出版社,2012(9):281.
[46] 段文婷,江光荣.计划行为理论述评[J].心理科学进展,2008(2):315-320.
[47] 高天亮,安立仁.网络知识分享行为经验研究：以百度"知道" 为案例[J].西北大学学报,2012(1):104-111.
[48] 侯杰泰.结构方程模型及其应用[M].北京：教育科学出版社,2004.
[49] 教师资格考试研究中心.教育心理学[M].上海：华东师范大学出版社,2012.
[50] 加涅.教学设计原理[M].皮连生，庞维国，译. 上海：华东师范大学出版社,1999.
[51] 梁斌.基于 Web 2.0 的学习[J].中国远程教育,2008(2):39-42.
[52] 雷志柱,丁长青.基于理性行为理论的知识共享行为模型研究[J].统计与决策,2010(15):68-70.
[53] 李晶晶.班杜拉社会学习理论述评[J].沙洋师范高等专科学校学报,2009(3):22-25.
[54] 李洪玉.学习动力[M].武汉：湖北教育出版社,2011.

[55] 李芒.信息化学习方式[M].北京：北京师范大学出版社,2006.
[56] 李玉斌,严雪松,姚巧红,等.网络学习行为模型的建构与实证：基于在校大学生的调查[J].电化教育研究,2012(2):39-43.
[57] 中国互联网络信息中心.第 32 次中国互联网络发展状况统计报告[R].北京：中国互联网络信息中心,2013.
[58] 周岩.基于 TRA 和 TAM 的大学生网络学习行为模型构建[J].中国电化教育,2009(11):58-62.
[59] 朱星宇,陈勇强.SPSS 多元统计分析方法及应用[M].北京：清华大学出版社,2011.
[60] 左文宜.社会学习对动态群体决策绩效的影响研究[D].广州：华南理工大学,2012.
[61] 朱敏.国外终身学习政策推展模式研究[D].上海：华东师范大学,2010.
[62] 邹景平.小规模社会化学习的启示[J].中国远程教育.2012(3):11-12.
[63] 张浩,吴秀娟.社会化学习的内涵及认知理论基础探析[J]中国电化教育.2012(10).
[64] 张丽霞,王丽川.论联通主义视域下的个人学习环境构建[J].电化教育研究.2014(12):63-67.
[65] 余胜泉,程罡,董京峰.在线学习新解:网络教学范式的转换[J].远程教育杂志,2009(3):3-15.
[66] 杨现民,余胜泉.学习元平台的语义技术架构及其应用[J].现代远程教育研究,2014(1).
[67] 冯锐,李亚娇.关联主义视角下学习型社交网站的构建[J].远程教育杂志,2013(3):10-16.
[68] 郭炯,霍秀爽.网络教学研讨中教师协同知识建构研究[J].中国电化教育,2014(3):101-108.
[69] 何芳.同伴群体如何影响学习：群体社会化理论视角[J].外国中小学教育,2005(12):32-35.
[70] 贾义敏,詹春青.情境学习：一种新的学习范式[J].开放教育研究,2011(5).
[71] 姜永常.基于知识网络的动态知识构建[J].中国图书馆学报,2010(7):115-116.
[72] 刘黄玲子.基于交互分析的协同知识建构过程研究[D].北京：北京师范大学,2006.
[73] 李青,王涛.MOOC:一种基于联通主义的巨型开放课程模式[J].中国远程教育.2012(3).
[74] 李随霞.在线社会性学习过程设计研究[D].浙江：浙江师范大学,2012.
[75] 刘菊,钟绍春.网络时代学习理论的新发展：联通主义[J].外国教育研究.2011(1):34-38.
[76] 张光辉,高耀明.高校就业指导模式[M].上海：学林出版社,2009.
[77] 梅月云.现阶段大学生就业指导模式研究[D].福建:福建师范大学,2012.
[78] 赵书杰.高等院校就业指导存在的问题及立体化就业指导模型的构建[D].山东：山东师范大学,2009.
[79] 段金菊,余胜泉.基于社会性知识网络的学习模型构建[J].现代远程教育研究,2016(4):91-102.
[80] 高山川,孙时进.社会认知职业理论:研究进展及应用[J].心理科学,2005(5).
[81] 宋子彬,陈朝阳.从社会认知职业理论视角探讨职业结果预期对职业兴趣的影响[J].海南大学学报,2007,12(6).
[82] 王琰,朱亮.社会认知职业理论对高校职业心理教育的启示[J].职业时空,2011(11).
[83] 范媛吉,曹璐.基于社会认知职业理论的高校职业生涯教育模型构建[J].山东社会科学,2016(6):365-367.
[84] 黄巧荣.社会认知职业理论视角下的高校职业生涯教育思考[J].生涯发展教育研究,2014(2):6-12.
[85] 王亮.社会认知职业理论下高职学生职业辅导的干预研究[D].南京：南京理工大学,2017.

[86] 滕秀莹.金融类高等院校就业指导工作开展新路径：基于社会认知职业理论[J].产业与科技论坛,2017(11):224-225.
[87] 李振跃.CIP 理论视野下的大学生职业生涯规划问题探讨[J].学校党建与思想教育.2013(10):71-73.
[88] 周伟珍.基于 CIP 理论的体验式生涯辅导对高职生生涯发展的影响研究[D].苏州：苏州大学,2009.
[89] 金树人.生涯咨询与辅导[M].北京：高等教育出版社,2007.
[90] 刘长江,尤扬.认知信息加工理论及其辅导实践[J].沈阳师范大学学报社会科学版,2005(5):11-14.
[91] 关翩翩,李敏.生涯建构理论：内涵、框架与应用[J].心理科学进展,2015(23):77-86.
[92] 阮娟.后现代生涯理论及其对大学生职业发展教育的启示[J].东南学术,2016(4):240-245.
[93] 姜飞月.生涯混沌理论:心理学理论的新视角[J].南京师范大学学报,2007(4).
[94] 钟思嘉.生涯咨询实战手册[M].北京：中国轻工业出版社,2010.
[95] 朱红,闫广芬.基于教练技术的大学生生涯辅导模式建构与应用[J].高校教育管理，2012(2).
[96] 黄天中.生涯体验：生涯发展与规划[M].北京：高等教育出版,2015.
[97] 梁玲萍.建构主义视角下高职职业生涯规划课程考核探索：以太原旅游职业学院为例[J].太原大学教育学院学报,2015,6(2):40-42.
[98] 顾友斌.建构主义指导下的高校职业生涯教育教学策略：以南通师范高等专科学校为例[J].教育观察,2015,6(16):45-47.
[99] 王志军,陈丽.联通主义学习理论及其最新进展[J].开放教育研究,2014,10(5):11-28.
[100] 张振新,吴庆麟.情境学习理论研究综述[J].心理科学,2005(1):125-127.
[101] 王鸥飏.情境学习的理论和实践：兼论对我国职业教育与培训的启示[D].上海：华东师范大学,2004.
[102] 陈秋怡.情境学习理论文献综述[J].基础教育研究,2016(19):38-41.
[103] 余胜泉,段金菊,崔京菁.基于学习元的双螺旋深度学习模型[J].现代远程教育研究,2017(6):37-47.
[104] 余燕芳,葛正鹏.终身学习平台建设的理念与架构：从 Web 2.0 到 Web3.0[J].电化教育研究.2014(8):57-63.
[105] 汤代禄.互联网的变革：Web 2.0 理念与设计[M].北京：电子工业出版社,2007.
[106] 吴峰,李杰."互联网+"时代中国成人学习变革[J].开放教育研究,2015(5):112-120.
[107] 姚文武.服务于大学生就业指导的高校社交网络平台研究[D].南京：南京师范大学,2015.
[108] 梅光耀.广东省大学生职业锚量表的编制和应用研究化[D].广州：华南师范大学,2007.
[109] 刑星.社交网络个性化推荐方法研究巧[D].大连：大连海事大学,2013.
[110] 胡艳.社交网络中好友推荐机制的研究[D].武汉：武汉理工大学,2012.
[111] 金蕾莅.北京高校及大学生关于就业指导的评价[J].清华大学教育研究,2002(5):102-106.
[112] 成长群.大学生就业问题研究[D].武汉:武汉大学,2010.
[113] KOLB D A. Experiential learning: experience as the source of learning and development[M]. New Jersey:Prentice-Hall, Upper Saddle River, 1984.

[114] MEZIROW. Transformation theory of adult learning. In M. Welton, editor. In defense of the lifeworld: critical perspectives on adult learning[M]. Albany, New York:State University of New York Press,1995.

[115] FREIRE P. Pedagogy of the Oppressed[M]. London:Harmondsworth Penguin, 1970.

[116] DAVIS E D. Perceived Usefulness, Perceived Ease of Use, and User Acceptance of Information Technology[J].MIS quarterly,1989,13(3): 319-340.

[117] KIM K R, MOON N M. Design in gasocial learning content management system based on learning objects[J].Multimedia Tools and Applications, 2013:642.

[118] DLOUHA J, BARTON A, KOVAS J, et al. Social learning indicators in sustainability-oriented regional learning networks[J]. Journal of Cleaner Production, 2012.

[119] BOS J J, BROWN R R, FARRELLY M A. A design framework for creating social learning situations [J]. Global Environmental Change, 2012.

[120] WOOD L A, KENDAL R L, FLYNN E G.Copy me or copy you? The effect of prior experience on social learning[J].Cognition, 2013.

[121] MARSCHAK J. Economics of information systems[J].Journal of the American Statistical Associa-tion, 1971, 6(333): 192-219.

[122] BALDIN R. Two success-biased social learning strategies[J].Theoretical Population Biology, 2013:86.

[123] SINGH V, DONG A, GERO J S. Computational studies to understand the role of social learning in team familiarity and its effects on team performance [J]. Co Design, 2012: 81.

[124] WANG R Y, STRONG D M. Beyond accuracy: what data quality means to data consumers[J]. Journal of Management Information Systems, 1996, 12(4):5-33.

[125] WOSTL P, MOSTER C E, TÀBARA D. The growing importance of social learning in water resources management and sustainability science[J].Ecology and Society,2008,13(1): 24-25.

[126] BLACKMORE C. Managing systemic change: future roles for social learn-ing systems and communities of practice? [J].Springer,2010,4(4):201-218.

[127] SHUM B, FERGUSON R. Social Learning Analytics[J].Educational Technology & Society,2012,15(3):3-26.

[128] ISON R, ROLING N, WATSON D.Challenges to science and society in the sustainable management and use of water:investigating the role of social learning[J].Environmental Science &Policy 2007(10):499-511.

[129] GIMENEZ F, BALLARD H L, STURTEVANT V E. Adaptive management and social learning in collaborative and community based monitoring: a study of five community-based forestry organizations in the western USA [J]. Ecology and Society,2008(2):38-39.

[130] BEREITER C. Referent-centered and problem-centered knowledge:Elements of an educational epistemology[J].Interchange,1992,(4): 337-362.

[131] PRYO R G J, BRIGHT J.The chaos theory of careers[J].Australian Journal of Career

Development,200312(3) .

[132] PRYOR R G. L, BRIGHT J.Order and chaos:A twenty-first century formulation of careers[J]. Australian Journal of Psychology,2003(2).

[133] ARTHUR M B, ROUSSEAU D M.The boundaryless career as a new employment principle[M]. New York:Oxford University Press,1996:3-20.

[134] CHUDZIKOWSKI K.Career transitions and career success in the'new' career era[J]. Journal of Vocational Behavior.2012,(2):298-306.

[135] PRYOR R G L, BRIGHT J.Order and chaos:A twenty-first century formulation of careers [J]. Australian Journal of Psuchology,2003,55(2).

[136] ARTHUR M B, ROUSSEAU D M.The boundaryless career as a new employment principle[M].New York:Oxford University Press,1996:3-20.

[137] SAVICKAS M L .A Developmental Perspective on Vocational Behaviour:Career Patterns, Salience,and Themes[J].International Journal for Educational and Vocational Guidance , 2001(1).

[138] HUTCHINS E,KLAUSEN T.Distrbuted cognition in an airline cockpit[J].Cognition and communication at work,1996:15-34.

[139] WENGER E.Communities of Practice:Learning Meaning and Identity[M].London:Cambridge University Press,1999.

[140] ANDERSON J R.Cognitive psychology and its implications[M].San Francisco:Worth Publishers ,1980:27-28.

[141] BOTTRUP P. Learning in a network:a “third way” between school learning and workplace learning?[J]. Journal of Workplace Learning,2005,17(8):508-520.

[142] RUTHERFORD L L. Building participative library services: the impact of social software use in public libraries[J]. Library Hi Tech,2008,26(3):411-423.

[143] PARK J H. Differences among university students and faculties in social networking site perception and use: Implications for academic library services[J]. The Electronic Library,2010,28(3): 417-431.

[144] SCHNECHENBERG D. Web 2.0 and the empowerment of the knowledge worker[J].Journal of Knowledge Management,2009,13(6):509-520.

[145] MINOCHA S. Role of social software tools in education: a literature review[J].Education +Training,2009,51(5):353-369.

[155] SHIN D H. Analysis of online social networks: a cross-national study [J].Online Information Review,2010,34(3):473-495.

[156] ROMERO C L, CONSTANTINIDES E, CONSM C A.Consumer adoption of social networking sites:implications for theory and practice[J].Journal of Research in Interactive Marketing,2011,5(2):170-188.

[157] GREENHOW C. Online social networks and learning[J].On the Horizon,2011,19(1):4-12.

[158] WATTS A G, ESBROECK R V. New skills for new futures: a comparative review of

higher[J]. International Journal for the Advancement of Counselling,2000,(22): 173-187.

[159] SAVICKAS M L. A Developmental Perspective on Vocational Behaviour: Career Patterns, Salience,and Themes[J].InternationalJournalforEducationaland Vocational Guidance,2001,(1):2.

[160] MARK L. Savickas Life Design: A Paradigm for Career Intervention in the 21st Century[J].Journal of Counseling and Development,2012,(1) :90.

[161] COETZEE M,HARRY N.Emotional intelligence as a predictor of employees' career adaptability[J]. Journal of Vocational Behavior, 2014,(1): 90-97.

[162] CREED P A, FALLON T, HOOD M. The relationship between career adaptability, person and situation variables, and career concerns in young adults[J]. Journal of Vocational Behavior, 2009(2):219-229.

[163] GUZMAN D, CHOI K O.The relations of employability skills to career adaptability among technical school students[J]. Journal of Vocational Behavior, 2013,(3):199-207.

[164] EBY L T,BUTTS M,LOCKWOOD A.Predictors of success in the era of the boundaryless career[J]. Journal of Organizational Behavior, 2003,(6): 689-708.

[165] Arthur M B,WILDEROM C P M.Career success in a boundaryless career world[J]. Journal of Organizational Behavior,2005,(26):177-202.

[166] CREED P A, FALLON T, HOOD M. The relationship between career adaptability, person and situation variables, and career concerns in young adults[J]. Journal of Vocational Behavior, 2009(2):219-229.

[167] GUZMAN D, CHOI K O. The relations of employability skills to career adaptability among technical school students[J]. Journal of Vocational Behavio ,2013,82(3):199-207.

[168] SAVICKAS M L. Career adaptability:An integrative construct for life-span, life-space theory [J] .Career Development Quarterly,1997,45(3):247-259.

[169] ZACHER H.Career adaptability predicts subjective career success above and beyond personality traits and core self-evaluations[J]. Journal of Vocational Behavior, 2014,84(1): 21-30.

[170] ZACHER H.Individual difference predictors of change in career adaptability over time[J]. Journal of Vocational Behavior, 2014,84(2):188-198.

[171] BANDURA A. Social learning theory [M].New Jersey:Prentice Hall,1976.

[172] BLACKMORE C.Managing systemic change: future roles for social learn-ing systems and communities of practice[J].Springer,2010,4(4):201-218.

